Klaus Przybilla

Zwischen Ost und West

Rechtsgeschichte und Rechtsgeschehen

herausgegeben von

Prof. Dr. Dr. Dr. h. c. Thomas Vormbaum

Band 23

Redaktion:
Natalie Brandes

LIT

Klaus Przybilla

Zwischen Ost und West

Erinnerungen eines unbequemen Strafrichters

LIT

Dr. Klaus Przybilla, Jahrg. 1942, Vorsitzender Richter am Landgericht a. D.

Gedruckt auf alterungsbeständigem Werkdruckpapier entsprechend
ANSI Z3948 DIN ISO 9706

Bibliografische Information der Deutschen Nationalbibliothek
Die Deutsche Nationalbibliothek verzeichnet diese Publikation in der Deutschen Nationalbibliografie; detaillierte bibliografische Daten sind im Internet über https://dnb.dnb.de abrufbar.

ISBN 978-3-643-15483-5 (gb.)
ISBN 978-3-643-35483-9 (PDF)

Verlagskontakt:
Fresnostr. 2 D-48159 Münster
Tel. +49 (0) 2 51-62 03 20
E-Mail: lit@lit-verlag.de https://www.lit-verlag.de

Auslieferung:
Deutschland: LIT Verlag, Fresnostr. 2, D-48159 Münster
Tel. +49 (0) 2 51-620 32 22, E-Mail: vertrieb@lit-verlag.de

Inhaltsverzeichnis

DIE ZEIT DANACH

PROLOG

Einführung

Am 29. Dezember 2020 widmete mir die Wochenzeitschrift DIE ZEIT in der Rubik „Verbrechen“ Aufmerksamkeit; Thomas Melzer berichtete mit folgender Ankündigung über einen „rebellischen Richter“:

> Klaus Przybilla prägte jahrelang die Brandenburger Justiz, bis er einer Intrige zum Opfer fiel. Heute lebt er als Pensionär im Westen und mit dem Schatten seiner Erinnerung.

Ich wurde 1942, also während des Krieges, in Magdeburg geboren, bin ohne Vater aufgewachsen und nach Flucht und Vertreibung aus Oberschlesien mit meiner Mutter nach dem Krieg in der sowjetisch besetzten Zone gelandet. In der späteren Deutschen Demokratischen Republik seit 1949 habe ich die Grundschule und die Erweiterte Polytechnische Oberschule besucht. Noch vor dem 13. August 1961, dem Tag des Mauerbaus in Berlin, bin ich als Wehrpflichtiger der Nationalen Volksarmee über Westberlin in die Bundesrepublik Deutschland geflüchtet.

Wie sehr mich mein Leben in der DDR geprägt hat, ist mir erst bewusst geworden, als ich mich mit 18 Jahren im westlichen Teil Deutschlands neu erfinden musste: In der DDR war es die Bewältigung des Alltags ohne Zukunftsperspektive und der Opportunismus der überwachten Menschen, in der Bundesrepublik Deutschland die Vielfalt einer demokratischen Gesellschaft.

Vierzehn Jahre nach meiner Pensionierung will ich das berichten, was für einen größeren Leserkreis von Interesse sein könnte. Zentral sind mein ungewöhnlicher beruflicher Werdegang und meine Unfähigkeit, mich dem „Zeitgeist“ anzupassen.

Ich werde berichten, wie die Staatsanwaltschaft Münster mit einem Jugendrichter umgegangen ist, der sich „anmaßte“, sich der höchstrichterlichen Rechtsprechung zu verweigern, wie ich später ein „über die Grenzen eines Neuen Bundeslandes hinaus bekannter Strafrichter“ eines Jugendsenats werden sollte und damit – vom ständigen Blick in menschliche Abgründe begleitet – in den Focus öffentlichen Interesses geraten bin. Und wie ich last but not least – wie von einem Kritiker vorhergesagt – zum Opfer einer Intrige geworden bin.

Was ein interessierter und neugierig gewordenen Leser über einen Strafrichter wissen sollte: Wenn die Strafgerichtsbarkeit in den Focus öffentlichen Interesses gerät, ist

„das Kind längst in den Brunnen gefallen“: Eine Straftat hat den Strafanspruch des Staates aktiviert und das Legalitätsprinzip zwingt die Exekutive, vertreten durch die Staatsanwaltschaft und ihre Hilfsbeamten von der Kriminalpolizei, zu ermitteln. Am Ende der Ermittlungen steht die im § 170 StPO vorformulierte Entscheidung, Anklage zu erheben oder das Verfahren einzustellen.

Erst mit der Zulassung der Anklage und der Eröffnung des Hauptverfahrens übernimmt der Richter die Verantwortung: Er hat sich an die Regeln der Strafprozessordung und bei seiner Entscheidung über Schuld oder Unschuld am materiellen Strafrecht, dem Schuldprinzip – der Fähigkeit des Angeklagten, zwischen Recht und Unrecht zu entscheiden – zu orientieren und bei seiner Überzeugungsbildung den Zweifelssatz zu dessen Gunsten zu beachten.

Im Übrigen dürfen die Prozessbeteiligten und die Öffentlichkeit von der Strafjustiz nur ein faires Verfahren gut ausgebildeter und von selbstgerechten Allüren freier Richter, aber keine absolute Gerechtigkeit erwarten, denn diese gibt es nicht. Dass „die Justiz mit Gerechtigkeit genau so wenig zu tun hat, wie die Kirchenverwaltung mit dem lieben Gott“, hat auch damit zu tun, dass ein Strafgericht auf das beschränkt ist, was sich beweisen lässt; das Ergebnis der Beweisaufnahme und Schlussberatung ist lediglich „eine prozessuale Wahrheit“.

Was macht es aber mit einem Strafrichter, wenn er ständig in den Abgrund menschlichen Daseins blickt und daran erinnert wird, dass Menschen „aus krummem Holz geschnitzt sind“. Wie schützt er sich, wenn er mit dem Vernichtungskrieg im Baltikum befasst wird und zur Kenntnis nehmen muss, dass politisches Versagen die strafrechtliche Verfolgung der Mörder und ihrer Gehilfen verhindert?

Ist mit dem Schuldspruch des zweifachen Mordes und der Feststellung der „Schwere der Schuld“, die einer Entlassung nach 15 Jahren entgegensteht, für den Richter das Grauen lediglich als Pensum erledigt? Wie geht er damit um, wenn z.B. ein Sohn den alkoholkranken Vater, der immer wieder versucht hatte, die 12-jährige Schwester zu vergewaltigen, und die Mutter, die ihr Kind davor schützen will, im betrunkenen Zustand krankenhausreif prügelt, im Schlaf erstickt? Kann er als Strafrichter mit seinem Gewissen vereinbaren, dass der Angeklagte wegen eines heimtückischen Mordes nicht zu der für Mord alternativlos vorgesehenen lebenslangen Freiheitsstrafe verurteilt wird, sondern, der höchstrichterlich Rechtsprechung – einer Rechtsfolgenlösung für den „Tyrannenmord“ – folgend, lediglich zu der dafür vom BGH vorgegebene Mindeststrafe von 3 Jahren? Oder kann er der Auffassung nähertreten, dass ein gewalttätiger Haustyrann immer mit Gegenwehr der Angehörigen rechnen muss, was das Mordmerkmal „Heimtücke“ in Frage stellen würde? Oder ist das Strafgericht sogar bereit, eine bewährungsfähige Freiheitsstrafe lediglich wegen Totschlags zu verhängen bzw. freizusprechen, weil es auf die Frage des jugendlichen Angeklagten „Sollte ich warten, bis mein Vater meine Mutter totschlägt?“ keine Antwort findet?

Und wie ist ihm zumute, wenn ein Verteidiger nach einer schweren Brandstiftung seines Mandanten, bei der mehrere Menschen verbrannt bzw. erstickt sind, unter Hinweis auf ihr bisheriges asoziales Leben und ihre Alkoholisierung zur Tatzeit mit dem Ziel einer Strafmilderung einen Beweisantrag wegen einer „Lebensführungsschuld" stellt?

Elend einer Geburt

Meine Mutter wuchs als Findelkind in einer Pflegefamilie auf. Sie ging der Pflegemutter „als Haustochter“ in der Küche und der Landwirtschaft zur Hand und besuchte die siebenklassige Volksschule in Wyrow, Kreis Pless. Während ihre Geschwister studierten, durfte sie lediglich Schneiderin werden, was nach Flucht und Vertreibung aus Oberschlesien in die SBZ für uns allerdings von existenzieller Bedeutung sein sollte. Sie sprach akzentfrei polnisch, was ihr dann auf der Flucht aus Oberschlesien half: Sie, eine sehr schöne Frau, konnte polnische Offiziere bitten, sie vor sexuellen Übergriffen hasserfüllter Rotarmisten in Schutz zu nehmen. Dass ich im Gegensatz zu ihr gesund in der SBZ ankam, weil ich, wie sie mir später berichtete, von den sowjetischen Soldaten gefüttert wurde, während sie hungern musste, gehört zu den irritierenden Erinnerungen. Im Dezember 1939 hatte meine Mutter Paul Richard Przybilla geheiratet.

Als ich 1962 auf der Suche nach Angehörigen väterlicherseits meine Großmutter, den Bruder und eine Schwester meines Vaters in Bad Mergentheim kennenlernte, auch sie waren nach dem Ende des II. Weltkriegs aus Oberschlesien vertrieben worden, hießen sie nicht mehr Przybilla, sondern Peters. Den polnischen Namen hatten sie unter der Nazi-Herrschaft offensichtlich als Makel empfunden und sich mit der Namensänderung „arisiert.“

Magdeburg – Oberschlesien – Vertreibung

Nach der Eheschließung zogen meine Eltern nach Magdeburg. Mein Vater fand als Möbeltischler in der Rüstungsindustrie Arbeit und wurde 1941 eingezogen. Meine Mutter arbeitete von Januar 1940 bis August 1942 als Postzustellerin. Bis 1944 gehörte sie zu den Magdeburger „Trümmerfrauen".

Während sie mich am 10. September 1942 zur Welt brachte, kämpfte mein Vater im Russlandfeldzug als Gefreiter „für sein Vaterland." Nach seinem letzten Heimaturlaub begrüßte er seinen Sohn und wurde im Januar 1943, der Kampf um Stalingrad war längst vorbei, als vermisst gemeldet. Nachforschungen über den Suchdienst des Roten Kreuz ergaben nicht, ob und wo er „gefallen" ist; bekanntlich sterben nur Menschen, Soldaten fallen fürs Vaterland. Er ist als „unbekannter Soldat" wahrscheinlich nicht bestattet, sondern „irgendwo" verscharrt worden. Dass er mir als Kind gefehlt hat, ist mir erst „im Alter" bewusst geworden.

Ab 1942 verschärfte sich der Bombenkrieg der Alliierten auf deutsche Großstädte und die US-Flotte flog im Zeitraum Februar bis Dezember 1944 insgesamt 10 Angriffe auf Magdeburg. B-17-Bomber zerstörten nicht nur die kriegsrelevanten Rüstungsindustrie, wie z.B. die Junkerwerke und Krupp-Gruson, sondern bombardierten ab September 1944 auch immer häufiger Wohnviertel: 683 Menschen kamen in diesem Zeitraum ums Leben, 881 wurden verletzt, Tausende obdachlos. Wieviel Nächte ich mit meiner Mutter im Luftschutzkeller verbracht habe, weiß ich nicht. Aber nach einem weiteren Bombenangriff auf die Zivilbevölkerung fiel das Haus, in dem wir wohnten, in sich zusammen; die im Keller bangenden Mütter und ihre Kinder wurden von Hilfstruppen aus dem Keller befreit. Meine Mutter konnte ihre Nähmaschine „Marke Singer" aus den Trümmern retten und bei Bekannten, deren Anwesen verschont geblieben war, unterstellen. Mit ihr konnte sie nach dem Krieg unseren Unterhalt bestreiten.

Im Februar 1945 fuhr meine Mutter mit mir auf Wunsch ihrer damals schon hochbetagten Pflegeeltern nach Pless und brachte mich vorübergehend bei ihrer zu diesem Zeitpunkt bereits verwitweten Schwester in Breslau unter. Mit Hilfe der Wehrmacht, die im verschanzten Breslau der vorrückende Rote Armee bis 6. Mai 1945 Widerstand geleistet hatte, gelang es meiner Tante später, mit ihrer Tochter und ihrem Sohn in das von Briten besetzte Sauerland zu flüchten.

Im eisigen Winter 1945 erreichte die Rote Armee im Vormarsch in Richtung Oder das oberschlesische Pless und forderte „Deutsche" auf, ihre Häuser zu verlassen. Der Pflegevater weigerte sich und wurde von einem russischen Soldaten mit dem Gewehrkolben erschlagen; als die Pflegemutter schrie, erschoss er sie. Da auch andere Vertriebene nach dem Ende des II. Weltkrieges in der SBZ ähnliche Kriegsverbrechen an

Zivilisten, insbesondere an Frauen, schilderten, war es für die Opfer bzw. Ihre Angehörigen nach Kriegsende nicht leicht, die Rote Armee als Befreier willkommen zu heißen. Das von den „Deutschen“ auf polnischem Boden verursachte monströse Grauen war freilich unter anderem durch die Bilder der Befreiung des KZ und Vernichtungslagers Auschwitz-Birkenau am 27. Januar 1945 für jedermann öffentlich geworden

Als meine Mutter mit mir in Pless ankam, berichteten Nachbarn vom barbarischen Ende ihrer Pflegeeltern und rieten: „Verschwinde, bevor sie dich und deinen Sohn erschlagen“. Sie befolgte den Rat und schloss sich einem Flüchtlingstreck an. Über die Flucht hat sie mir wenig erzählt und das „Schreckliche“ später nur angedeutet:

Berichtet hat sie mir später von marodierenden polnischen Jugendlichen, aufdringlichen russischen Soldaten und Hunger und darüber, dass sie mit mir ursprünglich in Dresden, wo eine „Oberschlesierin“ der Liebe wegen lebte, Zuflucht suchen wollte. Aber die Stadt lag bereits seit dem 15. Februar 1945 in Trümmern und die „Landsfrau“ hatte die Luftangriffe der Alliierten nicht überlebt. Als ich nach meiner Einschulung 1950 mit ihr Dresden besuchte, lagen Frauenkirche, Semperoper und der Zwinger noch in Schutt und Asche. Inzwischen weiß ich, dass Dresden eine Hochburg der Nazis war, in der „Reichsstatthalter“ Martin Mutschmann Juden, Wehrdienstverweigerer und Kommunisten persönlich gejagt und ermordet hatte, die Bomben aber nicht zwischen Gut und Böse unterscheiden konnten und der Tod von 25.000 Menschen, Nazis, Juden, Christen, Zwangsarbeitern und das sinnlose Zerstören einer Kunst- und Kulturstadt und das Flächenbombardement mit dem Ziel, massenhaft Zivilisten zu töten, um den Krieg zu beenden, auch ein Kriegsverbrechen war, für das die dafür verantwortlichen Engländer Arthur Harris und Charles Portal, hätten zur Rechenschaft gezogen werden müssen. Dass „Bomber-Harris“ von der Königin nicht zum Ritter geschlagen wurde, war für die Opfer lediglich eine kleine Genugtuung.

Wann genau wir mit einem Handwagen und wenigen Habseligkeiten im sächsischen Zschopau-Tal ankamen, kann ich zeitlich nicht genau eingrenzen; der 8. Mai 1945 war schon vorüber, der II. Weltkrieg in Europa zu Ende und wir hatten, im Gegensatz zu Millionen von Kindern und Müttern, den Krieg und Flucht und Vertreibung überlebt.

IN DER SBZ / DDR

Niederwiesa

Endstation war ein an der alten Dresdener Straße gelegenes Forsthaus in Niederwiesa, welches einem Max F. gehörte. Das Grundstück grenzte an die „Struth“, ein ausgedehntes, ins Erzgebirge ansteigendes Waldgebiet, welches später militärisches Sperrgebiet der sowjetischen Besatzung wurde. Für mich war der Wald jenseits des Bahndammes der Trasse Chemnitz – Dresden das Beste, was mir passieren konnte; da waren Tiere, Pilze, Blaubeeren, der nahe Fluss und das kindliche Gefühl von Geborgenheit. Der große Obstgarten bis hin zur „alten Dresdener“ ließ an Vielfalt nichts zu wünschen übrig.

Die Kinder aus der Nachbarschaft schätzten, mit Ausnahme von Rolf Denner, der mit seiner alleinerziehenden Mutter schräg gegenüber wohnte, nicht mich, sondern Max F., den Garten und seine Früchte und meine Freigiebigkeit zur Erntezeit. Dafür und weil ich beim Einkochen von Zuckerrüben zu Sirup meine Finger nicht unter Kontrolle hatte, bekam ich dann allerdings von Max Prügel. Welcher Kompass meine Mutter geleitet hatte, auf das Anwesen eines hartherzigen und jähzornigen alten Mannes zu ziehen, habe ich zu Lebzeiten meiner Mutter nicht hinterfragt. Naheliegend und der Not nach einer langen Flucht aus Oberschlesien geschuldet, war es die Suche nach einer Bleibe für sie und ihr Kind. Dass sie durch Krieg, Flucht und Vertreibung und die Ungewissheit, was mit Richard, ihrem Ehemann, meinem Vater, geschehen ist, aufgehört hatte zu träumen und nur noch für ihren Sohn lebte, habe ich erst später begriffen.

1952 war die SBZ schon Vergangenheit; wir, meine Mutter und ich, lebten jetzt in der am 7. Oktober 1949 gegründeten DDR, die bis zur Ära Willy Brandt von bundesdeutschen Politikern als „sogenannte DDR“ bzw. „Zone“ bezeichnet wurde, und Stalin lebte noch. Wir waren jetzt „Umsiedler“ und keine Vertriebenen mehr, und meine Mutter musste über ihr Schicksal schweigen.

1945 hatte das an der Zschopau gelegene Dorf Niederwiesa / Kreis Flöha in Sachsen ca. 4.000 Einwohner; zu ihnen gesellten sich „Ausgebombte“ aus dem nahegelegenen Chemnitz und nominal 3.000 nach Flucht und Vertreibung ungebetene Menschen, darunter Vertriebene aus Schlesien, Ostpreußen, den Deutschen Siedlungen in der Ukraine und der Wolgadeutschen Autonomen Sowjetrepublik. Sie benötigten alle eine Unterkunft und mussten versorgt werden.

Im Zeitpunkt unserer Ankunft stand die Versorgung der eingeborenen Bevölkerung mit dem Nötigsten und nicht der Aufbau des Sozialismus im Vordergrund, aber die „Zukunft" der späteren DDR war durch die Rückkehr von Walter Ulbricht, Wilhelm Pieck, Otto Grotewohl und anderen noch vor dem Ende des Krieges am 8. Mai 1945, vorgezeichnet. Als die SED im Jahr 1952 beschloss, den Sozialismus in der DDR planmäßig aufzubauen, brachte es Ulbricht auf den Punkt: „Es muss demokratisch aussehen, aber wir müssen alles unter Kontrolle haben". Und Stalins Ausspruch „Die Hitler kommen und gehen, das deutsche Volk aber, der deutsche Staat, bleibt" wurde als kollektiver Antifaschismus übernommen, obwohl auch im Osten Menschen lebten, die ihre Söhne mit dem Vornamen „Adolf" getauft hatten. Als am 13. August 1961 Berlin ein „antifaschistischer Schutzwall" gebaut und damit eine „Grenzlücke" geschlossen wurde, lebte ich nicht mehr in Sachsen.

Am 24.Juli 1948 stand meine Mutter mit mir auf der Treppe des „Brauhofs", eines zu dieser Zeit noch privat geführten Speiselokals, Schlange und erhielt für Reichsmark 20,00 Mark. Bis zum 20.Juli 1948 wurden, obwohl von den Siegermächten besetzt, im gesamten Deutschland und damit auch in Niederwiesa Brot, Brötchen etc. mit Reichs-bzw. Rentenmark bezahlt. Da der SBZ über Westberlin eine„Reichsmarküberflutung" und damit eine Inflation drohte, ordnete die Sowjetische Militäradministration (SMAD) eine eigene Währungsreform an.

Im Februar 1945 hatten die Siegermächte in spe in Jalta Deutschland in Besatzungszonen aufgeteilt, mit der Währungsreform vom 20. Juli 1948 war es geteilt: Westdeutschland bekam den Marshallplan und die parlamentarische Demokratie, in der SBZ, auch in Niederwiesa und Flöha, wurden Industriebetriebe abgebaut, Eisenbahnschienen demontiert und als Reparationsleistungen in die Sowjetunion verfrachtet und damit der Befehl Nr. 124 der SMAD, alle Vermögenswerte auf dem Gebiet der SBZ zu beschlagnahmen, vollzogen. Und obwohl zum Gründungsauftrag der SMAD gehörte, nazistischen Denken auszurotten und die Bevölkerung zu „echter" Demokratie und Humanität zu erziehen, begann der Exitus gen Westen.

Niederwiesa ist der Ort, aus dem ich im Alter von 18 Jahren „vom Hof gejagt" und mir eine düstere Zukunft prophezeit werden sollte. Dass aus mir noch etwas geworden ist und das, was aus mir geworden ist, wert ist, in den Bestand des Heimatmuseums aufgenommen zu werden, grenzt für die, welche mich als Obst-und Gemüsedieb, Streuner und Rebell in Erinnerung hatten, an ein Wunder. Aber diesen damals mit Vorurteilen überfrachteten Einwohnern und Mitschülern kann ich inzwischen entgegenhalten, dass – auch wenn man kraft Geburt keine Zukunftsträume hatte, weil die Gegenwart grausam war und keine Träume zuließ – alles möglich ist.

Gleichwohl ist mir dieses Dorf Niederwiesa in Sachsen der Ort geblieben, an dem bis heute die Erinnerungen an meine Kindheit, Jugend und Schulzeit hängen.

Heute lebe ich privilegiert im deutschen Westen, der vor dem 9. November 1989 Sehnsuchtsort vieler DDR-Bürger war. Einige von ihnen durften unter schikanösen Umständen ausreisen oder wurden als Oppositionelle ausgewiesen bzw. von der BRD freigekauft. Zu viele haben ihre Flucht über die Grenze zwischen Ost und West mit dem Leben bezahlt.

Im Übrigen hatte ich als Kind panische und irrationale Ängste, u.a. vor einem Gott, der nicht lieb ist, sondern straft, wenn die nach dem Krieg im Ort missionierenden Zeugen Jehovas die Endzeit verkündeten und die Kinder „Am 30. Mai ist der Weltuntergang, wir leben nicht mehr lang" sangen. Gott sei Dank, nach dem 30. Mai lebte ich noch. Heute ist meine Angst vor einem „Weltuntergang", der von Albrecht Dürer 1498 in der düsteren Vision der vier apokalyptischen Reiter in Holz geschnitzt und von den Zeugen Jehovas zwischen 1874 und 1975 neunmal vorhergesagt worden ist, trotz des Klimawandels und der pessimistischen Vorhersage von Klimaaktivisten verebbt, weil ich glaube, dass unsere Welt erst untergehen wird, wenn die Sonne nicht mehr scheint.

Zutiefst geprägt durch die frühe Erfahrung, als Flüchtlingskind nicht dazu zu gehören, entwickelte sich ein rebellischer Junge, der nichts ausließ, um dieses Gefühl zu kompensieren und so Vorurteile gegenüber einem „Polackenkind" und seiner alleinstehenden und alleinerziehenden Mutter, einer „Polackin", im Sinne einer sich selbst erfüllenden Vorhersage bestätigte.

Uns wurde ein Zimmer mit Kachelofen zugewiesen; die Küche und das „Plumpsklo" im Treppenhaus wurden gemeinschaftlich benutzt. Gewaschen haben wir uns in der Küche; der mit Holz und Braunkohle zu befeuernde Küchenofen hatte neben drei Herdplatten auch einen Warmwasserbehälter. Und einmal im Monat besuchten wir ein Badehaus.

Meine Mutter hat mir vorgelebt zu überleben, und mich angehalten, nicht zu jammern, sondern mich zu wehren, wenn ich angegriffen wurde. Sie war fürsorglich, aber mit mir überfordert, und auch sehr streng. Vielleicht hatte sie gespürt, dass ich das, was sie erlebt und überlebt hat, noch vor mir habe. Darüber hinaus war sie hilfsbereit und gab oft von dem Wenigen, was wir hatten, anderen noch etwas ab. Ihrem Lebenslauf konnte ich entnehmen: „Aus gesundheitlichen Gründen sah ich mich am 25.3. 1948 gezwungen, meine Arbeit in Flöha aufzugeben. Seitdem versuchte ich für mich und mein Kind, den Lebensunterhalt durch Hausschneiderei zu bestreiten". Ihre diesbezügliche Bemühung wurde weder von den eingeborenen Kunden noch behördlicherseits unterstützt. Es war eine Zeit bitterer Armut auch deshalb, weil sie für ihre Schneiderei häufig keinen Lohn bekam. Sie konnte nach dem 15. eines Monats oft Lebensmittel nicht bezahlen und musste beim Bäcker Trommler und Metzger Stoll „anschreiben" lassen. Wurstzipfel bekam ich deshalb, wenn überhaupt, nur, wenn die Altschulden beglichen waren. Wenn meine Mutter mich an Samstagen losschickte, Schneiderlohn für geleistete Arbeit zu kassieren, wurde ich regelmäßig vertröstet und kam regelmäßig mit Süßigkeiten, aber ohne Geld, welches wir so dringend benötigten, zurück. Hinzu kam, dass meine Mutter im Gegensatz zu Frau Maier keine Erlaubnis der Militärverwaltung hatte zu schneidern. Diese war Schneidermeisterin, die eine Konzession besaß und ihre Konkurrentin immer wieder „anschiss“: Sie konnte von ihrer Schneiderei auf der Dresdener Straße genau beobachten, wer in der Heinrich-Heine-Str. 1 ein- und ausging. Und ich höre noch heute, wie der Dorfpolizist vorbeikam und vorwurfsvoll sagte: „Hella, du weißt doch, dass du das nicht darfst“.

Später, 1971, wurde meine Mutter als Mitglied des „Kollektivs 8. März“ für hervorragende Leistungen beim Aufbau des Sozialismus und bei der Festigung und Stärkung der Deutschen Demokratischen Republik mit dem Ehrentitel „Kollektiv der Sozialistischen Arbeit“ ausgezeichnet. 1951 aber hatte sie noch, in der Unterwäsche versteckt, Baumwollspulen gestohlen, um sie auf Hamstertouren gegen Sojamehl, Heringe und Kartoffeln einzutauschen.

Die Grundschule

Mein Freund Rolf und ich wurden am 1. September 1949 gemeinsam eingeschult. Er begann nach achtjähriger Grundschulzeit eine Lehre und verdiente Geld, während ich in der Oberschule, ohne Geld zu verdienen, weiter die Schulbank drücken musste. Wir waren im pubertierenden Alter von 1957 bis 1960 Fans der Musikgruppe „Harmonika-Hansel". Sie spielte mit dem Saxophonisten Paul Dessau, die Musik, die wir hören wollten, und nahm es mit der von der Partei vorgegeben Quote, 2/3 Osttitel und 1/3 Westtitel, nicht so genau. Mit unserem Outfit, lange Haare, Jeans, Lederjacke und Mokassins aus Fohlenleder vom „versoffenen Genie" Schuhreuter aus Karl-Marx-Stadt (jetzt wieder Chemnitz), waren wir auf den Landjugendbällen in „Bochmanns Ballhaus" in Hilbersdorf, im zu DDR-Zeiten in Flöha beliebten „Bruno-Lößner-Haus" oder in der „Brettmühle" in Karl-Marx-Stadt die „Kings of Rock and Roll", und wenn die Band Bill Haley's „Rock around the Clock" ankündigte, ging auch bei uns „die Post" ab. Anlässlich eines Klassentreffens der Grundschulklasse im Mai 1992 sahen wir uns in Niederwiesa wieder und sind bis heute Freunde.

Ich war ärmlich gekleidet und habe Mitschüler nach dem Ende der Schulspeisung wegen ihrer üppigen Pausenbrote beneidet. Bis zur 3. Klasse waren wir eine 45-köpfige Horde wilder Jungs. Ab 1953 waren wir in der Grundschule 4a eine gemischte Klasse von 36 Mädchen und Jungen. Es war die Zeit, in der das „Hamstern" und „Stoppeln", das erlaubte Nachlesen der Getreide- und Kartoffelernte, noch nicht vorbei, aber nicht mehr existenziell war. Meine Mutter konnte nach langer Krankheit wieder im Schichtbetrieb, d.h. auch nachts, in einer Baumwollzwirnerei, der sogenannten „Baumwolle" in Flöha, arbeiteten und im Übrigen zu Hause schneidern. Für mich – ich war nach der Schule im Kindergarten untergebracht und bin oft weggelaufen – hatte sie wenig Zeit.

Ab 1952 habe ich zusammen mit den Klassenkameraden Volker, Werner und Linksfuß Eberhard Fußball gespielt. 1955 wurden wir – die 1. Pioniermanschaft mit gelben Hemden – Kreismeister. Eberhard war nicht der beste Schüler, aber der mit Abstand beste Fußballspieler und später gefeierte Ikone des DDR-Fußballs. Mit 12 Jahren wurde ich Mitglied des örtlichen Schachvereins und durfte 1956 gegen den simultan spielenden DDR-Meister Wolfgang Uhlmann spielen; in Erinnerung geblieben ist mir das Bauernendspiel und die Aufmerksamkeit der älteren Schachfreunde: Sie hatten ihre Partie schon verloren und begleiteten mich bei jedem Toilettengang mit guten Ratschlägen.

Dass aus der sowjetisch besetzten Zone die diktatorische Deutsche Demokratische Republik wurde, während „im Westen" als Gegenentwurf zum Nationalsozialismus eine Bundesrepublik gegründet wurde, hatte ich als Schulanfänger nicht registriert. In meinen Erinnerungen ist lediglich zementiert , was nach Stalins Tod am 5. März 1953 in der Schule inszeniert wurde: In der Aula der Schule am Schulberg wurde um ihn als Held des Großen Vaterländischen Krieges gegen Hitler getrauert; Chruschtschow hatte noch nicht gesprochen und Alexander Solschenizyns „Archipel Gulag“ war noch nicht geschrieben. Ein älterer Mitschüler, Sohn eines ortsansässigen Arztes, hatte – er wusste mehr als ich und die meisten von uns – gelacht und wurde zeitnah der Schule verwiesen. Die Familie hat danach „weggemacht“ – so wurde in Sachsen kommentiert, wenn „Bürger“ ihre Heimat gen Westen verließen. Diejenigen Schüler, die nicht vor dem neben dem Lehrerzimmer angebrachten und schwarz umrandeten Bild Stalins salutierten, wurden diszipliniert. Folgerichtig musste auch ich, der mit Stalin 1953 im Alter von 10 Jahren noch nichts anfangen konnte, zur Strafe in der Ecke stehen; ein „Ab in die Ecke“ war während meiner Grundschulzeit noch ein beschämendes Ritual der Disziplinierung, welches bei mir Aggressionen auslöste.

In den Sommerferien 1952 lernte ich den anderen Teil Deutschlands kennen: Bis zum Fall der Mauer durften DDR-Bürger mit Visa ins sozialistische Ausland reisen. Reisen in den kapitalistischen Westen waren nur dem Reisekader erlaubt, zu dem regimetreue Sportler, Künstler und Politiker gehörten und ab 1964 auch DDR-Bürger im Rentenalter, wenn sie eine Einladung vorweisen konnten. Bürger, die noch „für die Planwirtschaft ohne Plan“ nützlich waren, durften aus familiären Gründen ausnahmsweise für kurze Zeit in die BRD reisen, und so durften meine Mutter und ich 1952 anlässlich eines runden Geburtstages ihre Schwester im westfälischen Anröchte besuchen. Deren Kinder hatten dort geheiratet; sie sollten 1961 zu einem der glücklichen Umstände meines Lebens werden.

Ein weiterer glücklicher Umstand war, dass mich eine Mitschülerin, in die ich als 14Jähriger „unsterblich“ verliebt war, 40 Jahre später in der Tagesschau der ARD wiedererkannte und meine Anschrift über das Landgericht Potsdam ermittelte: Berichtet wurde wochenlang und zur besten Sendezeit öffentlich wirksam, aber nicht im Sinne der Rechtsfindung, über einen Brandanschlag auf die „Judenbaracke“ im ehemaligen KZ Sachsenhausen (von dem noch die Rede sein wird). Die Mitschülerin hatte mich bei meinem ersten Klassentreffens am 4. Oktober 1997 nach 40 Jahren immer noch als schwierig in Erinnerung

Oberschule wider Willen

Dass ich als einer von drei Schülern der 8a die erweiterte Polytechnische Oberschule (EOS) besuchen durfte, habe ich nicht honoriert. Ich habe im Gegenteil vehement widersprochen, weil ich im Forst Geld verdienen und Förster werden wollte; es konnte nicht gut gehen. Die Nominierung hatte ich als Kind einer Arbeiterin wohl dem Direktor der Grundschule, Eckstein, und meinen guten Noten in Deutsch, Mathe und Sport zu verdanken: Ausgerechnet ihm, der mich immer wieder ermahnen musste, die Obstgärten der Dorfbewohner zu verschonen und anlässlich des Muttertags nicht die Tulpenbeete der Nachbarn abzuräumen und der mir zur Strafe für den Mundraub und Blumenklau spezialpräventiv „Kohleschippen“ für alte Mitbürger verordnet hatte. Hinzu kam, dass mich meine Mutter genervt hatte: „Junge, du sollst etwas Besseres werden als dein Vater“ höre ich sie immer noch sagen. Sie wollte mich motivieren, projizierte aber ihr Kindheitstrauma auf mich und trat den ehrenwerten Beruf meines Vaters damit „in die Tonne“.

Ich hatte im Übrigen überhaupt nicht begriffen, dass „aufs Gymnasium gehen“ etwas Besonderes war, was ich zu schätzen hatte, weil ich damit Teil der ideologischen Erziehung in der DDR wurde. Die EOS „Erich-Weinert“ in Flöha (Bezirk Karl-Marx-Stadt), die ich vom 1. September 1957 bis April 1961 besuchte, hatte sich den Leitsätzen dieses Kommunisten, der wie ich in Magdeburg geboren wurde, und gegen das Franco-Regime gekämpft hatte, verschrieben; sein in Stein gehauenes Credo „Den Gedanken Licht, dem Herzen Feuer, den Fäusten Kraft“ im Eingangsbereich der Schule hatte ich während meiner Schulzeit nicht wahrgenommen; es hätte mich auch nicht interessiert, weil die Schulzeit an dieser Schule für mich ein Martyrium war.

Darüber, dass Erich-Weinert 1937 als Kommunist in die Sowjetunion emigriert war und vor Stalingrad kämpfende Wehrmachtssoldaten als Frontagitator aufgefordert hatte, die Waffen niederzulegen, wusste ich damals auch nichts. Dass er in der DDR als Arbeiterdichter und Reformpädagoge Karriere gemacht hat, wundert mich heute, weil er mit den Erfahrungen der stalinistischen Säuberung, der auch viele vor den Nazis nach Moskau geflüchtete deutsche Kommunisten zum Opfer gefallen sind, und mit einem Schweigegelübde über Denunziation und Verrat der überlebenden Genossen Walter Ulbricht und Co. in die sowjetische Besatzungszone zurückgekehrt war. Und dass unter seinem Namen die Erziehung zu Freiheit und Demokratie in der DDR Bildungsaufgabe war, kann ich als ehemaliger Schüler dieser Schule auch nicht bestätigen: Ich und der stalinistisch geprägte Schuldirektor und Russisch-Lehrer mitsamt dem für Staatsbürgerkunde zuständigen Lehrer Z. waren uns in inniger Abneigung verbunden. Mit Jeans, grüner Lederjacke und Elvis-Locke war ich auf den Landjugendbällen ein gern gesehener „Rocker“, in den Augen dieser Kommunisten aber eher ein Klassenfeind. Das Geld für die Klamotten hatte ich mir „auf der Rennbahn“, dem Güterbahnhof in Karl-Marx-Stadt und in der Rundziegelei in Niederwiesa verdient und in Westberlin zum Kurs eins zu fünf in D-Mark umgetauscht. Beide Lehrer blieben ihrer sozialistischen Überzeugung treu und wurden zuletzt 1986 von der Kreisleitung der SED in Flöha als vorbildliche Genossen ausgezeichnet.

Z. lehrte uns Antifaschismus: Nach der Entnazifizierung in der SBZ lebten die Nazis nunmehr in „Bonnesien“, nur die Sowjetunion hatte die Welt von Hitler befreit. Er hat uns rückblickend aber nicht beigebracht, wie es zu den Katastrophen zweier Weltkriege kommen konnte, und dass auch die Väter seiner Schüler Mitglieder der NSDAP, der SS und der Deutschen Wehrmacht waren und wie die DDR-Justiz im nahen Thalheim, in Bautzen und Torgau nach Schauprozessen mit Oppositionellen und Dissidenten umgegangen ist. Der von den sowjetischen Panzern niedergewalzte Aufstand des 17. Juni 1953 hatte nach dem Lehrplan nicht stattgefunden. Und dass DDR-Bürger nicht nur gegen die Erhöhung der allgemeinen Arbeitsnormen ohne Lohnerhöhung gewaltfrei protestierten, sondern auch Ulbrichs Abgang, freie Wahlen und die Wiedervereinigung gefordert hatten; dass dieser Tag in der BRD gesetzlicher Feiertag wurde, war kein Thema. Und auch nicht, dass die SED-Spitzen in die Besatzungsverwaltung in Berlin-Karlshorst flüchteten und Ulbricht und seine Entourage sich danach – hochgesichert und ohne Schuldbewusstsein – in Wandlitz verkrochen hatten.

Den wohlgemeinten Hinweis meines Klassenlehrers Böhme „Das Abitur kommt näher, ich habe gehört, dass du noch kein Mitglied der Freien Deutschen Jugend (FDJ) bist und auch noch keine Verpflichtungserklärung zum Wehrdienst in der Nationalen Volksarmee (NVA) unterschrieben hast“ habe ich verstanden und beides umgehend nachgeholt. Die NVA war 1961 noch eine Armee der angeblich Freiwilligen; erst 1964 wurde auch in der DDR die Wehrpflicht eingeführt. Gleichwohl sollte mir die Schulleitung eine Woche vor Beginn der Abi-Klausuren das Abitur verweigern. Meine Leistungen waren gut bis ausreichend, die „Gesamteinschätzung des Schülers Klaus Przybilla“ wurde bis zum Halbjahreszeugnis der12 B 1 im Übrigen wie folgt fortgeschrieben:

> Klaus' Arbeitsweise muss sorgfältiger, intensiver und konzentrierter werden. Er besitzt noch nicht das nötige Lernbewußtsein. Am gesellschaftlichen Leben der Schule nahm er wenig Anteil. Im polytechnischen Unterricht (auf dem Bau und in der Landwirtschaft) arbeitete er im Wesentlichen befriedigend.

Meinen Physiklehrer und meine Mitschüler hatte ich nach meinen Erinnerungen in einem Anfall von Lernbewusstsein jedoch einmal überrascht: Ich hatte mich für einen Vortrag zur „Einstein’schen Relativitätstheorie“ gemeldet und Lehrer und Schüler damit überfordert, dass wir mit hoher Wahrscheinlichkeit nicht die einzigen Lebewesen im Weltall seien. Im Mittelalter wäre ich deswegen wegen Häresie gerädert worden; da es aber dem sozialistischen Weltbild der Schule nicht widersprach, bin ich sogar gelobt worden.

Am 7.März 1961 wurde ich anlässlich des 15. Jahrestages der FDJ vom 1. Sekretär Siegfried Fiedler mit dem 1. Platz der Ausscheidungskämpfe im Tischtennis ausgezeichnet und hatte die Schule auch in einem Leichtathletikwettkampf erfolgreich vertreten. Aber wenige Tage später war meine Schulzeit zu Ende.

Das schweigende Klassenzimmer

Jahrelang hatte ich einen, meine Schulzeit betreffenden verstörenden Traum. Ich war inzwischen Richter am Amtsgericht, promoviert und hatte einen Lehrauftrag an der Wilhelms-Universität in Münster, aber ich hatte kein Abitur. Um den Mangel zu beheben, hatte ich mich wieder an der Erich-Weinert-Oberschule angemeldet, aber den Unterricht meistens geschwänzt; ich hatte einfach „keinen Bock" auf Schule und Angst, bestimmten Lehrern und drei „besonderen" Mitschülern zu begegnen. Der Traum hatte einen realistischer Hintergrund: Eine Woche vor Beginn der Abi-Klausuren betrat Schuldirektor Wach, eskortiert von den drei Mitschülern Bernd, Gerald und Robert, die sich bei dieser Gelegenheit als Offiziersanwärter zu erkennen gaben, den Klassenraum. Er forderte mich ohne Begründung auf, die Schule sofort zu verlassen und mich am nächsten Tag in der „Alten Baumwolle" in Flöha „zur Erfüllung einer Bewährungsauflage" zu melden. Der in unserer Nachbarschaft in Niederwiesa wohnende und als Parteigänger der SED ortsbekannte Direktor des Volkseigenen Betriebes wies mir am folgenden Tag „Knochenarbeit" zu; er gehörte zu den von mir Geschädigten.

Was war geschehen? Wenn man sich langweilt, sollte man Gutes tun, aber ich, Wolfgang, „Dulles" – der Älteste von uns – sowie ein ebenfalls ohne Vater aufgewachsener Mitschüler aus meiner Grundschulzeit, taten das Gegenteil; besonders ich als Oberschüler der 12. Klasse hätte es besser wissen müssen: Wir trafen uns unregelmäßig in der Gaststätte „Haus Flechsig" im inzwischen eingemeindeten Braunsdorf. Alkoholbedingt enthemmt hatten wir auf den nächtlichen Heimwegen Steine so lange ins bewohnte und dunkle Tal geworfen, bis es klirrte; Häuser, in denen noch Licht brannte, waren tabu. Geklirrt hat es meistens und gewollt da, wo kommunale SED-Parteigänger wohnten, über deren nicht parteikonforme „Vorlieben" Wolfgang, mein Mitschüler aus der Grundschule und auszubildender Kellner im „Chemnitzer Hof", berichtet hatte.

Eine Bürgerwehr fasste nach einem erneuten nächtlichen „Treffer" den flüchtenden „Dulles"; er nannte mich und Wolfgang als Mittäter und am folgenden Schultag wurde ich während einer Mathearbeit von zwei Kriminalbeamten „zur Klärung eines Sachverhalts" abgeholt. Ich räumte mein Fehlverhalten ein, den am letzten Abend nicht beteiligten Freund verriet ich nicht.

Was das von der SED-Kreisleitung inszenierte Tribunal im Saal der Gaststätte „Brauhof" anbetrifft, erinnere ich mich lediglich an die neugierig gaffenden Bewohner und ortsbekannten Parteigänger, denen wir die Scheiben eingeschlagen hatten, und daran, dass meine Mutter ihren betrunkenen Sohn gesucht, in der Bahnhofsgaststätte gefunden und zu seiner „öffentlichen Hinrichtung“ begleitet hatte. Auf die beabsichtigte Beschämung reagierte ich trotzig und zog mich zurück.

Mit dem Schulverweis 4 Monate nach meinem Fehlverhalten hatte ich nicht mehr gerechnet. Ich war nicht angehört worden und durfte zu meiner Entlastung nicht vortragen, dass ich mich bei den Geschädigten inzwischen entschuldigt und den Schaden wiedergutgemacht hatte; das Geld dafür hatte ich mir in 12-Stundenschichten und durch Nachtschichten auf der „Rennbahn“, dem Güterbahnhof in Karl-Marx-Stadt, verdient. Dass der Direktor die drei Mitschüler instrumentalisiert und ihnen Mitverantwortung übertragen hat, hatte fatale Folgen für die zu dieser Zeit 18Jährigen: Sie waren für die versteinerten und schweigenden Klassenkameraden enttarnt und wurden fortan ausgegrenzt. Und wie sind sie anlässlich unseres Wiedersehens damit und mit ihrer Stasi-Vergangenheit umgegangen? Ihre Reaktionen waren divers: Einer hat sich 1994 anlässlich eines Klassentreffens in der Lausitz bei mir entschuldigt, ein anderer ist mir aus dem Weg gegangen und ein Dritter hatte nichts dazugelernt: Auf dem Weg von der Toilette in den Speisesaal unseres Hotels fiel ihm nichts Besseres ein als „Ich wusste gar nicht, dass es dich noch gibt“. Die drei Mitschüler wurden übrigens das, wofür sie in der Schule „abgerichtet“ worden waren, nämlich hauptamtliche Mitarbeiter des Ministeriums für Staatssicherheit (MfS). Unbehaglich war mir der Gedanke, dass sie seit der Wende eine üppigere Rente erhalten als die Opfer ihres Ministeriums.

Anders als im anlässlich „30 Jahre Deutsche Einheit“ ausgestrahlten sehenswerten Film „Das schweigende Klassenzimmer“ bin ich übrigens der Einzige aus meiner Klasse, der die DDR verlassen hat; mir nahestehende Mitschüler sind geblieben:

Heiner F., der, ohne seine Seele zu verkaufen, bis zur Wende parteiloser Ingenieur des VEB Kombinats „Textima“ im früheren Karl-Marx-Stadt und nach 1990 Betriebsrat der Textima AG in Chemnitz war und zum „Reisekader“ gehörte, hat sich im Dezember 1989 unerwartet bei mir gemeldet. Seinem Brief konnte ich entnehmen, dass nicht nur in Leipzig, Dresden und Berlin Demos stattfanden, sondern auch in einer Kreisstadt mit 11.000 Einwohnern DDR-Bürger den Mut hatten, für Reformen und einen Regime-Wechsel auf die Straße zu gehen, obwohl ihnen das chinesische Massaker auf dem „Platz des Himmlischen Friedens“ und die diesbezüglich unverhohlene Drohung von Egon Krenz bekannt waren.

Die Reißleine

Ich stand nach meinem Schulverweis vor einem Scherbenhaufen. Hinzu kam, dass ich als Stammspieler in der A-Jugend von den Funktionären nicht mehr aufgestellt wurde und die Freundschaft zu Marion, die sich der Ansicht ihrer Mutter, ich sei „nicht gut genug für sie", schon immer widersetzt hatte, zu Ende war. Die Mutter hatte zwar bereits einen Schulwechsel ihrer Tochter mit Internatsaufenthalt in Zschopau verfügt, hatte aber nicht immer verhindern können, dass wir uns an den Wochenenden trafen. Zu der Enttäuschung meiner mit mir überforderten Mutter gesellte sich die Verachtung der Dorfbewohner; sie sahen sich in ihrer Prognose, dass ich „nichts tauge", bestätigt. Und mein zu dieser Zeit bester und ein Jahr älterer Freund konfrontierte mich mit der Drohung seines Vaters: „Wenn ich dich noch einmal mit dem sehe, schlag ich dich tot". Ich dachte: „Vielleicht ist es besser, keinen Vater zu haben, als diesen."

Zu meiner Überraschung wurde mir im April 1961 die Einberufung zur Wehrpflicht an der tschechische Grenze zugestellt, obwohl meine Verpflichtungserklärung sich explizit auf die Zeit nach dem Abitur bezog. Damit nicht genug – „schlimmer geht immer" – überraschte mich der Direktor der Zwirnerei, in der ich mich bewähren sollte mit dem haltlosen Vorwurf, im Fahrstuhl des Betriebes mit einer schwangeren Mitarbeiterin, „in intimer Situation", so seine Formulierung, beobachtet worden zu sein. Abgesehen davon, dass es nicht möglich war zu beobachten, was im geschlossenen Aufzug geschieht, war es an den Haaren herbeigezogen. Ich stellte den Vorwurf hilflos in Abrede und beschloss, als *persona non grata* die Reißleine zu ziehen.

Auf die Idee, die DDR und Niederwiesa in Richtung „Goldener Westen" zu verlassen, war ich bis zu diesem Zeitpunkt nicht gekommen. Ich fühlte mich vom Hof gejagt und fasste innerhalb weniger Stunden den Entschluss, meine Mutter und die DDR zu verlassen; es war eine alternativlose und rückblickend gute Entscheidung: Von Mitschülern, deren Eltern und den örtlichen Funktionären, war mir nach Alkoholexzessen, einer enttäuschten Liebe und einer überforderten Mutter ein eher prekäres Leben vorgezeichnet, ich hatte mich aber dafür entschieden, diejenigen, die mich nur noch gering schätzten und verachteten, zu widerlegen. Allerdings sollte ich den schwersten aller Wege wählen, nämlich durch Erfahrung klug zu werden und dachte später, dass die, welche Fehler gemacht haben und sich zu diesen bekennen, gnädiger mit fehlerhaften Menschen umgehen als jene, die sich für fehlerfrei halten.

Meine Flucht

Nachdem ich mein geliebtes Rennrad, mit dem ich „Täve“ Schur nacheifern wollte, an einem Fahrradhändler verscherbelt und einem Freund meine grüne Lederjacke verkauft hatte, fuhr ich mit 700 Mark in der Tasche am 12. Juni 1961 mit einer Freundin, deren Eltern in Berlin-Grünau wohnten, mit dem Zug nach Berlin. Am Ostbahnhof stieg ich in die S-Bahn Richtung Potsdam um und am Bahnhof Friedrichstrasse aus; von dort aus ging ich nach Westberlin. Ich hatte den „Arbeiter- und Bauernstaat“ verlassen und war nun im amerikanischen Sektor von Berlin. Und so war ich unbewusst Teil eines Problems, welches wenige Wochen später zum Bau der Mauer in Berlin führen sollte. Die schon zu diesem Zeitpunkt sehr strengen Personenkontrollen in Zügen Richtung Berlin-Ostbahnhof durch Zoll und Volkspolizei zur Eindämmung der zunehmenden Republikflucht hatte ich überstanden, weil ich in Begleitung eines hübschen Mädchens, ohne Gepäck und nur mit meinem DDR-Ausweis, unterwegs war. Und ich wusste, dass es relativ einfach war, über diesen innerstädtischen Grenzverkehr „von Ost nach West“ zu gelangen. Was ich damals allerdings nicht wusste: Es war schon geplant, Züge nach Berlin-Ostbahnhof umzuleiten und „als Maßnahme zur Unterbindung des westdeutschen Menschenhandels“ Jugendlichen bis zu 25 Jahren Reisen nach Westberlin zu verbieten. Doch ich hatte das Glück, welches mich bis heute nicht verlassen hat.

Im Notaufnahmelager Berlin-Marienfelde schrieb ich meiner Mutter vorausschauend eine Karte mit der ich mich dafür entschuldigte, sie belogen zu haben: Ich sei nicht zu Freunden nach Grün-Hainichen gefahren, sondern nach West-Berlin. Mit Hilfe dieser Postkarte, die ihr nicht zugestellt werden konnte, weil sie vom Staatssicherheitsdienst beschlagnahmt worden war, konnte sie dem Vorwurf der Beihilfe zur Republikflucht begegnen.

Drei Tage nach meiner Ankunft in Westberlin, am 15. Juni 1961 sprach Walter Ulbricht die „Lüge des Jahrzehnts“ aus: Angesichts des zunehmenden Flüchtlingsstroms von DDR-Bürgern beantwortete der „Spitzbart“ in Berlin die von einer Journalistin der *Frankfurter Rundschau* gestellte Frage, ob am Brandenburger Tor die Errichtung einer Staatsgrenze geplant sei, mit seinem legendären Satz „Niemand hat die Absicht, eine Mauer zu errichten“, obwohl die Planung, in Berlin eine Mauer zu bauen, schon weit fortgeschritten war. Es war der Tag, an dem ich nach der Vernehmung durch einen amerikanischen Offizier und 3 schlaflosen Nächten im Hochbett des überfüllten Aufnahmelagers mit einer Propeller-Maschine von Berlin-Tempelhof nach Hannover geflogen und mit dem restlichen Geld per Bahn ins Sauerland, nach Belecke, gefahren bin. Ich war mittellos, ohne Schulabschluss und „ohne Netz und doppelten Boden“ im Westen angekommen. Es war der andere Teil Deutschlands, den ich als 12Jähriger anlässlich eines Besuchs bei der Schwester meiner Mutter gestreift und im Übrigen immer nur dann zur Kenntnis genommen hatte, wenn unser junger Kaplan zu Beginn des Kommunionsunterrichts Pakete aus dem Westen öffnete und schwarze Schokolade verteilte.

Am 13. August 1961 wurde in Berlin eine Mauer gebaut. Ich sollte meine Mutter erst 1976 in Münster/Westf. wiedersehen. Da hatte sie in der Zwischenzeit als inzwischen „Verdiente Arbeiterin des Volkes“ an der Ostsee einen Lokführer der Reichsbahn aus Leipzig kennengelernt, meinen Vater für vermisst erklärt und wieder geheiratet. Als 60jährige Rentnerin durfte sie mich mit ihm in Münster besuchen; sie hätten, vom DDR-Regime unbeanstandet, sogar bleiben können. Ausgezehrt von einem arbeitsreichen Leben ist sie hoch dement in einem Altenheim der Arbeiterwohlfahrt in Jüterbog dem „Sonnenuntergang ihres Lebens entgegen gedämmert“ und verstarb am 18.April 1995 im Alter von 80 Jahren. Ich konnte im Gegensatz zu vielen Angehörigen von ihr Abschied nehmen.

IM WESTEN

Der Beginn

Es war anfangs viel Staunen und Schweigen, aus Angst, bar jeder Weltläufigkeit in dieser mir unbekannten Welt, etwas Falsches zu sagen; das oft zitierte Gefühl, endlich frei zu sein, hatte mich noch nicht übermannt, weil ich noch nicht wusste, was Freiheit bedeutet. Und ich hatte Hermann Hesse noch nicht gelesen und den Zauber zu diesem Zeitpunkt noch nicht verspürt. Nicht geübt, mit 18 Jahren Verantwortung zu übernehmen und gewöhnt an die „Vollkasko-Versicherung" in der DDR, begann der Zauber damit, dass mich der Sohn und die Schwiegertochter der Schwester Trude, Gerd und Lucia, aufnahmen und verpflegten. Der in der AEG in Belecke als Abteilungsleiter beschäftigte Gerd sorgte zeitnah für eine Praktikantenstelle und eine Spielerlaubnis. In der Fußballmannschaft des Ortes erlebte ich Aufmerksamkeit und ein Mädchen aus dem Ort ging mit mir aus. Sie begeisterte mich unter anderem für in sieben Minuten gezapftes Warsteiner Pils und zeigte mir den Umgang mit einer Musikbox. Von nun an gings bergauf, und ich hatte plötzlich mehr, als ich als Kind und Jugendlicher hatte, und konnte bald denjenigen, die weniger hatten, etwas abgeben. Was es bedeutet, in einem Land zu leben, in dem ein Grundgesetz nicht nur zum Schein, sondern mit einer „Ewigkeitsgarantie" verkündet worden ist, musste ich allerdings noch lernen.

Der Schwiegersohn der Schwester Herbert Niemöller, ein Zahnarzt und „Dorfpate" aus Anröchte, motivierte mich, das Abitur „nachzumachen" und damit als „Ossi" die bundesdeutsche Hochschulreife zu erlangen. Nach einem Vorgespräch mit einem Oberstudienrat a.D. aus Soest wurde ich einer sogenannten Förderklasse am Geschwister-Scholl- Gymnasium in Lünen/Westf. zugewiesen. Wir waren außerhalb von Lünen im klassizistischen Ambiente des Schlosses Buddenburg untergebracht; der Fußweg und Blick über die Lippebrücke auf das Haupthaus und die beiden Pavillons gehören zu meinen schönen Erinnerungen. Und wir waren nun Sozialhilfeempfänger, die morgens von den Schülerinnen des Gymnasiums mit Pausenbroten verwöhnt wurden. Allerdings waren nicht alle Schüler der Förderklasse Sympathieträger, doch die Freundschaft zu Annette, der Köchin der Einrichtung, und ihrem Verlobten Peter, dem Sohn des Heimleiters, mit dem ich zeitnah in der Bezirksliga Fußball spielen durfte, hat mir die Zeit in Lünen leicht gemacht. Ich erhielt am 5.Oktober 1962 das Abitur und damit die Hochschulreife. Meine Klassenlehrerin Frau Dr. Weischenberger vermittelte mir einen Aufenthalt als Student am Kings College in London, die Bürgschaft übernahm ein 1936 nach London emigriertes jüdisches Ehepaar.

Meinen Unterhalt in London verdiente ich als Hausbursche in einer Unterkunft für Christliche Junge Männer(CVJM). Dort musste ich mich dem verliebten homosexuellen Leiter der Einrichtung zur Wehr setzen und wechselte bald als Page in ein renommiertes Hotel. Ich wurde in eine Pokerrunde aufgenommen, zu der ein Inder, ein „Liverpooler" und Tom aus Seattle /Staat Washington gehörten. Und ich hatte ein „Member-Chip" im Chris Barber-Club in Soho.

So abgelenkt, studierte ich wenig. Und 1963 fuhr ich nach Münster/Westf., um zu studieren.

Mein Studium

Im Wintersemester 1963/64 begann ich mit Hilfe eines Stipendiums für Halbwaisen das Jurastudium an der Westfälischen Wilhelms-Universität in Münster. Ich genoss meine akademische Freiheit, hatte in einer tollen Clique viel Spaß und in der Uni-Fußballmannschaft einen Stammplatz als Mittelläufer. Wir tranken in der Altstadtkneipe „Cavete“ oder bei „Pinkus Müller“ aus unseren dort „geparkten“ Krügen Altbier oder aßen im Kreuzviertel im „Nordstern“ Brathähnchen und spielten bis 3:00 Uhr morgens Doppelkopf. Und an den Wochenenden feierten wir in der Wohnung einer „feschen“ Kommilitonin; ich habe gekocht und dabei gelernt, dass „Liebe durch den Magen“ geht. Woran ich mich noch besonders erinnere: Um sich von anderen Studierenden abzugrenzen, waren die rotleuchtende Gesetzessammlung von „Schönfelder“ und der Kommentar zum Bürgerlichen Gesetzbuch von Palandt auch für weniger fleißige Jurastudenten, zu den auch ich gehörte, ständiger Begleiter. Erst als Amtsrichter sollte ich erfahren, dass der seit 1938 als Herausgeber ausgewiesene Otto Palandt hoher NS-Funktionär im Reichsjustizministerium war und er das Konzept der Kommentierung von dem auf rechtswissenschaftliche Publikationen spezialisierten jüdischen Verleger Otto Liebmann „abgekupfert“ hatte. Dieser sah sich 1933 gezwungen, sein Unternehmen an den Verlag C.H. Beck zu verkaufen. Dieser hat sich erst 2021 nach jahrelanger Kritik entschlossen, den Kommentar nicht mehr unter dem Namen „Palandt“ zu vertreiben.

Die Bewegung der 68er regte mich weder besonders an noch auf: Ich hatte über Franz, einen linken Lateinlehrer, Kontakte zu den „Roten Zellen der Germanisten“, von denen sich einige, auch die spätere RAF-Terroristin Ulrike Meinhof, die im Wintersemester 1957 von Marburg an die Wilhelms-Universität in Münster gewechselt hatte, später radikalisierten. Neben den bekannten Sprüchen wie „Unter den Talaren Muff von 1000 Jahren“ oder „Wer zweimal mit derselben pennt, gehört schon zum Establishment“ erinnere ich mich besonders an den Ruf der Aktivisten vor dem Juridicum „Harry, wo ist deine Doktorarbeit“? Gemeint war der bei mir und meinen Kommilitonen beliebte Sachenrechtler Prof. Dr. Harry Westermann, der angeblich, den Nationalsozialisten Rechtswahrern zur Freude, einen akademischen Beitrag zu den Rassengesetzen geleistet hatte. Er wurde 1932 promoviert und war bis 1945 im Reichsprotektorat „Böhmen und Mähren“ an der Reichsuniversität Prag außerplanmäßiger Professor.

Prägend war der „Seitensprung“ in die Fakultät, in der der Historiker Gollwitzer im Wintersemester 1962/63 eine Vorlesung zum mich interessierenden Thema „Totalitarismus“ hielt, zu der ich eine von ihm betreute Doktorandin begleiten durfte. Er war später Mitherausgeber des Bandes „Du hast mich heimgesucht bei Nacht“. Die dort nachzulesenden Abschiedsbriefe der vom Volksgerichtshof unter Vorsitz des „Blutrichters“ Roland Freisler zum Tode Verurteilten angesichts der bevorstehenden Hinrichtung sind ein verstörendes Zeugnis des Widerstandes gegen den Nationalsozialismus.

Auch der sogenannte „Stanislau-Prozess“, der im April 1966 unter Vorsitz des Landgerichtsdirektors Funke vor der Schwurgerichtskammer des Landgerichts Münster begann und an dem ich hin und wieder als Jurastudent teilnahm, verstörte mich. Und darum ging es:

Der 1909 im schlesischen Posen geborene und nationalkonservativ sozialisierte Hans Krüger trat mit 19 Jahren der SA bei, stieg 1932 zum Sturmbannführer auf und wurde 1938 von der SS als SS-Hauptsturmführer übernommen. Er bewarb sich bei der Sicherheitspolizei und wurde in Berlin Kriminalkommissar-Anwärter. Mit dem Überfall auf Polen am 1.September 1939 rückte er mit einem Einsatzkommando von Oppeln in Polen ein, bildete in Zakopane ukrainische Hilfspolizisten aus und kehrte nach Teilnahme an einem Führerlehrgang als Kriminalkommissar nach Krakau zurück. Seit Ende Juli 1941 leitete er die Außenstelle Stanislau des Kommandeurs der Sicherheitspolizei und des Sicherheitsdienstes Lemberg. Am 2.August 1941 befahl er die Registrierung der polnischen Intelligenz, darunter Anwälte, Lehrer, Ärzte, Rabbiner etc. 800 folgten der Anordnung, 200 wurden als „Spezialisten“ verschont, 600 mit Hilfe ortsansässiger Volksdeutscher und ukrainischer Milizionäre erschossen und im Wald verscharrt. Mit den Massakern vom 6. und 12. Oktober 1941 begann „die Endlösung Galizien im Generalgouvernement“, die mit entsetzlichen Einzelheiten im Urteil des Schwurgerichts festgestellt sind und ihn als sadistischen Mörder festschreiben.

Im August 1942 wurde er nach Berlin zurückgerufen und von der SS inhaftiert: Er war angezeigt worden, Geheimnisverrat dadurch begangen zu haben, dass er sich gegenüber der verhafteten Gräfin Karolina Lanckoronska gebrüstet habe, in Lemberg Professoren liquidiert zu haben; außerdem hatte er Wertgegenstände jüdischer Opfer unterschlagen. Deshalb wurde er zum SS-Untersturmführer degradiert und 1943 nach Frankreich versetzt; nach der Landung in der Normandie und dem Vormarsch der Alliierten desertierte er und geriet in den Niederlanden in Gefangenschaft. Da seine von ihm begangenen Kriegsverbrechen in Polen und seine Verurteilung zum Tode am 3. Februar in Abwesenheit in Dijon unter anderem wegen der Erschießung von sechs Geiseln nicht bekannt waren, wurde er 1948 aus der Kriegsgefangenschaft entlassen.

Als in Israel ein Buch über die Gräueltaten der „Gestapo“ in Stanislau und den „Blutsonntag in Stanislau“ veröffentlicht wurde, ermittelte die Staatsanwalt Dortmund. Am 9.Januar 1962 wurde der Vater von 4 Kindern, der in Lüdinghausen/ Münsterland bis zu diesem Zeitpunkt das Leben eines ehrbaren Kaufmanns geführt hatte, verhaftet und gegen ihn Untersuchungshaft angeordnet. Die Staatsanwaltschaft legte ihm und weiteren 17 Männern unter anderem zur Last, im Zeitraum August 1941 bis Frühjahr 1942 für die Erschießung von 80.000 Juden verantwortlich zu sein, darunter für

12.000 Morde am Sonntag, dem 12. Oktober 1941, dem „Blutsonntag". Er und 3 Mitangeklagte wurden nach 2-jähriger Verhandlung zu lebenslangen Freiheitsstrafen verurteilt.

Krüger überraschte während des Strafprozesses das Gericht und die Öffentlichkeit mit dem Bekenntnis: „Ja, wir waren das Herrenvolk", bestritt aber jegliche Teilnahme an den Erschießungen und die Zahl der Opfer am „Blutsonntag" mit der die Opfer verachtenden Begründung: „Bei systematischer Schichtung hätten nicht 12.000, sondern nur 6544 Leichen in die Gruben gepasst". Überlebende des Massakers erkannten Krüger und bestätigten seine Teilnahme an den Exekutionen, außerdem seine Mordlust und seine übrigen niedrigen Beweggründe, seinen Sadismus und seine Geltungssucht und damit die Mordmerkmale. So konnte das Schwurgericht aufgrund von Zeugenaussagen feststellen, dass er zu seiner Belustigung eine Jüdin an einen Pferdeschwanz gebunden und zu Tode geschleift und eine Weitere erschossen zu haben, weil sie einem Gefangenem Brot zugeworfen hatte. Nach Verbüßung von 18 Jahren Freiheitsstrafe wurde er 1986 entlassen. Es war ihm vergönnt, noch 2 Jahre „in Würde" zu leben und in Wasserburg/Bodensee würdig begraben zu werden; seine Opfer sind unwürdig gestorben und wurden verscharrt.

Den Vorsitzenden des Schwurgerichts, Landgerichtsdirektor Funke, lernte ich 1973 während meiner richterlichen Probezeit am Landgerichts Münster kennen und spielte mit ihm auf der Sentruper Höhe Tennis. Weil sein Berichterstatter überfordert war, ein dem revisionsrechtlichen Standard entsprechendes Urteil zu entwerfen, musste er sich zur „Nachbesserung" ein Jahr beurlauben lassen und übernahm anschließend, vom Strafrecht und der „Causa Krüger" angefressen, den Vorsitz einer Zivilkammer.

Das Urteil bewahrte er bis zu seiner Pensionierung in seinem Dienstzimmer auf; dort durfte ich es auch lesen.

Mein Referendariat

1969 bestand ich mit Hilfe des Repetitoriums Alpmann & Schmidt das erste juristische Staatsexamen, das folgende Referendariat beim Amtsgericht in Ibbenbüren, der Staatsanwaltschaft Münster, dem Verkehrsanwaltsbüro Dr. Weber und dem OLG Hamm war erfreulich und motivierend. Demotivierend war die mir zugewiesenen Station in der Stadtverwaltung Recklinghausen. Die Begegnung mit dem für meine Ausbildung zuständigen Syndikus war keine „Liebe auf den ersten Blick“. Das Vorstellungsgespräch war nicht fürsorglich, sondern glich eher einer Vernehmung: Woher ich käme, ob ich auch gedient hätte etc. Ich war irritiert und schilderte kurz meinen Werdegang und dass ich mich meiner Wehrpflicht als Grenzsoldat in der DDR durch Flucht entzogen hätte, was ihn veranlasste, über seinen Einsatz als Offizier der Deutschen Wehrmacht in den Niederlanden zu schwärmen.

Beiläufig erwähnte er, dass seine Frau erkrankt sei. Als ich mich Tage später nach dem Befinden seiner „Frau“ erkundigte, klärte er mich in Gutsherrenmanier darüber auf, dass seine Frau für mich gefälligst seine Gemahlin sei. Ich stammelte ein „Es tut mir leid“ und verließ wie ein begossener Pudel sein Arbeitszimmer. Später kam mir der zeittypische Gedanke, dass die Besatzungsbehörde ihn vielleicht irrtümlich „entnazifiziert“ haben könnte. Die Wehrmacht war nämlich in den Niederlanden in keine operativen Kriegshandlungen verstrickt, und zu ihren Besatzungsaufgaben gehörte auch die Deportation niederländischer und in die Niederlande emigrierter deutscher Juden. "Das Tagebuch der Anne Frank“ hatte ich schon gelesen. War er frei von Schuld zurückgekehrt oder in Gefangenschaft geraten? Oder musste er nach dem Krieg ein Spruchkammerverfahren über sich ergehen lassen und wurde lediglich als Mitläufer eingestuft?

Wie es zum Eklat mit meinem Ausbilder kam, geht so: Der „Herr Syndikus“ verabschiedete sich in den Urlaub und beauftragte mich mit einer Vollstreckung: Ein mit öffentlichen Aufgaben beliehener Fleischbeschauer hatte die Gebühren nicht abgeführt; er konnte sie auch nicht abführen, weil er plötzlich und unerwartet verstorben war.

Und anstatt gegen die Witwe zu vollstrecken, aktivierte ich meine Kenntnisse im Erbrecht und schrieb sie mit der Legende des Oberstadtdirektors als Vollstreckungsbehörde an: Ich bat sie, mir mitzuteilen, ob sie die Erbschaft nach ihrem verstorbenen Ehemann angenommen habe und sie ggf. bereit sei, die Gebühren als Nachlassschuld an die Stadtkasse zu entrichten. Vier Tage später erwartete mich mein aus dem Urlaub zurückgekehrter Ausbilder mit hochrotem Kopf und der Vollstreckungsakte in der Hand und schrie vor versammelter Mannschaft „Was bildeten Sie sich eigentlich ein, wer Sie sind?“ Völlig konsterniert verließ ich den Raum und bat den Behördenleiter um Hilfe, die er mir versprach, sein Versprechen aber nicht hielt. Drei Tage nach dem Kontrollverlust dieses Wehrmachtsoffiziers a.D. bekam ich von seiner Sekretärin die

Nachricht „gesteckt“, dass die Witwe des Fleischbeschauers die rückständigen Gebühren überwiesen hatte. Dass er mit seiner Beurteilung „Ausreichend“ „nachgetreten“ hatte, konnte ich durch ordentliche und eine besonders gute Beurteilung der Wahlstation am OLG Hamm ausgleichen und am 30.August 1973 wurde ich nach dreijähriger Referendarzeit und bestandenem zweiten juristischem Staatsexamen als Gerichtsassessor – heute: Richter auf Probe – in den Staatsdienst übernommen.

Das Amtsgericht Münster

Nach meiner Probezeit, davon 2 ½ Jahre „Auf Schalke", am Amtsgericht (AG) Gelsenkirchen, wurde ich am 30.August 1976 zum Richter am AG Münster ernannt und gehörte nunmehr zu den Privilegierten unserer Gesellschaft. Sozialkompetenz wurde zu dieser Zeit noch unterstellt und erst später als „condicio" ins Richtergesetz übernommen.

Ich lebte im Vergleich zu Studienfreunden, die zum Beispiel Rechtsanwälte in renommierten Praxen bzw. Finanzvorstand in börsennotierten Unternehmen wurden, „in geregelter Armut", aber finanziell ausreichend vom Steuerzahler alimentiert, vom Augenblick meiner Berufung auf Lebenszeit frei von Existenzangst und als „dritte Gewalt" unabhängig, d.h. keiner Weisung unterworfen und ausschließlich an Recht und Gesetz gebunden. Meine Rechtsprechung wurde vom zuständigen Landgerichtspräsidenten anlässlich der Regelbeurteilungen lediglich beachtet und durfte ausschließlich von den Rechtsmittelinstanzen beanstandet werden. Im Übrigen musste ich noch viel lernen, durfte jedoch bald das im Bereich des Jugendstrafrechts Gelernte an Studenten und Studentinnen an der Wilhelmsuniversität Münster weitergeben.

Ältere Kollegen nahmen mich unter ihre „Fittiche" und legten mir nahe, mich zum Schutz meiner richterlichen Unabhängigkeit von der Justizverwaltung fernzuhalten und keine Beförderungsämter anzustreben. Die Warnung nahm ich lediglich 23 Jahre ernst.

Besagte Kollegen, Ernst Theusinger, Franz-Joseph Schrader und sein Schwager und Direktor des Amtsgerichts Lutz Hugenroth nahmen mich in ihre Doppelkopf-Runde auf; mit ihrem, auf meine unkonventionelle Art zu leben bezogenes Label eines „ungeschliffenen Diamanten" stärkten sie mein noch nicht sehr ausgeprägtes Selbstwertgefühl. Mir und ihnen zu Liebe habe ich mich auch nie schleifen lassen. Dass Lutz, der für mich immer ansprechbar war, kurz nach seiner Pensionierung verstarb, hat mich sehr getroffen.

Besonders im Gedächtnis geblieben ist meine amtsrichterlichen Tätigkeit in der geschlossenen Psychiatrie und der von mir kritisierte repressive Ansatz bezüglich der Münsteraner Drogenszene auf der Grundlage eines reformbedürftigen Betäubungsmittelgesetzes und auch der justizielle Umgang mit Sitzblockaden aufgrund der Stationierung von Mittelstreckenraketen und die Art, wie die die Staatsanwaltschaft Münster mit dieser Kritik umging.

Als jüngster Amtsrichter wurde ich 1976 im Rahmen einer neuen Geschäftsverteilung mit der ungeliebten Aufgabe betraut, die Geschäfte eines sog. Unterbringungsrichters und damit die „Schlüsselgewalt" über das Westfälische Landeskrankenhaus (WLK) zu übernehmen. Zu den dort Untergebrachten gehörten auch von der BRD aus DDR-

Gefängnissen freigekaufte politische Gefangene, die über ihre Traumata unter anderem im „Gelben Elend“ in Bautzen und dem für SED-Unrecht exemplarisch geltenden Gefängnis Brandenburg-Görden berichteten.

Im Rahmen der Anhörung nach dem Gesetz über Hilfen und Schutzmaßnahmen bei psychischen Krankheiten (PsychKG NRW) begegneten mir auch Drogenabhängige der ersten Fixergeneration in Münster. Sie wurden in einem zum Teil erbärmlichen Zustand in die im Umgang mit Drogenabhängigen überforderte geschlossene Psychiatrie eingeliefert, „kalt“ entgiftet und wieder entlassen.

Als der Verlag Coppenrath 1982 meine Recherche *„Drogen in der Stadt – Kommunale Drogenpolitik am Beispiel zweier Fixerkarrieren“* veröffentlichte, wurde damit zum Ärger der Münsteraner Staatsanwaltschaft meine Kritik an einer verhängnisvollen Drogenpolitik und der ausschließlich repressiven Sozialkontrolle Drogenabhängiger öffentlich.

Nach Übernahme des Vorsitzes des Jugendschöffengerichts lernte ich auch den damaligen Chef der Gerichtsmedizin Prof. Ponsold kennen, der später seinen Allmachtsphantasie zum Opfer fallen sollte: Das in die Justizgeschichte eingegangene Wideraufnahmeverfahren im Fall Hetzel, der wegen der „Kälberstrick- Theorie“ eines angeblich unfehlbaren Professors der Gerichtsmedizin als Mörder 18 Jahre unschuldig im Zuchthaus inhaftiert war, bleibt ein schockierendes Beispiel dafür, wie ein Gericht sich bedenkenlos dem Votum eines damals renommierten Gutachters angeschlossen hatte.

NS-Unrecht: Das Massaker von Audrini und der Fall Eicheles

1982 wurde ich überraschend mit dem „Massaker von Audrini“ befasst, weil die 1. Große Strafkammer des Landgerichts Landau/Pfalz an das AG Münster ein Rechtshilfeersuchen richtete, für das ich als Vorsitzender des Jugendschöffengerichts zuständig war.

Angeklagt war der Polizeichef des 1. Kreises Gezekne (dt: Rositten), Major der Polizei von 1941 bis April 1943 Albert Eicheles, der bereits wegen Beteiligung an der Ermordung von den Nazis nach Lettland deportierter deutscher Juden von der Lettischen SSR am 30. 11. 1962 in Riga zum Tode verurteilt worden war und nunmehr in Karlsruhe lebte.

Ein Auslieferungsersuchen der Sowjetunion hatte die Bundesrepublik Deutschland abgelehnt, weil ihm dort Todesstrafe drohte. Und eine frühere Anklage war mangels Zuständigkeit für „Auslandstaten“ nicht möglich, obwohl seine Beteiligung an Massakern im besetzten Lettland aktenkundig war. Erst das in das nationale Strafrecht übernommene Weltrechtsprinzip eröffnete die Möglichkeit, in der Lettischen SSR begangene Straftaten in der BRD anzuklagen.

Dem Ersuchen auf Vernehmung eines damals jugendlichen Zeugen lagen die Strafakten der mit ihm am 30.11.1962 in Riga zum Tode Verurteilten an. Es waren unter anderem der lettische Hauptmann der Hilfspolizei, Polizeichef des 2. Kreises Gezekne im Kriegsjahr 1941, Boleslaw Maikovskis und der Leiter der „Selbstschutzgruppe“ Harald Puntulis. Die Todesurteile wurden jedoch lediglich gegen die zu seiner Gruppe gehörenden Jasep Bassankowitsch und Krasovskis vollstreckt.

Die in der Anklage bezeichneten Taten betrafen den an Brutalität und Unmenschlichkeit kaum zu überbietenden Abschnitt der baltischen Geschichte; was ich las, hat mich nie losgelassen und mich als Richter geprägt:

Als am 22.Juni 1941 der von Hitler befohlene und von seiner Generalität mitgetragene Vernichtungskrieg gegen den „jüdischen Bolschewismus“ begann und die Wehrmacht in Litauen, Lettland und Estland einmarschierte, wurde sie von der Bevölkerung nicht als Besatzer, sondern wegen des vorangegangenen stalinistischen Terrors vielfach als Befreier empfunden: Nach der am 3. August 1940 erpressten Aufnahme in die Sowjetunion hatten sie nicht nur ihre Unabhängigkeit verloren; ihre Funktionsträger – Politiker, Beamte, Lehrer pp. – waren jetzt Klassenfeinde und verloren auch ihr Leben; sie wurden deportiert und ermordet. Und am Ende der Besatzung gab es in Litauen und Lettland nur noch wenige Juden, die das Inferno überlebt hatten.

Aus den Ermittlungsakten ergaben sich nicht nur der von Hitler, Himmler und Heydrich inspirierte systematische Mord der jüdischen Bevölkerung, sondern auch, detailliert, die Exekutionen durch lettische Mordkommandos auf Befehl der SS und der deutschen Sicherheitspolizei mit Unterstützung der Deutschen Wehrmacht.

Der lediglich der vielfachen Beihilfe zum Mord angeklagte Albert Eicheles war zum Zeitpunkt der deutschen Besetzung Mitglied der faschistischen Organisation „Perkonkrustes“ und nahm in Riga mit einer Maschinenpistole an Massenerschießungen lettischer Juden teil. Er wurde vom Kommandeur der Sicherheitspolizei Lettland Dr. Strauch mit der Leitung des Polizeireviers in Rezekne belohnt, sein kongenialer Partner wurde Harald Puntulis.

Der ehemalige Förster im bürgerlichen Lettland war mit einer Lehrerin verheiratet und leitete in den ersten Tagen der Deutschen Besetzung eine sogenannte „Selbstschutzgruppe“, die sich zu den nationalsozialistischen Zielen der Besatzungsmacht bekannte; sie machte für die SS die „Drecksarbeit" , sie brachte im Auftrag der SS lettische Juden und sowjetische Soldaten um. Nach Auflösung der Gruppe wurde er im Sommer 1941 Leiter der 4. Polizeireviers in der Siedlung Malta im Kreis Rezekne. Ausgewählte Polizisten seines Reviers bildeten das sogenannte Malta-Erschießungskommando, welches unter seiner Führung für die „Säuberungen“ im Kreis Resekne zuständig war.

Der Weiler Audrini lag im ostlettischen Lettgallen, dem Land der tausend Hügel und Seen und eignete sich wegen seiner Bewaldung besonders zum Partisanenkampf. Am 18. Dezember 1941 bekam der lettische Gemeindepolizist Ludborsch, der dem Leiter des 2. Polizeirevier Maikovskis unterstellt war, den Auftrag, mit dem Soldaten Uljanow im von Zigeunern bewohnten Weiler Steuern in Höhe von 5 Mark pro Haushalt zu erheben. Ludborsch wurde von Soldaten der Roten Armee erschossen, als er sie im Hause der Bewohnerin Gluschewa beim Reinigen ihrer Waffen überrascht hatte. Bei der Fahndung nach den Rotarmisten, an der neben Wehrmachtsangehörigen auch Polizisten des 2. Reviers unter dem Befehl Boleslaw Maikovskis‘ teilnahmen, wurden drei weitere lettische Polizisten getötet. Der Vertreter des kommandierenden Sicherheitsdienstes Dr. Strauch ordnete daraufhin im Einvernehmen mit dem BdS-Ostland an, als Vergeltung das Dorf niederzubrennen und die Bewohner des Dorfes zu erschießen. 61 Männer, 88 Frauen und 51 Kinder wurden daraufhin von Polizisten des 1. und 2. Reviers festgenommen und im Gefängnis und in dem Arresthaus inhaftiert; das Dorf wurde geplündert und anschließend von der deutschen Wehrmacht niedergebrannt.

Am 3. Dezember 1941 hoben Häftlinge des Gefängnisses Resekne in den Antschupan-Bergen ein Massengrab aus. 170 Männer, Frauen und Kinder wurden „wie Vieh“ auf LKWs verladen, hinaufgefahren und vom einem aus Angehörigen des 4. Polizeirevieres – des Malta-Revieres – bestehenden Erschießungskommando unter Führung des stellvertretenden Reviervorstehers Drosdowski erschossen, 29 Männer und ein 12-Jähriger wurden einen Tag für eine öffentliche Hinrichtung „verschont". Mit Befehl vom 31. Dezember 1941 bedankte sich Albert Eicheles bei den Mitgliedern der Polizei des Kreises Rezekne für die „geleistete Arbeit" im Jahr 1941 unter anderem so:

> Wir können mit Genugtuung und Freude dem Jahreswechsel entgegensehen. Unsere Arbeit der verflossenen Jahreshälfte war vom Willen geleitet, uns von den Überbleibseln des jüdisch-kommunistischen Regimes zu befreien;

und er stimmte sie für 1942 wie folgt ein:

> Lassen Sie uns im Neuen Jahr mit neuem Eifer und Freude an die Arbeit gehen, in der festen Überzeugung, über die große Bedeutung unserer Arbeit und über unsere privaten Interessen stets die unerschütterliche Treue dem Träger des neuen Zeitalters Adolf Hitler bewahren.

Zu ihren „privaten Interessen" gehörte unter anderem, dass seine Polizisten für ihren Chef und für sich plünderten, nachdem sie gemordet hatten: Zeugen berichteten dem lettischen Untersuchungsrichter 1964/65, dass der „sadistisch veranlagte Eicheles" die Ermordung wohlhabender Juden in einem sogenannten „kulturell vorbereiteten Keller" in Malta eigenmächtig angeordnet hatte, um sich zu bereichern. Dieses Schicksal ereilte auch Rechtsanwalt Michailow, seine Ehefrau, eine Zahnärztin, und die gemeinsame Tochter, die, um zu überleben, zum orthodoxen Glauben konvertiert waren.

Und das „Neue Jahr" begann mit einem weiteren Massaker: Am 4. Januar 1942 wurden, nachdem Eicheles in lettischer Sprache eine einführende Rede gehalten hatte, auf Befehl des Leiters der Außenstelle Dünaburg, Günter Tappert, die restlichen 30 Einwohner des Weilers Audrini nach Bekanntgabe in den regionalen Tageszeitungen nach dem Gottesdienst öffentlich auf dem Marktplatz von Rezekne erschossen. Tappert war als Berliner Kripobeamter 1941 zur Sicherheitspolizei nach Riga versetzt worden und hatte als Hilfskommissar im Dienstrang eines Untersturmführers mit SS-Uniform die Außenstelle der Sicherheitspolizei im zum Gebiet Lettgallens gehörenden Dünaburg übernommen. Er wurde nach dem Krieg wegen des hinreichenden Tatverdachts, als Leiter der KdS-Außenstelle Dünaburg an Judenpogromen in Ostlettland beteiligt gewesen zu sein, angeklagt und am 19.6.1969 vom Landgericht Dortmund vom Vorwurf der Beihilfe zum Mord freigesprochen. Im Verfahren gegen Eicheles vor dem Landgericht Landau/Pfalz am 8.11.1982 ist er deshalb lediglich als Zeuge vernommen und vom Vorsitzenden der 1. Strafkammer nur „vorsorglich" gemäß § 55 StPO dahingehend belehrt worden, dass er sich nicht selbst belasten müsse. Er machte von seinem Auskunftsverweigerungsrecht jedoch keinen Gebrauch, sondern räumte den „von oben" angeordneten Schießbefehl ein; als ehemaliger SS-Obersturmbandführer bekundete er vor Gericht:

> Für mich war die Aktion mit dieser Repressalmaßnahme, die unter den gegebenen Umständen für richtig gehalten wurde, also mit der Erschießung auf dem Marktplatz und der Verbrennung der Katen, mit Hilfe der Wehrmacht erledigt.

Und er bestätigte als Zeuge, dass im Partisanenkampf Geiselerschießungen die „übliche" Verfahrensweise waren. Aber warum hatte der nach § 55 StPO lediglich „vorsorglich Belehrte" sich selbst belastet und als Zeuge eingeräumt, Eicheles den Befehl erteilt zu haben, 31 männliche Bewohner des Weilers zu erschießen? Immerhin räumte er damit auch ein, dass er als SS-Mann in Ostlettland Teil des systematischen Vernichtungskrieges und nach damaliger Rechtsauffassung Gehilfe vielfachen Mordes war. Der Freispruch in Dortmund hätte einer Anklage im Übrigen nicht entgegengestanden, weil der Fall Audrini nicht Prozessgegenstand war.

Der frühere SS-Mann wusste offensichtlich, dass er 1982 nicht mehr der Gefahr aussetzt war, strafrechtlich verfolgt zu werden. Er konnte deshalb seiner ungeläuterten Gesinnung freien Lauf lassen, weil er von einer legislativen Fehlleistung profitierte, welche als „Verjährungsskandal" in die Deutsche Rechtsgeschichte eingegangen ist: Unglaublich, aber wahr ist, dass am 1. Oktober 1968 ein Gesetz in Kraft trat, welches sogenannte Schreibtischtäter wegen Eintritts der Verfolgungsverjährung vor Strafverfolgung schützte, weil sie nicht wie Hitler, Himmler, Heydrich Mörder, sondern nur Mordgehilfen des Nazi-Regimes waren.

Dr. Eduard Dreher – als Ministerialdirigent, Leiter der Strafrechtsabteilung und während des Kriegs als Erster Staatsanwalt am Sondergericht Innsbruck tätig und für diverse Todesurteile verantwortlich, hatte ein Gesetz, das Einführungsgesetz zum Gesetz über Ordnungswidrigkeiten(EGOWiG), ins Parlament einbringen lassen, welches „schlafwandelnd" strafrechtliche Verjährungsfristen verkürzen sollte: In Art. 1 Ziff. 6 des EGOWiG wurde eine Bestimmung aufgenommen, die § 50 Abs 2 StGB wie folgt änderte:

> Fehlen besondere persönliche Merkmale, welche die Strafbarkeit des Täters begründen, beim Teilnehmer, so ist dessen Strafe nach den Vorschriften über die Bestrafung des Versuchs (vgl. 28 StGB) zu mildern.

Gegen Gehilfen, denen das Mordmerkmal niedriger Beweggründe, wie z.B. "Rassenhass" oder „Grausamkeit", nicht nachzuweisen war, weil sie lediglich Befehle befolgten und zum Beispiel im Wachdienst oder Buchhaltung eines Vernichtungslagers nur „funktionierten", konnte nunmehr keine lebenslange Freiheitsstrafe mehr verhängt werden, so dass die aufgrund einer Strafrahmenverschiebung nach „Versuchsgrundsätzen" verminderte Freiheitsstrafe (5 bis 15 Jahre) verjähren konnte. Die Abgeordneten wussten nicht, was sie taten. Und als der Skandal im Dezember 1968 von der „Bild am Sonntag" öffentlich gemacht wurde, war es für eine Korrektur nicht zu spät, aber höchstrichterlich und politisch nicht gewollt: So entschied der 5. Senat des BGH unter dem Vorsitz von Werner Sarstedt am 20. Mai 1969 in einem vergleichbaren Fall gegen den Antrag des Generalstaatsanwalts und die Ansicht der Strafrechtslehre, dass „Beihilfe zum Mord nach der neuen Fassung des § 50 Abs.2 StGB verjährt sei" und stellte das Verfahren wegen eines absoluten Verfahrenshindernisses ein. Der Senat berief sich auf die Gesetzesbegründung und unterwarf sich damit – anstatt sich für die Gerechtigkeit zu entscheiden – dem damaligen gesellschaftlichen Konsens, die Vergangenheit ruhen zu lassen. Die sogenannte „Lex Dreher“ verhinderte, dass Kriegsverbrecher, die eigentlich Mordgehilfen waren, nach 20 Jahren wegen Beihilfe zum Totschlags nicht mehr bestraft werden konnten.

Ferdinand von Schirach hat die für die Nachkriegsjustiz typische Fehlleistung im Übrigen in seinem Buch „Der Fall Collini“ eindrucksvoll dramatisiert.

Aufgeklärte Juristen mussten auf die Revision dieser blamablen Rechtsprechung lange warten: erst auf der Grundlage einer Entscheidung des 4. Senats des BGH vom 4. März 1971, nach der Verjährung nicht eintritt, „wenn der Haupttäter das tatbezogene Mordmerkmal „grausam“ erfüllt hat und der Gehilfe dies wusste“, konnte zum Beispiel der schon hochbetagte John Demjanjuk 2011 als Wachmann eines Vernichtungslagers wegen Beihilfe zum Mord verurteilt werden. Der frühere Staatsanwalt an einem Sondergericht Dr. Eduard Dreher war im Übrigen noch jahrelang Bearbeiter des für Strafrichter maßgeblichen Kommentars zum Strafgesetzbuch.

Die verstörenden Dokumente des deutschen Vernichtungskrieges und die in den Protokollen des lettischen Komitees für Staatssicherheit 1965 festgeschriebenen Aussagen von Augenzeugen und Beschuldigten und die detaillierten Schilderungen der systematischen und gnadenlosen Ermordung von Juden, Zigeunern und Partisanen durch das willige und verkommene lettische Malta-Mordkommando hatten mir nach der Lektüre im Übrigen den Schlaf geraubt.

Was macht es mit einem jungen Strafrichter, der zur Kenntnis nehmen musste, dass jüdische Mütter, den Tod vor Augen, vergeblich um Gnade für ihre Kinder bettelten, und dass das Erschießen von Juden in Kaunatas, Rezne und Losi im Haus des Priesters mit selbstgebrannten Schnaps gefeiert wurde. Oder wenn dem Schießkommando angehörende Beschuldigte schilderten, wie ein „sehr schönes jüdisches Mädchen“ immer wieder in die Grube sprang, in der schon die erschossenen Eltern lagen und schließlich selbst, von einer Kugel getroffen, bei noch lebendigem Leib zugeschüttet wurde.

Und obwohl Eicheles die von den Polizisten des Todeskommando aus Malta nicht tödlich getroffenen Bewohner von Audrini – sie waren „miserable“ Schützen – in der Grube eigenhändig erschossen hatte, wurde er lediglich wegen Beihilfe zum Mord in 170 Fällen zu einer Freiheitsstrafe von 6 Jahren verurteilt; die Kammer hatte zu diesem Zeitpunkt noch die Nachkriegsrechtsprechung des Bundesgerichtshofs beachtet, dass es neben Hitler, Himmler, Heydrich als Monster der Schoah keine Mittäter, sondern nur Gehilfen gab.

Damit war der Fall Audrini für mich jedoch noch nicht erledigt.

Als die Presse im Oktober 1988 über einen in Münster lebenden Kriegsverbrecher berichtete, der mutmaßlich an der Vernichtung eines Dorfes in Ostlettland und der Ermordung seiner Bewohner beteiligt war, und darüber, dass 1987 der bereits erwähnte und inzwischen 86-jährige Boleslaw Maikovskis nach einer Ausweisungsverfügung der USA am 19. Oktober 1988 in Münster verhaftet worden war und – für das katholische Münster sicherlich unerfreulich – auch darüber, dass im Dezember 1941 Juden der damaligen Gau-Hauptstadt ins Getto nach Riga deportiert worden waren, erinnerte ich mich an das Rechthilfeersuchen.

Der Strafprozess begann am 18. Januar 1990 unter dem Vorsitz des erfahrenen Kollegen der 2. Großen Strafkammer Hanno Badewitz. Und was lag näher als dem Prozessauftakt am 18. Januar 1990 beizuwohnen? Am 1. Februar 1990 war ich im Saal 23 des Landgerichts Münster als Zuschauer auch deshalb anwesend, weil der vom Landgericht Dortmund am 19. Juni 1969 freigesprochene Tappert als „Ex- SS Obersturmführer und Kriminalhautkommissar a.D.“ vernommen wurde.

Der Prozess dauerte bis zum 11. März 1994 und endete mit der Einstellung des Verfahrens wegen „dauernder" Verhandlungsunfähigkeit des inzwischen 90jährigen Angeklagten. Zu diesem Zeitpunkt war ich schon auf eigenen Wunsch in den Bereich des Landes Brandenburg versetzt worden. Aber die von lettischen Sicherheitshilfspolizisten unter dem Kommando von Viktor Arajs begangenen Massaker im besetzten Baltikum sollten mich 1992 am Bezirksgericht Potsdam ein weiteres Mal beschäftigen.

Wie ich mich der höchstrichterlichen Rechtsprechung verweigerte

Die missbräuchliche Reaktion der Staatsanwaltschaft Münster

Im Herbst 1983 demonstrierten Hunderttausende in allen westeuropäischen Großstädten gegen den sog. NATO-Doppelbeschluss von 1979, eine atomare Aufrüstung in Europa. Für die BRD prägend war die Szene, welche Barbara Klemm für die Frankfurter Allgemeine Zeitung anlässlich der *Sitzblockade* vor der US-Raketenbasis von Mutlangen fotografiert hatte. Sie wurde von Andreas Platthaus so kommentiert: „Der Literaturnobelpreisträger Heinrich Böll sitzt unter all den Demonstranten wie ein Heiliger von seiner Aureole beleuchtet". Er saß allerdings im Gegensatz zu den anderen, jungen Friedensaktivisten nicht auf der Straße, sondern auf einem Klappstuhl.

Die gewaltfreie „Prominentenblockade" vom 1. September 1983, 44 Jahre nach dem von Adolf Hitler befohlenen Überfall auf Polen, war als Symbol der Friedensbewegung der Auftakt einer Vielzahl von Protesten in Mutlangen und anderen Städten. Sie blieb als einziger Protest – „prominent abgeschirmt" – trotz Behinderung von Militärfahrzeugen ohne strafrechtliche Folgen, weil der damalige Innenminister von Baden-Württemberg und spätere Bundespräsident Roman Herzog versprochen hatte, „er werde der Weltöffentlichkeit doch nicht das Schauspiel bieten, einen Nobelpreisträger von der Straße tragen zu lassen". Das „Gros" der Strafrichter hatte weniger Skrupel, Teilnehmer von Sitzblockaden, die nicht bereit waren, dem Angebot einer Einstellung des Verfahrens gegen Auflagen zuzustimmen, wegen Nötigung zu verurteilen.

Sie sind , wie dem „Rattenfänger von Hameln", einem 17 Jahre alten Urteil, welches als „Laepple-Urteil" unrühmlich in die Rechtsgeschichte eingegangen ist, gefolgt; dem Urteil liegt folgender Sachverhalt zu Grunde: Am 24. Oktober 1966 protestierten Schüler und Studenten von 13:30 bis 14:30 gegen die zum 24. 0ktober 1966 angekündigte Preiserhöhung der Kölner Verkehrsbetriebe, indem sie den Straßenbahnverkehr an zwei Kreuzungspunkten innerhalb Kölns mit einer Sitzblockade zwei Kreuzungspunkte innerhalb Kölns durch Sitzen auf den Gleisen blockierten. Die Staatsanwaltschaft Köln ermittelte und warf dem Vorsitzenden des „Arbeitskreises Kölner Hochschulen"(AKH) Klaus Laepple und dem Pressereferenten des Asta unter anderem vor, dass die demonstrierenden Studenten, sitzend Gewalt i.S. des § 240 StGB dadurch angewandt zu haben, dass sie die Führer der Straßenbahnen genötigt hätten, ihr Fahrzeug anzuhalten.

Das Landgericht Köln hatte sie vom Vorwurf der Nötigung nicht deshalb freigesprochen, weil von friedlich auf den Gleisen Sitzenden keine Gewalt ausging, sondern ihnen nur einen „unvermeidbaren Verbotsirrtum" zugestanden und damit die Sitzblockade lediglich entschuldigt. Näher lag, die Verwerflichkeit, über die bis 1953 das gesunde Volksempfinden entscheiden durfte, und damit die Rechtswidrigkeit in Frage zu stellen. Wann ein Tatgeschehen verwerflich ist, ergab sich allerdings nicht aus der gesetzlichen Vorschrift, sondern blieb der Bewertung durch dem aktuell zuständigen gesetzlichen Richter vorbehalten und legte deshalb einen Verstoß gegen das Erfordernis der gesetzlichen Bestimmtheit der Strafbarkeit und damit gegen den Verfassungsgrundsatz „nulla poena sine lege“ nahe.

Auf die Revision der Staatsanwaltschaft hob der BGH das Urteil auf und verwies die Sache an eine andere Kammer des Landgerichts zurück; mit dieser Entscheidung kriminalisierte das Revisionsgericht die Friedensaktivisten dadurch, dass für eine Verurteilung wegen Nötigung in Zukunft ausreichte, dass ein „psychisch determinierter Prozess in Lauf gesetzt wird“ und das Grundrecht des Art 8 GG – die Demonstrationsfreiheit- und Fernziele der Demonstrierenden bei der tatrichterlichen Bewertung der Verwerflichkeit zu Gunsten der Angeklagten nicht mehr zitiert werden durften.

Am 17. 10.1983 fand im Vorfeld der Entscheidung, sowjetische SS-20-Raketen Pershing II und Cruise-Missiles-Raketen in der BRD zu stationieren, vor den Gebäuden des I. Korps der Bundeswehr in Münster eine von der lokalen Friedensbewegung gegenüber der Leitung des Korps und der Polizei angekündigte „Sitzblockade“ statt; der Aufforderung der Polizei-Lautsprecher, die Zufahrt freizugeben, kamen die Teilnehmer, die später nach polizeilichen Ermittlungen Beschuldigte bzw. Angeklagte wurden, nicht nach. Die Staatsanwaltschaft klagte Blockadeteilnehmer wegen Nötigung beim Jugendrichter des AG Münster an und für mich war es der Impuls, über das Prinzip relativer Gerechtigkeit nachzudenken und darüber, dass ich als Richter einen Eid geleistet hatte: Ich hatte geschworen, „das Richteramt getreu dem Grundgesetz für die Bundesrepublik Deutschland und getreu dem Gesetz auszuüben, nach bestem Wissen und Gewissen ohne Ansehen der Person zu urteilen und nur der Wahrheit und Gerechtigkeit zu dienen, so wahr mir Gott helfe“. Ich hatte damit auch versprochen, Menschen vor Gericht möglichst gleich zu behandeln.

Ich konnte im Gegensatz zu vielen meiner Kollegen nicht akzeptieren, dass das Sitzen vor einer militärischen Einrichtung, um gegen den NATO-Doppelbeschluss und die Stationierung von Raketen in Deutschland zu protestieren, eine Nötigung im Sinne des § 240 StGB sein soll und hatte schon mit der Entstehungsgeschichte dieser Vorschrift ein Problem: Wegen der Besetzung des 2. Senats des BGH mit Richtern aus der NS-Zeit hatte ich „Bauchschmerzen“ und war nicht bereit, dem Laepple- Urteil vom 8. August 1969 kritiklos zu folgen. Und außerdem konnte ich nicht verstehen, warum Prominente von der Strafverfolgung verschont wurden.

Ich lehnte deshalb die Eröffnung der Hauptverfahren ab; das weitere Prozedere ergibt sich aus der anliegenden Einstellungsverfügung des Dortmunder Oberstaatsanwalts Dr. Greiser vom 30. Juli 1985:

> 10 Js 296/85
>
> 1. Dieses Verfahren richtet sich gegen den Richter am Amtsgericht Dr. Klaus Przybilla in Münster wegen des Verdachts eines Vergehens der Rechtsbeugung gem.§ 336.
>
> Der Beschuldigte ist Jugendrichter am AG Münster und zur Bearbeitung und Entscheidung gegen Martin S. und Dagmar S. zuständig.

Die Staatanwalt Münster hat die beiden Heranwachsenden angeklagt, im Herbst 1983 gemeinsam mit zahlreichen anderen Mittätern die Zufahrt zu den Dienstgebäuden des I. Korps der Bundeswehr am Hindenburgplatz in Münster durch sogenannte Sitzblockaden versperrt und die Ein- bzw. Ausfahrt von Militärfahrzeugen blockiert zu haben. Tatzeiten waren der 17.10. bzw. 18.10.1983.

Der Beschuldigte lehnte durch im Wesentlichen gleichlautende Beschlüsse vom 29.11. 1983 die Eröffnung des Hauptverfahrens ab. Auf die sofortige Beschwerde der StA hob das Landgericht Münster durch im Wesentlichen gleichlautende Beschlüsse die Beschlüsse des AG Münster auf. und eröffnete das Hauptverfahren vor dem Jugendrichter.

Der Beschuldigte verband die beiden Verfahren unter dem Aktenzeichen 46 Js 151/85 und beraumte Hauptverhandlung auf den 24.11.1985 an.

In der Hauptverhandlung räumten die Angeklagten die Tat in vollem Umfang ein und erläuterten ihre Motive.

Nach ihren Einlassungen erklärte der Beschuldigte, dass die Staatsanwalt einer Einstellung des Verfahrens zustimmen würde, wenn sie eine geringe Geldbuße an eine gemeinnützige Einrichtung zahlen und die von der Staatsanwalt vorbereitete Erklärung zu Protokoll des Gerichts abgeben würden; lediglich die Angeklagte Dagmar S. erklärte sich mit der Verfahrensweise einverstanden. Im Hauptverhandlungsprotokoll wurde folgendes niedergelegt:

„Ich respektiere die Auffassung der Staatsanwaltschaft und der Beschwerdekammer des Landgerichts, dass es sich bei der vorliegenden um eine Nötigung gehandelt hat. Ich werde diese Auffassung bei künftigen Aktionen der Friedensbewegung berücksichtigen“.

Der Beschuldigte trennte daraufhin das Verfahren gegen Dagmar S. ab und erließ folgenden Beschluss:

„Das Verfahren gegen die Angeklagte Dagmar S. wird gem. § 153 a Nr. 2 StPO vorläufig eingestellt. Ihr wird aufgegeben, 50,-- DM an „Pro Familia“ zu zahlen. Sie hat die Zahlung innerhalb einer Woche zu den Gerichtsakten nachzuweisen, ansonsten neuer Termin zur Hauptverhandlung anberaumt werden wird“.

Das Verfahren wurde nach Zahlung endgültig eingestellt.

Die Hauptverhandlung gegen Martin S. wurde am 24.06.1985 fortgeführt. Er erklärte, dass er der Einstellung aus Gewissensgründen nicht zustimmen könne und eine Verurteilung in Kauf nehme. Als der Versuch des Beschuldigten scheiterte, ihn umzustimmen, wurde die Beweisaufnahme ohne Pause geschlossen.

Der Sitzungsvertreter der Staatanwaltschaft beantragte, wegen Nötigung eine Geldstrafe i. H. von 10 Tagessätzen à 10,-- DM festzusetzen. Nach Erteilung des letzten Wortes diktierte der Beschuldigte in öffentlicher Sitzung ohne Pause folgendes Urteil:

„Der Angeklagte wird auf Kosten der Landeskasse, der auch die notwendigen Auslagen zur Last fallen, freigesprochen“.

In dem 19 Seiten umfassenden Urteil wird – wie schon in den die Eröffnung des Hauptverfahrens ablehnenden Beschlüssen – unter Hinweis auf zahlreiche gerichtlichen Entscheidungen und Literaturstellen die Auffassung vertreten, der Angeklagte S. habe mit dem von ihm zugestandenen Verhalten keine Gewalt i.S. des § 240 StGB angewandt, zumindest aber nicht verwerflich i. S. dieser Vorschrift gehandelt. In den Urteilsgründen setzt sich der Beschuldigte auch mit der gegenteiligen Auffassung des Landgerichts auseinander.

Die Staatanwaltschaft ist der Auffassung, dass gegen den Beschuldigten ein Anfangsverdacht einer Rechtsbeugung bestehe, da er bei einer im Wesentlichen tatsächlichen und rechtlichen Sachlage den einen Angeklagten freigesprochen und gegen den anderen das Verfahren eingestellt habe.

Das Verfahren ist durch Verfügung des Generalstaatsanwalts vom 17.05. 1985 der Staatanwaltschaft Dortmund zugewiesen worden.

Der Freispruch des Angeklagten Matin S. erfüllt schon objektiv nicht den Tatbestand des § 336 StGB. Die Urteilsgründe widersprechen zwar der Rechtsprechung des Bundesgerichtshof im sogenannten „Läpple-Urteil" und – zur Frage der Verwerflichkeit – dem Beschluss des OLG Stuttgart. Eine fehlerhafte Rechtsanwendung ist aber nur dann Rechtsbeugung, wenn die Auffassung des Richters nicht einmal vertretbar erscheint. Dies ist indes hier nicht der Fall. Das „Läpple-Urteil" des BGH ist in der Rechtsliteratur erheblich angegriffen worden und auch die Entscheidung des OLG Stuttgart hat nicht nur Zustimmung, sondern auch Ablehnung gefunden(z.B. vom AG Nürnberg). Die Auffassung des Richters verstößt daher zwar gegen obergerichtliche Rechtsprechung; sie ist aber nicht unvertretbar.

Die vorläufige Einstellung des Verfahrens gegen Dagmar S. gem. § 153 a StPO verstößt ebenfalls nicht gegen den Tatbestand des § 336 StGB. Die Anwendung des § 153a StPO setzt eine „geringe Schuld" des Angeklagten voraus. Dies besagt, dass die Schuld nicht nachgewiesen sein muss, für eine solche jedoch eine gewisse Wahrscheinlichkeit besteht; zumindest muss aber die Unwahrscheinlichkeit eines Freispruchs bestehen, falls das Verfahren durchgeführt wird (Kleinknecht, Kommentar zum StGB 34. Auflage, Randnote 3 zu §153). Nach der soeben erwähnten höchstrichterlichen Rechtsprechung bestand in der Hauptverhandlung vom 24.04.1985 die Wahrscheinlichkeit einer Verurteilung der Dagmar S. Die Annahme einer geringen Schuld stand daher in Übereinstimmung mit der höchstrichterlichen Rechtsprechung.

Es kommt daher nicht mehr darauf an, ob im Freispruch des einen Angeklagten und in der Einstellung des Verfahrens gegen die andere Angeklagte ein Widerspruch zu erkennen ist. Im Übrigen bestand ein solcher Widerspruch aus Sicht des Beschuldigten nicht. Ihm war spätestens seit den Beschlüssen des Landgerichts Münster bekannt, dass das Landgericht in den hier wesentlichen Rechtsfragen die höchstrichterlichen Rechtsprechung vertrat. Der Beschuldigte musste daher damit rechnen, dass freisprechende Urteile gegen die Angeklagten in 2. Instanz aufgehoben und die Angeklagten dort verurteilt werden würden. Nach einer Reportage des „Stadtblattes" vom 19.05.1985 soll der Angeklagte in der Hauptverhandlung folgendes geäußert haben:

„Meine Auffassung ist bekannt, die der Staatanwaltschaft auch, die des Landgerichts ebenfalls. Wenn ich Sie hier freispreche, ist mit einer Verurteilung in 2. Instanz zu rechnen".

2. Einstellung des Verfahrens aus den Gründen des Vermerks zu Ziff.1

Der Oberstaatsanwalt verschwieg „von Amts wegen", dass die von der Staatsanwaltschaft eingeforderte politische und gesinnungsethisch motivierte Erklärung, „Ich erkläre" (S. 2 der Verfügung) als *condicio* für eine Zustimmung zur Einstellung in unserer Strafprozessordnung nicht vorgesehen und wohl auch nicht verfassungskonform ist.

Die Entscheidung war für mein Selbstwertgefühl wichtig und für meine weitere richterliche Arbeit im Umgang mit einer opportunistischen Verfolgungsbehörde prägend.

Da Berichtspflicht zum Generalstaatsanwalt bestand, muss unterstellt werden, dass der anzeigende und spätere Leitende Oberstaatsanwalt und sein Vorgesetzter nicht wussten, dass § 336 StGB erst nach dem 2. Weltkrieg aus seinem Schattendasein herausgetreten war und zwar im Zusammenhang mit der Frage, wie die Nachkriegsjustiz mit der unmenschlichen und eines Juristen unwürdigen Judikatur während NS-Zeit umgehen soll.

Gustav Radbruch hatte den belasteten Nazi-Richtern 1946 eine „Brücke gebaut“ und ihnen nicht die alleinige Schuld „am Niedergang des Rechts“ zugewiesen; er hat damit ihre Behandlung nach dem Krieg vorweggenommen: Mit dem Diktum, Rechtsbeugung sei nur strafbar, wenn sie bewusst, d.h. mit dolus directus erfolgt, durften sich auch „furchtbare Juristen“ auf das Richterprivileg berufen. Der ehrenwerte Jurist, Justizminister in der „Zwischenkriegszeit“ und Professor für Strafrecht und Rechtsphilosophie, wird mir 1992 im Zusammenhang mit sogenannten Mauerschützenprozessen noch einmal begegnen.

Als einen „furchtbaren Juristen“ hatte der Schriftsteller Rolf Hochhuth den damaligen Ministerpräsidenten von Baden-Württemberg Dr. Filbinger bezeichnet; er hatte als Marinerichter Todesurteile unterzeichnet. Mit seiner gegenüber der Zeitschrift „Der Spiegel“ am 8. Mai 1978 geäußerten Rechtfertigung „Was damals Recht war, kann heute nicht Unrecht sein“ erreichte die Auseinandersetzung mit der entarteten Nazi-Justiz einen erschreckend peinlichen Höhepunkt: Selbst Richter der Kriegsgerichte, die noch nach der Kapitulation Todesurteile verhängt hatten, durften sich in positivistischer Auslegung der NS-Normen auf das „Damals“ berufen und wurden vom Vorwurf der Rechtsbeugung freigesprochen.

Der mir bekannte Staatsanwalt tat mit seiner blamablen Strafanzeige gegen mich daher genau das, wofür der Rechtsbeugungsparagraph nicht da war; er missbrauchte ihn zu politischen Zwecken und dazu, einen „unbequemen" Richter zu disziplinieren. Für mich war es eine Genugtuung, dass das Bundesverfassungsgericht „im dritten Anlauf“ die Anwendung des § 240 StGB auf Sitzblockaden am 10. Januar 1995 für verfassungswidrig erklärte. Diejenigen, die auf der Grundlage des Laepple-Urteils und überholter ordnungspolitischer Einstellungsstrukturen der verantwortlichen Strafrichter wegen Nötigung verurteilt worden sind, konnten sich lediglich bestätigt fühlen, die Zustimmung zur Einstellung des Verfahrens zu Recht verweigert zu haben. Sie blieben jedoch bemakelt, weil eine veränderte Rechtsprechung kein Wideraufnahmegrund ist.

WIEDER IM OSTEN

Der Beginn

Die Abordnung nach Brandenburg

1991 erklärte ich mich bereit, als Richter beim „Aufbau einer demokratischen und damit unabhängigen Justiz“ in Brandenburg, dem Partnerland von NRW, zu helfen. Ich wurde mit einer Rückkehrgarantie an das in der Ostprignitz gelegene Kreisgericht Kyritz abgeordnet.

Das Ortsschild begrüßte mich mit „Willkommen in Kyritz an der Knatter“. Ich war irritiert, weil das idyllische Kyritz am Fluss Jäglitz liegt, erfuhr jedoch zeitnah, dass die Stadt den Beinahmen „an der Knatter“ nicht einem Fluss, sondern den knatternden Mühlen am vom Fluss abgezweigten Mühlengraben verdankt. Der Kreis Ostprignitz war Hochburg der Nationalsozialisten und Kyritz der Ort, an dem der spätere Propagandaminister Joseph Goebbels vor NSDAP-Genossen eine Rede gehalten hat.

Im Übrigen waren die Menschen, die Theodor Fontane unter anderem in seinen „Wanderung durch die Mark Brandenburg“ herzerfrischend beschrieb, wendebedingt verunsichert und konnten mit einem System, dass ihnen Arbeitslosigkeit, westdeutsche Gewinnmaximierung und Restitutionsansprüche auf „früheres“ Eigentum bescherte, nicht umgehen.

Zum vorgefundenen Nachlass des wegen seiner Verstrickung in DDR-Unrecht nicht übernommenen Kreisgerichtsdirektors gehörte ein nicht erledigtes Arbeitsgerichtsverfahren „in Sachen Schüppscheck“. Der wegen einer angeblich unberechtigten Kündigung durch den Leiter der Konsumgenossenschaft, das „Stasi-Schwein“ H., unter der Gürtellinie ausgetragene und dokumentierte Privatkrieg zwischen Kläger und Arbeitsrichter Siggel gipfelte in dem Vorwurf: „So werden ehrbare Bürger von der Justiz der DDR entwürdigt, diskriminiert und um ihre Existenz gebracht“. Er warf ein Schlaglicht auf die aufgeheizte Nachwendesituation und bestätigt den schlechten Ruf der DDR-Justiz, an der eine elementare Forderung der Aufklärung, die Gewaltenteilung zwischen Legislative, Exekutive und Judikatur, nicht angekommen war

Und obwohl die friedliche Revolution der DDR noch nicht vollendet war, kam am 3. Oktober 1991 die deutsche Einheit und die Neugründung der östlichen Länder. Aber die Überprüfung der in der DDR als Diplomjuristen ausgebildeten Richter war noch nicht beendet und der demokratische Rechtsstaat und die Herrschaft von Recht und Gesetz noch nicht in allen Amtsstuben die Regel. Sie – die DDR-Kreis- und Bezirksgerichte – sollten bis zum 1. Dezember 1993, dem Tag der Übernahme des Gerichtsverfassungsgesetzes der BRD, fortbestehen.

Die im Kreisgericht gestellten Fragen „Was willst du hier ? Meinst du es gut mit uns?“ haben mich im Übrigen berührt und nachdenklich gemacht. Sie zwangen, über *Gerechtigkeit und Rechtsstaat* nachzudenken.

Das Symbol für Gerechtigkeit ist bekanntlich Justitia. Als Frauenfigur verkörperte sie im römischen Rechtsdenken das strenge positive Recht und idealisiert einen Begriff, der für einen aufgeklärten Juristen nicht alltagstauglich ist. Gerechtigkeit zu erklären, füllt Bände. Gerechtigkeitsbehauptungen lauten zum Beispiel: „Für Gott ist alles schön und gerecht; die Menschen halten das eine für gerecht und das andere für ungerecht“. Sie geht auf das Jahr 500 vor unserer Zeitrechnung, auf Heraklit, zurück, hilft aber nicht weiter; und das alttestamentarische „Auge um Auge – Zahn um Zahn“ hat mit dem Neuen Testament seine Gültigkeit verloren.

Aber Simon Wiesentals „Es gibt keine Freiheit ohne Gerechtigkeit und keine Gerechtigkeit ohne Wahrheit“ gefällt mir und die satirische Umschreibung des Richters und Schriftstellers Herbert Rosendorfer, dass „Justiz mit Gerechtigkeit so viel zu tun habe, wie die Landeskirchengemeinde mit dem lieben Gott“ sollte man nicht nur schmunzelnd zur Kenntnis, sondern als alltagstauglich ernst nehmen. Und im Volksmund heißt es nicht nur von ungefähr „Wer Gerechtigkeit sucht, wird feststellen, dass es sie nicht gibt“.

Als eine Ikone der Wende, die Bürgerrechtlerin Bärbel Bohley, nach der Wiedervereinigung mit dem vielfach veröffentlichten Satz, „Wir haben Gerechtigkeit erwartet und den Rechtsstaat bekommen“ zitiert wurde und damit das ihr zu diesem Zeitpunkt offensichtlich noch nicht geläufige Rechtsstaatsprinzip des nunmehr gemeinsamen Grundgesetzes (GG) in Frage stellte und die in Art. 20 GG beschriebenen Garantien „gering einschätzte“, war der Ruf nach Gerechtigkeit zu diesem Zeitpunkt missverständlich und nicht hilfreich. Der von dem ostdeutschen Historiker Ilko-Sacha Kowalczuk in der FAZ am 21. September 2020 veröffentlichte Hinweis, dass sei so nicht gesagt und was sie ausweislich der Publikation „40 Jahre SED-Unrecht“ am 9. November 1991 in Anwesenheit von Justizminister Klaus Kinkel wirklich gesagt hat, machte es nicht besser: „Unser Problem war ja nicht, den westlichen Rechtsstaat zu übernehmen, unser Problem war, dass wir Gerechtigkeit wollten“. Dass der Rechtsstaat – und auch ein Zu-viel davon – eine Zumutung sein kann und nicht immer Gerechtigkeit generiert, musste die christlich geprägte Bürgerrechtlerin noch verinnerlichen. Sie war in einem Unrechtsstaat sozialisiert worden ist, in dem eine abhängige Justiz unveräußerliche Rechte der Menschen nicht sichergestellt hatte. Sie hätte wissen müssen, dass sich hinter dem Ruf nach Gerechtigkeit eine Opfermentalität verbirgt: Wer sich wegen seiner „DDR-Vergangenheit“ ausschließlich als Opfer definierte, darf sich nicht wundern, dass er – nicht auf Augenhöhe mit den Wessis – nach der Wende als solches behandelt wurde.

Der Ruf nach Gerechtigkeit und Wahrheit war wegen seiner nicht zu erfüllenden Erwartung für mich deshalb irritierend, weil ein Strafgericht lediglich eine Aufklärungspflicht mit dem Ziel einer „prozessualen Wahrheit“ und die Gleichbehandlung gleicher Sachverhalte schuldet. Ein Strafurteil muss sich immer durch Bindung an das Gesetz und Gleichheit vor dem Recht legitimieren. Es soll Rechtsfrieden stiften, kann aber, auch wenn Gerechtigkeit gem. Art. 1 GG zu den unveräußerlichen Menschenrechten gehört, nicht immer gerecht sein. Und ob eine Entscheidung auch gerecht ist, entscheidet der Einzelfall. Im Übrigen sind diejenigen, welche Gerechtigkeit für sich in Anspruch nehmen und nicht akzeptieren, dass Recht nichts mit Gerechtigkeit zu tun hat, nicht immer die anständig und gerecht Denkenden. Ich plädiere für den Kompromiss, dass gerecht ist, was so gerecht wie möglich ist.

Der Staatsrechtler Ernst-Wolfgang Böckenförde erkannte, „was den Juristen vom beliebig verfügbaren Rechtstechniker, der zum Fachidioten wird" unterscheidet: „Ein Jurist weist, indem er nach dem Recht sucht, es anwendet und gestaltet, die Träger der Macht in ihre Grenzen". Sein Diktum, dass „der freiheitliche Rechtsstaat von Voraussetzungen, die er selbst nicht garantieren kann, lebt" hat nicht nur mich beeindruckt. Aber sind es nicht mitunter die von ihm beschriebenen juristischen „Fachidioten", welche diese Garantie in Frage stellen?

Die Personalakte des Amtsgerichtsrat Horst D.

Zeitnah zum Antritt meiner Tätigkeit am Kreisgericht wurde mir als „Richter aus dem Westen „eine Akte „zugesteckt". Es war die Personalakte des Amtsgerichtsrats Horst D.

1991 wurde in Kyritz/Ostprignitz das Haus des früheren Inhabers des Manufakturwarengeschäfts Paul D. in der Wilhelmstrasse geräumt und mir im Kreisgericht eine Akte mit der Aufschrift „Berufsangelegenheiten" übergeben. Sie betraf die Dienstlaufbahn des am 7. Juli 1908 geborenen Sohns des Unternehmers: Der im Kaiserreich wohlbehütet aufgewachsene Horst D. bestand 1932 nach 6 Semestern sein 1. juristisches Staatsexamen mit der Note „vollbefriedigend". Am 21. März 1933, dem Tag von Potsdam, jubelte er Hitler und seinem Steigbügelhalter Hindenburg vor der Garnisonskirche zu. Am 17. Juli 1933 begann er seinen Vorbereitungsdienst als Referendar am Amtsgericht Rathenow und beendete seine Korrespondenzen „mit deutschem Gruß".

Und am 18.März 1934 bescheinigte ein Georg B. aus Hamburg dem Rechtsreferendar, ein Volksgenosse nach seinem Geschmack zu sein:

> Ich ersehe den Geist des Neuen Deutschland in Ihnen, da nur ein Volksgenosse, wie ich ihn in Ihnen sehe, die Worte unseres Führers erfüllen und stets hilfreich ist, seinem Volksgenossen zu helfen, damit jeder wieder sein Recht erwirbt...".

Am 18. Oktober 1935 bewilligte der Präsident des Landgerichts Potsdam antragsgemäß Urlaub für die Teilnahme an einem Kurs der Reichswehr vom 26. Oktober bis einschließlich 21. Dezember 1935. Die Korrespondenz mit der Deutschen Bank und Discontgesellschaft, bei der er seine Verwaltungsstation absolvierte, endete ab Oktober 1935 nunmehr standesgemäß mit „Heil Hitler."

Vom 20.April bis zum 13. Juni 1936 lud ihn der Lagerkommandant unter Hinweis auf die Lagerdienstverpflichtung der deutschen Referendare ins Gemeinschaftslagers Hanns Kerrl, Neues Lager Kreis Jüterbog ein. Am 2. September 1936 ordnete der

Reichsminister der Justiz, vertreten durch seinen Staatssekretär Dr. Freisler an, jegliche Unterstützung durch Jüdische Repetitoren zu unterlassen. Referendar D. gab die Erklärung ab, „bei der Vorbereitung auf den Beruf des Rechtswahrers keinen Juden in Anspruch genommen zu haben". Er bestand am 27.Februar 1937 die Große Staatsprüfung mit „Gut." Und nachdem der Kammergerichtspräsident in Berlin nach Vorlage von 12 Urkunden und einer Ahnentafel für ihn und seine Ehefrau – er hatte im Juni 1935 geheiratet – die arische Abstammung bis zu den Großeltern bestätigt hatte, wurde er im März 1937 als Assessor in den Öffentlichen Dienst übernommen.

Nach erfolgreicher und kriegsbedingt verkürzter Probezeit stimmte er seiner planmäßigen Anstellung beim Amtsgericht Friedeberg verspätet zu, weil er im Januar 1940 als Oberschütze der 3. Schützenersatzkompanie 477 zum Wehrdienst in Meseritz eingezogen worden war. Amtsgerichtsrat Horst D. wurde als Kriegsverwaltungsinspektor an das Heeresverpflegungsamt Jüterbog – Neues Lager befohlen und 1942 an die Ostfront versetzt. Am 6.Februar 1945 fiel er in Tempelfeld (heute: Owczary in Polen) und hinterließ seine Frau mit vier Kindern. Als gefallener Gefreiter ist er im Gedenkbuch von Kyritz verewigt.

Horst D. war nach Aktenlage keiner der „furchtbaren Juristen", sondern ein angepasster Mitläufer seiner Zeit. Aber hätte sich ihm nicht spätestens nach der Verkündung der Nürnberger Rassengesetze aufdrängen müssen, dass es ihm angesichts dieser menschenrechtswidrigen Vorgaben unmöglich war, das Amt eines Richters auszuüben? Mein Fazit: Mit den hier angedeuteten biografischen Daten hätte ich unter der Ägide der Nationalsozialistischen Bewegung schon deshalb nicht Rechtswahrer, sprich: Richter werden können, weil ich eine „lupenreine" arische Abstammung nicht hätte nachweisen können.

Sein Vater machte im Übrigen mit den Nazis Geschäfte, war aber kein Nazi. Die Familie D. versteckte den mit ihr befreundeten jüdischen Rechtsanwalt Theodor Steigerwald und seine Frau nach der Pogromnacht am 9. November 1938 vor der SA und bewahrte ihn so vor der Deportation in eines der Vernichtungslager. Theodor Steigerwald durfte deshalb im Gegensatz zu vielen jüdischen Bürgern 1947 eines natürlichen Todes sterben und wurde seinem Wunsch entsprechend auf dem jüdischen Friedhof im ostprignitzschen Zernitz beigesetzt.

Ein ungesühnter Mord

Wie mir in Kyritz der Friedenspfarrer Peter Freimark,
der Mörder Christian Friedrich von Kahlbutz
und der Prinz von Homburg begegneten

Zu den wendebedingt nicht bearbeiteten Zivilsachen des Kreisgerichtsdirektors Siggel gehörte eine Klage der evangelischen Kirchengemeinde Köritz gegen die Stadt Neustadt/Dosse. Prozessgegenstand war die Herausgabe des Gruftanbaus der Wehrkirche in Kampehl nebst dem im offenen Sarg aufgebahrten mumifizierten Leichnam des Ritters Christian Friedrich von Kahlbutz an die Kirchengemeinde, in der Pfarrer Peter Freimark tätig war. Um den Ritter, der sich, 1690 des Mordes angeklagt, vor Gericht des Amtes Neustadt selbst freisprechen durfte, rankt sich eine der berühmtesten Sagen Brandenburgs:

Die charakterfeste Maria widersetzte sich seinem ihm angeblich zustehenden „Recht der ersten Nacht". Sie war die Braut des Schäfers Picker. Und weil sie ihm die Treue hielt, lauerte der rachsüchtige Ritter dem Bräutigam auf und erschlug ihn. Maria erhob beim Amt Neustadt/Dosse Anklage wegen Mordes. Doch der als jähzornig bekannte Säufer Cornet von Kahlbutz stritt alles ab und schwor, dass er unschuldig sei. Im Falle seiner Schuld solle aber sein Körper nach seinem Tode nicht verwesen und sein Geist keine Ruhe finden.

Dem Gericht genügte nach damaligem Recht dieser „Reinigungseid", und es sprach ihn frei. Ihm wurde lediglich aufgegeben, die Kosten der Beisetzung des erschlagenen Schäfers zu tragen. Er erstickte 12 Jahre später im Alter von 51 Jahren an seinem eigenen Blut und wurde als Kirchenpatron in der Patronsgruft, dem Anbau der Felsenkirche zu Kampehl, beigesetzt.

Seine Schuld wurde 1794 bewiesen: Bei der Räumung der Gruft zum Zwecke der Erdbestattung öffnete der Bestatter die Särge und stellte fest, dass zwei der Leichen in Staub zerfallen waren, die des Christian Friedrich von Kahlbutz aber war nicht verwest, sondern mumifiziert. Dass es sich um seinen Leichnam handelte, bewies eine Beinverletzung.

Um den Rechtsstreit entscheiden zu können, recherchierte ich über den Akteninhalt hinaus. Und wegen seiner in der Schlacht von Fehrbellin unter dem Befehl des Prinzen von Homburg erlittenen Beinverletzung, die noch an der Mumie zu erkennen ist, las ich auch Heinrich von Kleists letztes Drama *Prinz Friedrich von Homburg* und aktualisierte damit so für mich „die preußische Seele".

Kleist widmete der Schlacht und dem verliebten und daher im Kriegsrat „schlafwandelnden" preußischen Reitergeneral Prinz Friedrich von Homburg in der Armee des Großen Kurfürsten ein Schauspiel, in dessen Zentrum die „Todesfurchtszene" steht: Der Prinz überhört den Befehl, in der Schlacht gegen die Schweden nicht ohne ausdrücklichen Befehl einzugreifen. Wider die Order und den Ratschlag seiner Offiziere gibt er seinem Regiment den Befehl zum Angriff, erkämpft in der Schlacht von Fehrbellin den Sieg und wird vom Kurfürsten, dem Disziplin über alles geht, wegen „Insubordination" zum Tode verurteilt. In der so berühmten wie umstrittenen, weil für das „damalige" Preußen beschämenden „Todesfurchtszene" ist er bereit, „alles aufzugeben, was ihm lieb ist" und fleht um sein Leben. Der Kurfürst reagiert darauf „verwirrt" und begnadigt den Prinzen unter einer Bedingung: „Könne er das Urteil für ungerecht halten, so sei er begnadigt". Geläutert überwindet dieser seine Todesfurcht und ist nunmehr preußisch korrekt bereit, das Gesetz „durch einen freien Tod zu verherrlichen". Prinzessin Natalie von Oranien, die Nichte des Kurfürsten, sorgt indes für seine Begnadigung, von der der Prinz jedoch nichts erfährt. Er wird in Erwartung eines tödlichen Schusses mit verbundenen Augen ins Freie geführt. Dort wird er jedoch nicht erschossen, sondern von seiner Angebeteten bekränzt. Er fällt in Ohnmacht und erwacht durch Kanonendonner. Kottwitz, einer seiner Offiziere und Fürsprecher seiner Begnadigung antwortet auf seine Frage, ob er geträumt habe, "Ein Traum, was sonst?"

Den historischen Hintergrund und wie der Prozess ausging, in dem neben einem Mörder ein Friedenspfarrer und auch ein informeller Mitarbeiter des Ministeriums für Staatssicherheit (MfS) unter dem Decknahmen „Sekretär" eine Rolle spielte, schrieb ich 1992 auf; die Broschüre stellte ich der Kirche in Kampehl zur Verfügung*.

Ein Angebot, welches ich nicht ablehnen konnte

Auf die Bitte des amtierenden Präsidenten des Bezirksgerichts Potsdam Hermann Breitkopf, eine aus dem Ruder gelaufene Situation am Kreisgericht Pritzwald zu befrieden, übernahm ich die Aufgaben eines amtierenden Direktors. Dort rief er mich Anfang Oktober 1991 überraschend an und fragte, ob ich bereit sei, den Vorsitz des Jugendsenats am Bezirksgericht zu übernehmen.

Ich fuhr am nächsten Tag von Pritzwald nach Potsdam und sagte „Ja," weil damit ein Berufswunsch in Erfüllung ging, der in Münster ohne Erprobung am Oberlandesgericht Hamm nicht in Erfüllung gegangen wäre. Ich wurde am 20. Oktober 1992 an das Bezirksgericht Potsdam abgeordnet und übernahm am 1. November 1992 den für Jugend- und Jugendschutzsachen zuständigen 2. Strafsenat, der nach der Übernahme der Gerichtsverfassung (GVG) der BRD am 1. Dezember 1992 zur Jugendkammer des Landgerichts Potsdam wurde. Die Abordnung honorierte ich mit der Versetzung in das Bundesland Brandenburg und zog mit meiner Familie nach Potsdam.

Damit hatte ich das meinen Mentoren am Amtsgericht Münster gegebene Versprechen, mich von der Justizverwaltung fernzuhalten und meine Unabhängigkeit als Amtsrichter um den Preis einer Beförderung nie aufzugeben, gebrochen.

Im Zeitpunkt der Wiedervereinigung gab es für den Aufbau einer unabhängigen Justiz in den neuen Bundesländern zu wenig unbelastete DDR-Richter; die Begeisterung westdeutscher Richter, sich abordnen zu lassen, hielt sich trotz Rückkehrgarantie und finanzieller Anreize in Grenzen. Der Einigungsvertrag trug dem Rechnung: Er behielt die Gerichtsstruktur der DDR übergangsweise weitgehend bei und nahm in Kauf, dass

* Der Text wird demnächst auch im Jahrbuch der juristischen Zeitgeschichte abgedruckt werden.

die Besetzung der Strafsenate wegen des Richtermangels gegenüber einer der Gerichtsstruktur der BRD entsprechenden „Großen Strafkammer" (drei Berufsrichter und zwei Schöffen) auf zwei Berufsrichter und zwei Schöffen reduziert wurde.

Ab Januar 1992 stand ich als noch unerfahrener Vorsitzender eines Jugendsenats ziemlich „unter Strom". Obwohl eine am Rechtsstaat ausgerichtete Justiz alternativlos war, wurde über die Motive der hilfsbereiten Kollegen respektlos gelästert. Ihre Hilfsbereitschaft wurde von frustrierten Eliten der untergegangenen DDR und von ehemaligen SED-Richtern, die durch rechtsstaatswidrige Urteile belastet waren und deshalb nicht übernommenen worden waren, als Bevormundung empfunden und deshalb mit Häme kommentiert.

Es war ein glücklicher Umstand, dass ich den Rat erfahrener Strafrichter in Anspruch nehmen durfte: Der von Berliner Strafverteidigern gefürchtete Vorsitzende Richter am Landgericht Moabit, Hans Reinwardt und Bundesrichter a.D. Schuster hatten ihre richterliche Tätigkeit im Rahmen eines Seniorenprojektes über das 65Jahres-Pensionsalter hinaus verlängert; sie und Strafkammervorsitzende des Landgerichts Münster standen mir mit ihren Erfahrungen zur Seite. Und Hans Reinwardt, der mir seine Freundschaft anbot, war mir eine besondere Hilfe.

Aber was mir bis 2005 bevorstand, wusste ich nicht: Es war eine Vielzahl von sogenannten Mauerschützenverfahren, hunderte von Straftaten mit rechtsradikalem, fremdenfeindlichem und antisemitischem Hintergrund und ein erschreckend hohes und belastendes Pensum an Jugendschutzsachen. Der prozessuale Schutz der von sexuellem Missbrauch betroffenen Kinder und Jugendlichen vor ihren angeklagten Peinigern – unter anderem pädophilen bzw. pädokriminellen Vätern, Großvätern, „hilfsbereiten" Freunden alleinerziehender Mütter und Ausbildern früherer DDR-Leistungszentren – sollte mir ein besonderes Anliegen werden.

Auch musste ich lernen, mit „Konfliktverteidigern" und den persönlichen Drohungen ihrer völkisch denkenden „Klienten" umzugehen, und auch damit, dass mir türkische Menschenhändler und besonders brutale Räuber aus Rumänien mit dem Tod drohten. Es sollte eine Zeit tiefer beruflicher Zufriedenheit werden, aber auch eine Zeit geringer Wertschätzung durch Justizverwaltung, Landespolitiker und der schändlich agierenden Staatsanwaltschaft Potsdam im Finale meiner Tätigkeit für das Land Brandenburg.

Das Privileg eines Vorsitzenden, ein Urteil öffentlich zu begründen, habe ich „missbraucht", um Zeichen zu setzen. Es war mein Versuch, rechtsstaatliche Standards in einem Bundesland einzufordern, in dem bis zur Wiedervereinigung die Gesetzmäßigkeit der früheren Deutschen Demokratischen Republik dominierte: Das Landeskriminalamt war noch nicht von Mielkes Mitarbeitern des Ministeriums für Staatsicherheit gesäubert und das Prinzip der Gewaltenteilung noch nicht Allgemeingut.

Meine über den Prozessgegenstand hinausgehenden Bemerkungen, wie z.B. „jetzt reichts“ oder „bis hierher und nicht weiter“, waren meinem Entsetzen und der Gewissheit geschuldet, dass die Urteilsbegründung „als die Stunde des Vorsitzenden“ die einzige und letzte Gelegenheit für ein offenes Wort war; die Zeit, mich wegen der Besorgnis meiner Befangenheit als „gesetzlichen Richter“ abzulehnen, war vorüber. Sie sollten angesichts zunehmender Apathie gegenüber rechtsradikaler und ausländerfeindlicher Gewalt im Übrigen die Bevölkerung und Landespolitiker „aufrütteln“.

Vorüber war auch die Zeit der „Wendeboni“ unter meinem Vorsitz, denn ich war inzwischen angesichts der sinnlosen Gewalt dahingehend geläutert, dass das von Erziehungsgedanken geprägte Jugendstrafrecht nicht dazu da ist, um Schuld zu bagatellisieren. Meine offene Kritik wurde von den Medien beachtet und von der Justizverwaltung – nicht zuletzt wegen meiner richterlichen Unabhängigkeit – zähneknirschend hingenommen.

Was ich in Potsdam erlebt habe und mich bis heute nicht losgelassen hat, habe ich im Folgenden aufgeschrieben. Es betrifft besonders verstörende und abgründige Tatgeschehen in einem „Neuen Bundesland“, in dem die Transformation nach der Wende aufgrund alter Seilschaften und der nostalgischen Sehnsucht nach der untergegangenen DDR behindert wurde. Die für den Schuldspruch und die Rechtsfolgen relevanten Feststellungen habe ich vernachlässigt und den Opfern der Straftaten und dem Versagen der Instanzen sozialer Kontrolle mehr Raum gegeben.

Der Sachsenhausen-Fall

Der Brandanschlag auf die „Judenbaracke“ des ehemaligen KZ Sachsenhausen und der 5. Strafsenat des Bundesgerichtshofs

Am 25.September 1992, dem Vorabend des jüdischen Neujahrsfestes, alarmierte der in der nationalen Mahn- und Gedenkstätte des ehemaligen KZ Sachsenhausen tätige Wachschutz gegen 0:40 Uhr die Oranienburger Feuerwehr: Es brannte die „Baracke 38“, welche 10 Tage zuvor Israels Ministerpräsident Izchak Rabin besucht hatte. Als die Feuerwehr um 0:50 Uhr den Einsatzort erreichte, stand die Holzbaracke im nördlichen Bereich bereits vollständig in Flammen. Ihre Löscharbeiten konnten das Niederbrennen bis auf die Grundmauern nicht mehr verhindern.

Die Medien brachten umfassende Berichte über das Feuer bereits in den frühen Morgenstunden des 26. September. Der *Oranienburger Generalanzeiger* berichtete in seiner Morgenausgabe mit dem Aufruf „Der Ungeist von 1933 ist wieder da“ über den Brand. Brandenburgs Kulturminister hatte sich mit diesem Spruch bei den Opfern „dieser Barbarei“ entschuldigt, obwohl zu diesem Zeitpunkt die Ursache des Brandes noch nicht feststand; die Polizei wollte einen Tag später „zunächst einen technischen Defekt als Brandursache nicht ausschließen“. Auch andere Prominente nahmen Brandstiftung als Brandursache vorweg und äußerten sich politisch: So warnte der Brandenburgische Ministerpräsident Manfred Stolpe am Tattag „vor einem neuen Auschwitz“, und die Vorsitzenden des Zentralrats der Juden in Deutschland Ignatz Bubis und des Amerikanischen Jüdischen Komitees Alfred Moses warnten ergänzend vor dem Wiedererstarken rassistischer und antisemitischer Gewalt. Und vor dem Brandschutt der Baracke 38 ließen sich Außenminister Klaus Kinkel und der damalige SPD-Chef Björn Engholm abbilden. Sie äußerten sich „mit bitteren Worten des Entsetzens“ über unbekannte Täter.

Ein Anfangsverdacht einer Brandstiftung ergab sich, als die Kriminalpolizei feststellte, dass ein Fenster der Baracke schon vor dem Brand zerstört worden war. Der Brandsachverständige Nachtweh nahm am 29. September im Auftrag der Staatsanwaltschaft Potsdam seine Arbeit an der Brandstelle auf, stellte als Brandursache „Hantieren mit offenem Feuer im nordöstlichen Bereich der Baracke“ fest und schloss Brandbeschleuniger/ Molotowcocktails als Ursache kategorisch aus: „Sie hätten ein ganz anderes Brandbild hervorgerufen. Außerdem hätten wir wenigstens ein paar Glasscherben gefunden“.

Das Landeskriminalamt (LKA) bildete zur Aufklärung des Brandes eine 26-köpfige Sonderkommission (Soko) und verfolgte bis Januar 1993 235 Spuren. Und das Justizministerium setzte „für die Ergreifung der Täter“ eine Belohnung von 20.000,-DM aus.

Zu einem nicht näher bestimmbaren Zeitpunkt im Oktober oder November 1992 prahlte der später Angeklagte Ingo K. bei einem Zusammentreffen Gleichgesinnter am Kinderheim in Prenzlau, er habe den Brandanschlag auf die Gedenkstätte des früheren Konzentrationslager (KZ) in Sachsenhausen zusammen mit weiteren Personen verübt. Der zu diesem Zeitpunkt 19Jährige wuchs bis zu seinem zehnten Lebensjahr bei den Großeltern in Prenzlau auf. Im Alter von drei Jahren erkranke er an einer Lungenentzündung mit anschließender chronischer Bronchitis und begann zu stottern. Weder in der Sprachheilschule noch in der erfolgten Umschulung in die Hilfsschule lernte er mit „befriedigendem Erfolg" Lesen und Schreiben und wurde mit dem Abschluss der siebten Klasse entlassen. Im Rahmen seiner Schulausbildung nahm er 1988 an einem Besuch der nationalen Mahn- und Gedenkstätte Sachsenhausen teil. Eine Filmvorführung über die Leiden und das Sterben der dort Inhaftierten während des Nazi-Regimes beeindruckte ihn stark.

Eine Tätigkeit als Transportarbeiter im Gästehaus der DDR – dort hatte er im Juli 1989 eine Lehre als Wirtschaftsgehilfe abgeschossen – verlor er, weil das Gästehaus mit der „Wende" geschlossen wurde. Tätigkeiten als Gleisbauer und Bauhelfer musste er aus gesundheitlichen Gründen aufgeben. In dieser Zeit ging er eine Beziehung zu einer 17 Jahre älteren Lehrausbilderin aus Berlin ein, aus der 1992 eine Tochter hervorging.

Bis zum Tod seines Großvaters im Februar 1991 fuhr er häufig von Berlin nach Prenzlau. Dort traf er sich regelmäßig mit Jugendlichen und Heranwachsenden aus der „rechten Szene" am Kinderspielplatz in Prenzlau. Dort wurden politische Themen diskutiert und „gesoffen". In diesem Kreis, zu dem auch der später Mitangeklagte Thomas H. gehörte, war er als Aufschneider bekannt. Er versuchte durch erfundene Geschichten und Behauptungen, an Straftaten beteiligt gewesen zu sein, Aufmerksamkeit zu erregen.

Eine vom Jugendsenat später beauftragte Psychiaterin der Charité wird dieses Verhalten im Strafprozess in Verbindung mit seiner Intelligenzminderung, einer „mittelgradigen Debilität" als Merkmal einer „oligophrenen Persönlichkeit aufgrund einer frühkindlichen Hirnschädigung" erkennen: Er war zu Prahlereien und „unkritisch-unreflektiertem Nachahmen und Mitmachen bei Gruppenaktivitäten" disponiert. Seine Freunde – sie wurden als Zeugen gehört – bestätigten seinen Hang zu prahlen.

Diese Spur begründete den Tatverdacht, dass Neonazis der Prenzlauer Szene den Brandanschlag verübt haben könnten. Wie die Soko, die zu diesem Zeitpunkt nur noch aus vier Beamten bestand, mit diesem Verdacht umgegangen ist, macht fassungslos:

Am 6. Januar 1993 schwadronierte der alkoholisierte 22-jährige „Reichsbahner" Thomas H. in der Gaststätte „Zur Fischerstraße" in Prenzlau, er wisse, wer den Brandanschlag auf die Gedenkstätte verübt habe. Auch er hatte als Schüler im Rahmen eines „Pioniernachmittags" die Gedenkstätte besucht. Thomas H. absolvierte eine Lehre zum Facharbeiter für Eisenbahnbetrieb und war als „Reichsbahner“ unter anderem Zugführer im Betrieb der Berliner S-Bahn. Er war begeisterter Modellbauer und sammelte „Militaria“; die gesammelten Uniformen trug er gelegentlich in der Öffentlichkeit und nahm an „Wehrsportübungen“ teil. Veranstalter war ein Soldat der Bundeswehr, ein gewisser „Dragon“, der in der rechtsradikalen Szene später als Urheber des Brandanschlags „gehandelt“ wurde. Bis zu seiner Verhaftung war Thomas H. in einem Stellwerk tätig und wohnte bei seinem Großvater in Prenzlau.

Ein anwesender Polizeibeamter in Zivil, der spätere Zeuge B., hörte mit und sprach H. in der Toilette auf dessen Äußerung an. Als dieser bestätigte, dass ihm der Brandstifter bekannt sei, forderte er ihn auf, die Polizeiwache aufzusuchen und sein Wissen zu Protokoll zu geben. H. erschien am folgenden Tag auf der Polizeiwache Prenzlau. Dort bat er um ein vertrauliches Gespräch und gab an, dass sich der ihm aus der „Prenzlauer Szene“ bekannte Hilfsschüler Ingo K. mit dem Brandanschlag gebrüstet habe.

Der Diensthabende der Wache leitete die Information an die inzwischen auf zwei Beamte geschrumpfte Soko weiter. Sie registrierte die Info als Spur 236 und lud K – unglaublich, aber wahr – erst 2 Monate später vor.

Ingo K. hatte zwischenzeitlich erfahren, dass Thomas H. die Polizei informiert hatte und verachtete ihn deshalb als einen „Verräter“; und er hatte ein Problem, welches er mit seiner Lebensgefährtin erörterte; es war das Dilemma strafrechtlicher Konsequenzen: Er bat sie deshalb um ein Alibi, im Oktober nicht in Prenzlau gewesen zu sein. Sie konnte sich nicht an einen bestimmten Tag erinnern und lehnte ab. Seine auf ihre Ablehnung folgende Äußerung: „Es ist dann wohl das Beste, ich gebe das zu und habe meine Ruhe“ bestätigte sie als Zeugin und auch seine Neigung, sich mit unwahren Geschichten interessant zu machen.

Er erschien nach der zweiten Vorladung am 31. März 1991. Und nach einem mehrstündigen Vorgespräch, in dem er jegliche Beteiligung an dem Anschlag bestritt, tat er das, was er als Lösung seines Problems angekündigt hatte; er legte ein „Geständnis“ ab, mit dem er auch den „Verräter“ Thomas H. als Mittäter belastete. Das angebliche Geständnis wurde wie folgt protokolliert:

> Er habe sich am 25. September 1992 mit Thomas H. gegen 22:00 Uhr am Fernbahnhof in Bernau getroffen. Von dort seien sie nach Pankow gefahren und hätten am Kiosk des S-Bahnhofs etwa 20 Skinheads getroffen. Während des Gesprächs mit ihnen von 22:30 bis 22:45 Uhr hätten er und Thomas je 14 Flaschen à 0,5 l Bier und mehrere Schnäpse getrunken.
>
> Einer der ihm unbekannten Skins sei plötzlich auf den Gedanken gekommen, nach „Sachsenhausen“ zu fahren, um die dortige „Gedenkstätte“ in Brand zu setzen. Sie hätten sich der Gruppe angeschlossen, um zu sehen, was die Skinheads wirklich „draufhaben“.

> Er habe vier leere Bierflaschen à 0,5 l mitgeführt und von einem vor dem Bahnhof Oranienburg abgestellten Moped, Marke Simson, den Benzinschlauch abgezogen und Benzin in die Flaschen tropfen lassen. Er und H. hätten je eine Flasche mit Benzin abgefüllt, die beiden übrigen Flaschen seien von zwei Skins abgefüllt worden. Auf dem Weg zur Gedenkstätte sei man über eine Mauer gestiegen und habe „die Baracke gesucht". Die erste Baracke sei dann angesteckt worden. Hierzu seien die gefertigten Brandsätze durch das Fenster in die Baracke geworfen worden.
>
> Er selbst habe allerdings seinen Brandsatz zunächst mit einem Stofftaschentuch als Lunte versehen und ihn dann angezündet auf das Dach der Baracke geworfen. Er sei dort zerplatzt, aber wieder erloschen. Die Flaschen von Thomas H. und der Skins seien durch die Fensterscheibe geflogen. Dies habe er allerdings nicht genau gesehen, da er sich umgedreht habe, um eine Zigarette zu rauchen. Er wisse aber genau, dass er seinen Brandsatz um 23:45 Uhr geworfen habe, weil er dabei auf die Uhr gesehen habe. Er habe als erster geworfen.
>
> Gehört habe er nicht, dass die Fensterscheibe zerbrochen sei, weil er sich nach dem Wurf abgesetzt habe. Er habe auch nichts weiter gesehen, weil er sich von der Baracke entfernt habe, um seine Notdurft zu verrichten. Um genau 00:05 Uhr habe er mit der Gruppe und H. das Gelände der Gedenkstätte verlassen. Auch dieses könne er sagen, da er ein genauer Mensch sei und wiederum auf die Uhr gesehen habe. Zu diesem Zeitpunkt habe die Baracke in ihrem hinteren Teil unter starker Rauchentwicklung halbwegs in Flammen gestanden.

Diese Angaben bestätigte er noch am gleichen Tag in einer richterlichen Vernehmung.

Thomas H. wurde am Vormittag des 1. Aprils 1991 gegen 9:40 Uhr festgenommen. Er hatte wegen seines Spätdienstes lediglich zwei Stunden auf seiner Dienststelle geschlafen und bestritt in seiner verantwortlichen Vernehmung jegliche Tatbeteiligung.

Nachdem er die folgende Nacht im Polizeigewahrsam verbracht hatte, wurde er am 2. April 1993 erneut vorgeführt: Der Vernehmungsbeamte eröffnete ihm, dass gegen ihn aufgrund der richterlich bestätigten Aussage von Ingo K. ein Haftbefehl ergehen und Untersuchungshaft angeordnet werde. Er bestritt erneut, etwas mit dem Brandanschlag zu tun zu haben. Aber während der Protokollierung erklärte er plötzlich, er wolle seine Aussage ändern:

> Wegen der politischen Bedeutung der Angelegenheit habe er eine langjährige Freiheitsstrafe befürchtet. Es sei richtig, dass er mit Ingo K. am 25. September nach Berlin gefahren sei und Thomas H. in Bernau am Bahnhof getroffen habe. Irgendwo in Berlin seien sie auf eine Gruppe von etwa acht bis zwölf Skinheads gestoßen und hätten mit ihnen etwa vier bis fünf Flaschen Bier à 033 l und fünf bis sechs kleine Flaschen Korn getrunken. Die Berliner seien auf die Idee gekommen, „Randale" zu machen.
>
> Aufgrund seines Alkoholkonsums habe er an das Folgende nur noch geringe Erinnerung: Jedenfalls sei man vom S-Bahnhof Oranienburg zur Gedenkstätte Sachsenhausen gelaufen. Ihm sei klar gewesen, dass dort nichts Gutes passieren werde. Aus Angst vor den Berliner Skinheads habe er aber nicht gewagt, sich von der Gruppe abzusetzen.

> Er wisse nicht mehr genau, wie man auf das Gelände gekommen sei. Er habe deshalb vorgetäuscht, sich den Knöchel verletzt zu haben und sei fünf bis zehn Meter hinter der Gruppe zurückgeblieben.
>
> Dann habe er ein schepperndes Geräusch gehört und Flammen gesehen. Er sei auf den gleichen Weg zurückgelaufen und noch ein-bis zweimal das Geräusch zerplatzter Bierflaschen gehört. Er habe dann Flammen aus Richtung der Baracke gesehen. Das Feuer sei seines Erachtens durch Brandsätze, sogenannte Molotow- Cocktails, verursacht worden.

Auch er bestätigte seine Aussage am gleichen Tag vor dem Ermittlungsrichter. Aber am 5. April 1993 widerrief er sie. Seinen Widerruf begründete er folgendermaßen:

> Er sei übermüdet gewesen. Darüber hinaus habe man ihm gesagt, dass es aufgrund der Aussage des Mitbeschuldigten K. ohnehin verurteilt werde. Durch das falsche „Geständnis“ habe er wenigstens ein etwas milderes Urteil erreichen wollen. Als Basis dafür habe er die Vorhalte aus der Vernehmung K. verwendet."

Seitdem bestritt er seine Tatbeteiligung.

Der Beschuldigte Ingo K. beantragte noch am gleichen Tag, dem 5. April 1993, eine mündliche Haftprüfung. Im Antragsschreiben führte er aus: „Ich habe die Tat im betrunkenen Zustand gemacht“. Und im Haftprüfungstermin widerrief er gegenüber dem Haftrichter erwartungsgemäß seine bisher gemachten Aussagen.

In seinem an mich als Vorsitzenden gerichteten Schreiben vom 25. Juni 1993 behauptete er, der Anschlag auf die Gedenkstätte sei von der „linken Szene“ verübt worden. Als Urheber bezichtigte er seinen Bruder Frank. Auch diese Darstellung widerrief er zeitnah.

Die Staatsanwaltschaft Potsdam erhob auf der Grundlage der widerrufenen Geständnisse am 2. Februar 1993 wegen mittäterschaftlich begangener Brandstiftung Anklage vor dem Jugendsenat. Er war zuständig, weil Ingo K. zum Zeitpunkt der Tat 19 Jahre alt und damit Heranwachsender im Sinne des Jugendgerichtsgesetzes (JGG) war.

Obwohl das Ermittlungsergebnis – insbesondere die Entstehungsgeschichte der widerrufenen Geständnisse – nicht frei von Widersprüchen war, ließ der noch nach DDR-Recht mit lediglich zwei Berufsrichtern und zwei Schöffen besetzte Senat nach „eingehender“ Beratung die Anklage zu und eröffnete am 13. Juli 1992 die Hauptverhandlung vor dem Jugendsenat des Bezirksgericht Potsdam; die Ablehnung der Zulassung mangels hinreichenden Tatverdachts war keine Option: Der 2. Strafsenat des Bezirksgerichts Potsdam – Besonderer Senat – unter dem Vorsitz seines Vize-Präsidenten in Hause, der auf der Beförderungsliste zum Vizepräsidenten des OLG stand, hätte nach meiner Einschätzung auf die sofortige Beschwerde der Staatsanwaltschaft Potsdam den hinreichenden Tatverdachts bejaht und die Eröffnung der Hauptverhandlung angeordnet; eine Hauptverhandlung unter meinem Vorsitz mit „bevormundenden“ Vorgaben des „Besonderen Senats“ im Haus konnte ich mir nicht vorstellen. Der

Strafprozess begann am 28. Juli und sollte nach 14 Verhandlungstagen am 15. September 1993 mit einem Freispruch zu Ende gehen.

Das in den Printmedien zum Ausdruck gekommene öffentliche Interesse, diesen antisemitischen Brandanschlag aufzuklären, war immens. Und das Justizministerium war sich nicht zu schade, den Aufklärungsdruck dadurch zu erhöhen, dass Minister Dr. Hans Otto Bräutigam eine „zügige Hauptverhandlung" des damals schon hoch belasteten Jugendsenats einforderte. Hinzu kam, dass der Zentralrat der Juden in Deutschland einen Prozessbeobachter abgeordnet hatte.

Die getroffenen Feststellungen waren nach einer umfangreichen Beweisaufnahme – im Zweifel – nicht geeignet, den Vorwurf der Staatsanwaltschaft zu tragen. Indizien für die Täterschaft der Angeklagten waren ausschließlich die widerrufenen Geständnisse; der Senat hatte sie im Rahmen seiner Aufklärungspflicht auf ihre Glaubhaftigkeit zu überprüfen. Im Zentrum dieser Pflicht, die auch bei nicht widerrufenen Geständnissen unentbehrlich ist, stand, ob sie Täterwissen offenbaren und mit weiteren unabhängigen gerichtlichen Feststellungen korrespondieren. Nach einer umfangreichen Beweisaufnahme konnte dies – im Zweifel – nicht festgestellt werden:

Der Brand wurde nach den Berechnungen des Brandsachverständigen entgegen der vom Angeklagten Ingo H. behaupteten Tatzeit – 23:45 Uhr – eine Stunde später, um 0:45 Uhr, gelegt. Auch die Verweildauer von 20 Minuten nach der Brandlegung – von 0:45 bis 01:05 Uhr – passt nicht zum behaupteten Geschehensverlauf; die Richtigkeit unterstellt, wäre die Baracke noch in Anwesenheit der Gruppe bis auf die Grundmauer niedergebrannt.

Dass der Brand mittels sogenannter Molotow-Cocktails gelegt wurde, schloss der Sachverständige Dipl. Ing. Nachtweh mit Sicherheit aus. Glasreste wurden trotz sorgfältiger Untersuchung des Brandschutts nicht gefunden, und dass sie aufgrund eines „Rosteffekts" – er wurde vom von der Staatsanwaltschaft präsentierten Sachverständigen Corall vorgetragen – verbrannt seien, hat die Kammer als nicht nachvollziehbar und spekulativ zurückgewiesen.

Seiner Darstellung, er habe das Benzin-Ölgemisch aus dem Benzinschlauch des am S-Bahnhof Oranienburg abgestellten Mopeds „tropfen" lassen, konnte das Gericht auch deshalb nicht folgen, weil das Abfüllen von 4 Flaschen sehr zeitraubend ist und die Anwesenheit von 20 Skins nicht unbemerkt geblieben wäre; die Polizei konnte trotz intensiver Ermittlungen zu der angegebenen Zeit keine auffälligen Personenbewegungen feststellen.

Eine in der Hauptverhandlung in Augenschein genommene, anlässlich einer Aussagedemonstration gefertigte Videoaufzeichnung ergab, dass er nicht in der Lage war, den Weg vom S-Bahnhof Oranienburg zum Gelände der Gedenkstätte zu beschreiben:

Ein von ihm nach Hilfestellung beschriebener Weg über die S-Bahngleise führte nicht zum Bahnhofsvorplatz

Am 5. Sitzungstag drängten sich dem Senat anlässlich der Tatortbesichtigung auf dem Gelände des ehemaligen KZs Zweifel an seiner Schuldfähigkeit auf. Er war auf Nachfrage des Vorsitzenden nicht in der Lage, das Tatgeschehen detailliert zu schildern und widerrief das den Mitangeklagten belastende Geständnis erneut. Und er überraschte den Senat und die übrigen Prozessbeteiligten mit dem Alibi, „er habe zur Tatzeit einen jüdischen Friedhof in Strausberg geschändet". Da auf Nachfrage eine Schändung nicht stattgefunden hatte, beauftragte der Senat die Oberärztin für forensische Psychiatrie der Charité Frau Dr. Jähnig mit einem vorläufigen forensisch-psychiatrischen Gutachten, welches am 12. Verhandlungstag eingeführt wurde; es weckte Zweifel an seiner Schuldfähigkeit und der Glaubhaftigkeit seiner ständig wechselnden Aussagen: Die Psychiaterin bestätigte seine „mittelgradige Debilität", wies auf die Inkonstanz seiner bisherigen Einlassungen hin und stellte in Frage, ob er bezüglich des Benzindiebstahls und der Wirkung eines Molotowcocktails „Täterwissen oder Gehörtes" zu Protokoll gegeben habe. Nach geschlossener Beweisaufnahme und den Schlussanträgen beantragte die Staatsanwaltschaft, den eingeschränkt schuldfähigen Angeklagten K. zu drei Jahren und den Angeklagten H. zu einer Freiheitsstrafe von vier Jahren und 6 Monaten zu verurteilen, die Verteidiger beantragten Freisprüche. Die *Berliner Zeitung* orakelte nach den Plädoyers am 5.Oktober:

> Ob sich die Richter unter dem Vorsitz von Dr. Klaus Przybilla – wie von der Staatsanwaltschaft gefordert – politisch instrumentalisieren lassen, wird vielleicht heute bei der Urteilsverkündung herauszuhören sein.

Es war herauszuhören: Der Jugendsenat sprach die bereits aus der Untersuchungshaft entlassenen Angeklagten nach 14 turbulenten Verhandlungstagen am 15. September 1993 frei. Insbesondere die Entstehungsgeschichte der Geständnisse, das Ergebnis der Begutachtung durch den Brandsachverständigen Nachtweh, die psychiatrische Einschätzung einer „Grenzdebilität" des Angeklagten K. und das Fehlen von Tatzeugen hatten Anlass zum Zweifeln gegeben; das von der Staatsanwaltschaft während der Hauptverhandlung präsentierte Gegengutachten des Sachverständigen Corall, der das Gericht und die Verteidiger mit der Behauptung überrascht hatte, dass im Brandschutt möglicherweise deshalb keine Glasreste gefunden werden konnten, weil eine mit Benzin gefüllte Flasche, die auf einen Holzbrett einen Brand entfacht, bei einer hohen Temperatur von 800 Grad „wegen eines Rosteffekts verbrennen kann, ohne Glasspuren zu hinterlassen", konnte sie nicht beseitigen.

Im Übrigen hatte sich im Verlauf der Beweisaufnahme der Eindruck verfestigt, dass die Staatsanwaltschaft zwei „Bauernopfer" angeklagt hatte; die Soko war inzwischen aufgelöst und damit die Suche nach den 20 Skinheads aus Pankow oder Prenzlau *ad acta* gelegt.

Die Empörung der Politik, des Zentralrats der Juden und Anderer war groß: Brandenburgs Justiz und Polizei wurden mit dem Vorwurf „schlampiger“ Ermittlungen konfrontiert und der Chef der Gedenkstätte Jürgen Dittberg giftete, „die Ermittlungsbehörde habe versagt, der ganze Prozess und die Vorgeschichte sei ein Trauerspiel der deutschen Justiz“.

Als „unglücklich“ wurde empfunden, dass sich der ermittlungsleitende Staatsanwalt Dr. Lenz mit dem Ja-Wort seines Vorgesetzten für einige Wochen in den Urlaub verabschiedet und die Verhandlung einem jüngeren Kollegen überlassen hatte. Ignatz Bubis erklärte gegenüber der *Berliner Morgenpost*, das Urteil sei für ihn „unverständlich“, und dies, obwohl sein Prozessbeobachter Peter Fischer sich mir gegenüber am letzten Verhandlungstag anderslautend geäußert hatte: „Alles andere als ein Freispruch würde mich überraschen“.

Dass er verbittert darüber war, dass ein Neo-Nazi der Prenzlauer Szene als Entlastungszeuge der Verteidigung im Gerichtsaal „unwidersprochen“ äußern durfte, „Asylbewerber müssten gehenkt, erschossen und vergast werden“, war sehr verständlich. Ob ihn meine Bitte an die Staatsanwaltschaft, gegen den Zeugen wegen Volksverhetzung zu ermitteln, versöhnte, habe ich nicht erfahren.

Das Urteil konnte im Übrigen für den Vorsitzenden des Zentralrates schon deshalb nicht unverständlich sein, weil sich durch das Außervollzugsetzen der Haftbefehle während der Hauptverhandlung die Tendenz zum Freispruch abgezeichnet hatte. W. Paukert, der nach der Vernehmung des Brandsachverständigen Hans-J. Nachtweh aus Wartenstein in der *Berliner Morgenpost* gemutmaßt hatte, „ein kranker Prozess drohe peinlich zu platzen,“ kommentierte deshalb folgerichtig, „das Urteil sei von den meisten Prozessbeobachtern erwartet worden“

Das Gefühl des Justizministers, der von 1982 bis zur Wiedervereinigung Leiter der Bonner Vertretung in Ost-Berlin gewesen war, „dass es an der Sensibilität für die enorme Ausstrahlung des Verfahrens gefehlt habe“ und „er sich eine zügigere Hauptverhandlung gewünscht hätte“, konnte ich so nicht stehen lassen und bat ihn um ein Gespräch. Und den Vorwurf des Präsidenten des LG Hermann Breitkopf, den Dienstweg nicht eingehalten zu haben, wies ich mit dem Hinweis zurück, dass die Kritik „den Kernbereich richterlicher Tätigkeit“ betroffen habe und daher der Dienstweg nicht einzuhalten gewesen“ sei.

Am 23.November antwortete der Minister unter anderem:

> Sehr geehrter Herr Dr. Przybilla,
>
> haben Sie vielen Dank für ihren Brief vom 10. November 1993. Ich verstehe, dass sie auf meine Bemerkungen reagieren möchten. Zu einem Gespräch hierüber bin ich gern bereit.
>
> Grundsätzlich bin ich der Auffassung, dass unabhängige Gerichte nicht außerhalb jeder Kritik stehen können. Jede demokratische Institution hat das zu akzeptieren. Auch dem parlamentarisch verantwortlichen Minister steht das Recht zu, das er allerdings mit der

gebotenen Zurückhaltung auszuüben hat. Es bedarf zwischen uns keiner Diskussion, dass sich die Landesregierung jeder Einwirkung auf das laufende Verfahren zu enthalten hat.

Das Gespräch fand im Dezember 1993 im Ministerium statt. Im Zentrum standen die richterliche Unabhängigkeit und die Grenzen kritischer Äußerungen eines Justizministers gegenüber der Öffentlichkeit, außerdem die Zweifel an der Täterschaft der Angeklagten. Ich bat ihn unter anderem, die Beurteilung, ob „widerrufene Geständnisse widerspruchsfrei und von Anfang an glaubhaft seien", dem Tatgericht zu überlassen und wies darauf hin, dass Ermittlungsfehler das Verfahren belastet hätten und darauf, dass das für ihn „unverständliche Urteil" zumindest für Bundesanwalt Raehs verständlich gewesen sei. Im Übrigen war es ein angenehmes Gespräch.

Meine Reaktion auf die „Richterschelte" war nicht einer narzisstischen Kränkung geschuldet; ich war vielmehr der Auffassung, dass es – im Gegensatz zur Öffentlichkeit – einem Justizminister nicht zusteht, Richter in seinem Zuständigkeitsbereich zu kritisieren, insbesondere nicht im sensiblen rechtsstaatlichen Bereich des Satzes *in dubio pro reo*.

Rückblickend hätte ich auch Ignaz Bubis um ein Gespräch bitten sollen. Ich hätte ihm vielleicht folgendes gesagt:

> Sehr geehrter Herr Bubis, Ihre Kritik an dem unter meinem Vorsitz verkündeten Freispruch, veranlasst mich, ihr entgegenzutreten. Die Mehrzahl der Gerichtsreporter, die die Hauptverhandlung begleitet haben und der von Ihnen als Prozessbeobachter abgeordnete Peter Fischer hatten wegen der „Unstimmigkeiten" der später widerrufenen Geständnisse und der während des Strafprozess zu Tage getretenen Ermittlungspannen mit einem Freispruch, der schon nach der Haftverschonung der Angeklagten auch für Nichtjuristen vorhersehbar war, gerechnet; dass Sie das Urteil gegenüber der Presse als „unverständlich" bezeichnet haben, ist für mich unverständlich, denn wenn ich etwas nicht verstanden habe, bin ich nach meinem Selbstverständnis darum bemüht, es zu verstehen. Das Strafverfahren war im Übrigen für alle Beteiligten u.a. auch wegen der berechtigen Erwartung des Zentralrates der Juden in Deutschland und darüber hinaus belastend und das Gericht war sich nach Zulassung der Anklage und Eröffnung der Hauptverhandlung seiner Verantwortung durchaus bewusst. Zu dieser Verantwortung gehörte jedoch nicht, alle von den Ermittlungsbehörden versäumten Ermittlungen nachzuholen. So ließ der Jugendsenat ein im Ergebnis nicht überzeugendes Gegengutachten zur Brandursache zu, obwohl die Vernehmung des von der Staatsanwaltschaft gemäß § 245 StPO präsentierten Brandsachverständigen Corall auch hätte abgelehnt werden können, weil er nicht über einen Gerichtsvollzieher und damit nicht ordnungsgemäß geladen war.
>
> Seien Sie versichert, dass mir, der den Krieg in Luftschutzkellern überlebt hat, das, was Ihrem Volk während des Nationalsozialismus geschehen ist, immer noch den Schlaf raubt. Der Justizminister des Landes Brandenburg hat übrigens mein Anliegen, die richterliche Unabhängigkeit vor unsachlicher Kritik zu schützen, ernst genommen. Eifern Sie ihm nach und erlauben Sie mir den Hinweis, dass unsachliche Kritik qua Amtes mehr schadet als nützt und bedenken Sie, dass berechtigte Zweifel besser sind als eine unberechtigte Gewissheit."

Mit freundlichem Gruß

Dr. Klaus Przybilla

Die Staatsanwaltschaft hatte zum Zeitpunkt meines Gesprächs mit dem Justizminister bereits am 18. Oktober 1993 Revision gegen das Urteil eingelegt, für die der 5. Strafsenat des BGH – zu dieser Zeit noch in Berlin – zuständig war. Mit dem am 17. Februar 1994 begründeten Rechtsmittel rügte die Staatsanwaltschaft Potsdam die Verletzung „formellen und materiellen Rechts".

Im Zentrum der Rüge, materielles Recht verletzt zu haben, stand der Vorwurf, der Jugendsenat habe die widerrufenen Geständnisse falsch bewertet. Insbesondere die vom Tatgericht geäußerten Bedenken bezüglich der „zeitraubenden" Herstellung der Brandflaschen am S-Bahnhof Oranienburg seien „denkfehlerhaft"; sie beruhten auf „nicht existenten allgemeinen Erfahrungssätzen".

Mit dieser Rüge fand die Staatsanwaltschaft zu meinem und zum Entsetzen des Bundesanwalts später Gehör; die Verfahrensrügen wurden vom BGH nicht beachtet.

Erhofft, aber nicht erwartet, beantragte die Bundesanwaltschaft, vertreten durch den als „alter Revisionshase" bekannten Bundesanwalt Raehs, am 14. Juli 1994 einen Termin zur Hauptverhandlung vor dem 5. Senat des BGH zu bestimmen und teilte mit, dass „das Rechtsmittel des Staatsanwaltschaft Potsdam von der Bundesanwaltschaft nicht vertreten werde".

Zum angeblichen Denkfehler des Tatgerichts bezüglich der Dauer des Abfüllens eines Moped-Tanks führte er aus:

> Es mag sein, dass der Tatrichter zur Dauer des Abfüllens von einem Mopedtank einer Fehlvorstellung erlegen ist. Das ist aber unschädlich, weil nicht tragend. Maßgeblich war, dass der Vorgang insgesamt längere Zeit in Anspruch genommen haben musste, und das war auch deshalb der Fall, weil die Mopedverkleidung hätte abgebaut werden müssen, was K. ebenfalls nicht erwähnt hatte.

Er bescheinigte dem Jugendsenat des Bezirksgerichts im Termin am 30. August 1993 im Übrigen „ein sorgfältig begründetes, rechtsfehlerfreies Urteil" und beantragte, die Revision der Staatsanwaltschaft Potsdam als unbegründet zu verwerfen.

Nachdem der 5. Senat unter dem Vorsitz des Richters am BGH Laufhütte den Verkündungstermin zweimal verschoben hatte, verkündete er am 31. August 1994 überraschend die Aufhebung des Urteils des Bezirksgericht mit den Feststellungen und verwies die Sache zur erneuten Verhandlung und Entscheidung an eine andere Jugendkammer des Landgerichts Potsdam und an das LG Frankfurt/Oder oder Neuruppin. Dass der BGH gegen das Plädoyer der Bundesanwaltschaft entscheidet, kommt „nicht alle Tage vor". Der Verweisung war im Übrigen zu entnehmen, dass aus dem Bezirksgericht – einem Relikt der DDR – inzwischen nach Übernahme der Gerichtsverfassung der BRD ein Landgericht geworden war. Im Gegensatz zu den Ausführungen des Bundesanwalts befand der Senat, „dass das später widerrufene Geständnis von Potsdamer Bezirksgericht nicht ausreichend geprüft worden sei"; dabei hatte es auf 35 Seiten nichts anderes getan als sorgfältig zu prüfen.

Mit seiner Entscheidung entfernte sich der 5.Senat im Übrigen von seiner bisher geltenden Rechtsprechung; bis zu diesem Zeitpunkt galt nämlich:

> Spricht das Gericht einen Angeklagten frei, weil es Zweifel an seiner Täterschaft nicht zu überwinden vermag, so ist das vom Revisionsgericht in der Regel hinzunehmen. Die Beweiswürdigung ist grundsätzlich Sache des Tatgerichts. Die revisionsrechtliche Beurteilung ist auf die Prüfung beschränkt, ob dem Tatgericht bei der Beweiswürdigung Rechtsfehler unterlaufen sind. Das ist dann der Fall, wenn sie widersprüchlich, unklar oder lückenhaft ist oder gegen Denkgesetze oder gesicherte Erfahrungssätze verstößt. Rechtlich zu beanstanden sind tatrichterliche Beweiserwägungen ferner dann, wenn sie erkennen lassen, dass das Gericht überspannte Anforderungen an die zur Verurteilung erforderliche Überzeugungsbildung gestellt und dabei verkannt hat, dass eine absolute, das Gegenteil ausschließende Gewissheit nicht erforderlich ist.

Diese Grundsätze hatten der Jugendsenat und die Bundesanwaltschaft penibel beachtet und durchaus berechtige Zweifel vorgetragen. Und was aufgrund der Verschiebungen des Verkündungstermins vermutet worden ist, wurde „durchgestochen": Die Richter des Senats waren sich aus gutem Grund nicht einig. Das frühere Geständnis war nämlich in einem zentralen Punkt falsch:

Das erkennende und sachverständig beratene Gericht hatte festgestellt, dass ein Brandbeschleuniger in Form eines mit Benzin abgefüllten Molotow-Cocktails den Brand nicht verursachte. Und dem Gutachten des von der Staatsanwaltschaft präsentierten Sachverständigen Corall, dass „durch Löschwassereinfluss eine solche Partikelverteilung erzeugt werden könne, dass Fragmente nicht mehr als Teile einer Glasflasche identifizierbar seien", konnte der Senat nicht folgen. Die schon daraus resultierenden berechtigten Zweifel, ob die Angeklagten überhaupt „vor Ort" waren oder sie einer nicht zu übersehenden Gruppe von Neo-Nazis alkoholisiert lediglich hinterhergelaufen sind und mit Ihrem ursprünglichen und später widerrufenen Geständnis vielleicht, wie Bundesanwalt Raehs vor dem 5. Senat des BGH vorgetragen hat, nur imponieren wollten, hätten meines Erachtens genügt, den Freispruch zu bestätigen. Im Übrigen war die Vermutung, dass der Brandanschlag am Vorabend des jüdischen Neujahrsfestes Zufall war, nicht abwegig; die mit bescheidenem Wissen ausgestatteten Angeklagten konnten in ihren Vernehmungen mit diesem Fest „rein gar nichts" anfangen. Hinter vorgehaltener Hand wurde über den nicht regelkonformen Eingriff in die Überzeugungsbildung des Jugendsenats spekuliert: So sprach einiges dafür, dass der 5. Senat der mit dem Vorwurf „schlampiger Ermittlungen" belasteten Ermittlungsbehörde angesichts der weltweiten Empörung über den „unvergleichlichen antisemitischen Anschlag" eine zweite Chance zur Aufklärung einräumen wollte. Nicht ausgeschlossen wurde, dass in der Schlussberatung des 5. Senats des BGH die, infolge des noch geltenden DDR-Rechts reduzierte Besetzung des Jugendsenats des Bezirksgerichts (zwei Berufsrichter und zwei Schöffen) zum Zeitpunkt der Urteilsverkündung, eine Rolle gespielt hat.

Im Zeitpunkt der Revisionsentscheidung war das Bezirksgericht und die damit verbundene Gerichtsstruktur der DDR Vergangenheit. Die „andere" Jugendkammer konnte nunmehr in der Besetzung einer großen Strafkammer mit drei Berufsrichtern verhandeln, und die erforderliche Zweidrittelmehrheit bei der Abstimmung gem. § 263 StPO musste im Gegensatz zur früheren Besetzung des Bezirksgerichts nicht mehr relativiert werden. Dass solche Erwägungen sich von den Regeln des Revisionsrechts entfernen und politische Erwägungen in der Schlussberatung nichts zu suchen haben, bedarf keiner Diskussion.

Die Pressevertreter registrierten, dass ich mit versteinertem Gesicht den Worten des Vorsitzenden lauschte und Bundesanwalt Raehs die Entscheidung kopfschüttelnd quittierte; und auch in der Presse wurde sie als „ungewöhnlich" kommentiert.

Einen faden Beigeschmack hatte der unsinnige Vorwurf des Zentralrats der Juden: Er warf der Staatsanwaltschaft und dem Gericht gegenüber dem *Tagesspiegel* „Laxheit, die eine Geringschätzung des Verfahrens zum Ausdruck bringt", vor. Und die Prognose der Gerichtsreporter, dass die nunmehr zuständige Schwurgerichtskammer des Landgerichts Potsdam als Jugendkammer „unter noch größerem öffentlichem Druck stehen werde", sollte sich bewahrheiten.

Der zur Tatzeit 20-jährigen Ingo K. wurde sechs Jahre nach dem Brandanschlag am 5. August 1998 von der nach der Aufhebung des Freispruchs nunmehr zuständigen 1. Strafkammer des Landgerichts Potsdam unter Anwendung des Jugendstrafrechts nach den „Vorgaben" des 5. Senats des BGH zu einer Jugendstrafe von 2 Jahren und 6 Monaten und Thomas H. zu einer Freiheitsstrafe von 3 Jahren verurteilt. Für den Reporter der *Berliner Morgenpost* Konrad Jahr-Weidauer war die Verurteilung „unerwartet". Er kommentierte den „überraschenden Ausgang im zweiten Sachsenhausenprozess" mit der ironischen Überschrift „Das Urteil kann nur 'schuldig' lauten" und zitierte damit den Vorsitzenden der nunmehr zuständigen Strafkammer so:

> Besonders die Auslassungen von K. hätten das Landgericht jetzt überzeugt, dass es sich bei seinem Geständnis um ein echtes Täterwissen gehandelt habe. Bei der ersten Verhandlung 1993 seien diese Geständnisse durch das Gericht ungenügend gewürdigt worden. Darauf, dass Ihre Geständnisse auf Geltungsbedürfnis beruht oder aber, um in Ruhe gelassen zu werden, habe sich das Gericht nicht eingelassen. Es habe sich hier um das übliche Lügen vor Gericht gehandelt. „Das Urteil könne nur schuldig lauten".

Abgesehen davon, dass mich eine so apodiktische Begründung eines Schuldspruchs jenseits aller Zweifel sprachlos machte, hatte ich selten eine solch abwegige rechtliche Auffassung gehört: Ein Geständnis ist nach juristischem Standard nur dann Grundlage für einen Schuldspruch, wenn es mit relevanten Feststellungen und nicht mit „Auslassungen“ korrespondiert. Da im Zentrum des widerrufenen Geständnisses stand, dass angeblich ein „Molotow-Cocktail“ den Brand verursacht hat und der Brandsachverständige im Brandschutt keine Glasreste gefunden hat, waren Zweifel durchaus berechtigt. Und abgesehen davon war ich auch der Meinung, dass es nach einer umstrittenen Entscheidung des Revisionsgerichts dem Vorsitzenden der nunmehr zuständigen Tatsacheninstanz nicht zusteht, dem früheren Jugendsenat und den Richterkollegen im Hause vorzuwerfen, „Geständnisse unzureichend gewürdigt zu haben.“

Dieser Vorsitzende hatte als „Erfüllungsgehilfe“ des Revisionsgerichts im Namen der nunmehr mit drei Berufsrichtern und zwei Schöffen besetzten Strafkammer öffentlich vorgetragen, nunmehr zweifelsfrei die Wahrheit erkannt zu haben und damit zur Sorge Anlass gegeben, dass er nicht verinnerlicht hatte, dass erst das ständige Zweifeln und die Beachtung des Grundsatzes *in dubio pro reo* einen Strafrichter adelt. Und er hatte nicht begriffen, dass ein Strafurteil nie die Lebenswirklichkeit abbildet und es nicht Aufgabe eines Strafrichters ist, der „materiellen Wahrheit“ die „richtige Wahrheit“ entgegenzusetzen, weil er damit nämlich überfordert ist. Dass die 1. Strafkammer unter diesem Vorsitzenden – einem abgeordneten Richter eines westlichen Landgerichts – die Erwartungen der Politik und des Zentralrats der Juden erfüllen würde, hatte ich im Übrigen erwartet.

Obwohl Justizminister Dr. Bräutigam in der „Aktuellen Stunde“ des Landtages zum Sachsenhausen-Prozess am 27.Oktober vollmundig verkündet hatte, „dass die Ermittlungen gegen weitere, bisher unbekannte Tatbeteiligte von Staatsanwaltschaft und Kriminalpolizei unter Einbeziehung von Erkenntnissen des Verfassungsschutzes intensiv weitergeführt würden“, sind die 15 bis 20 Mittäter aus der Prenzlauer Neonazi-Szene trotz einer ausgelobten Belohnung von 20.000 DM bis heute nicht ermittelt.

Das erschreckende Fazit: Die weiteren Ermittlungen wurden eingestellt, weil mit dem rechtskräftigen Urteil und der Teilverbüßung der Strafen, um den Preis eines möglichen Fehlurteils in aller Stille Rechtsfrieden eingekehrt war. Die Pressemitteilungen vom 15., 18. und 27.Oktober 1993 belegten im Übrigen eindrucksvoll die parteipolitische Drucksituation eines Ministers und auch, dass Politiker in einer solchen Situation dem Volk versprechen, was sie nicht halten können.

PS: Dass ich (und auch andere) das Urteil der 1.Großen Strafkammer des Landgerichts Potsdam – im Zweifel – für ein Fehlurteil hielten, war natürlich nur nach *meinem* Rechtsverständnis relevant: Objektiv ist es „in Rechtskraft erwachsen" und damit erst dann ein Fehlurteil, wenn es in einem Wiederaufnahmeverfahren oder – auf das Rechtsmittel der Berufung gegen fehlerhafte Urteile eines Amtsgerichts – aufgehoben wurde.

Ein besonderes Weihnachtsfest

Wie die Landespolitik mit Richterschelten umging

Was am 9. Mai 1992 in „Ollis Disco" in Wendisch-Rietz geschehen ist, beschäftigte nicht nur den Jugendsenat, der zum Zeitpunkt der Urteilsverkündung am 22. Dezember 1993 nach Übernahme der bundesdeutschen Gerichtsverfassung am 1. Dezember 1993 Jugendkammer geworden war, sondern auch die Präsidentin des Deutschen Bundestages Frau Prof. Rita Süssmuth: Sie versprach nach einer monströsen und ausländerfeindlichen Tat vor laufenden Kameras, „für eine gerechte Bestrafung der Täter zu sorgen". Dafür konnte sie aber nicht sorgen, weil ein Bezirksgericht dafür zuständig war.

Im Zentrum der Verhandlung stand neben einer äußerst brutalen Haupttat zu Lasten eines nigerianischen Asylbewerbers das der Kammer bekannte Muster, dass schreckliche Taten mitunter dadurch begangen werden, dass eine rechtsradikale Clique eine Pogromstimmung herbeiführt und ein bis dato nicht Beteiligter aus Geltungssucht bereit ist, in aufgeheizter Stimmung das „Böse" zu vollstecken. Zu dieser Clique von 17 Gleichgesinnten gehörten unter anderem der 18jährige Silvio A., die 17jährigen Mirko Sch. und Diana D. und der 16jährige Sohn Bertram der Eheleute Christine und Dr. Ulrich Sch. aus Königs Wusterhausen.

Sie betraten um 1:20 Uhr des 9. Mai 1992 „Ollis Diskothek" in Wendisch-Ritz. Einer der anwesenden Besucher war Steve Erenhi, der in das Asylbewerberheim in Wendisch-Ritz verlegt worden war. Es war das erste Mal, dass er das Heim verlassen hatte.

Der dunkelhäutige Steve erregte die Aufmerksamkeit der Eintretenden dadurch, dass er auf der Tanzfläche des Gastraumes ausgelassen tanzte, was die Gruppe inspirierte, durch „Heil Hitler" und „Sieg Heil" auf sich aufmerksam zu machen. Es war der Auftakt zu einer der schrecklichsten ausländerfeindlichen Straftaten im neuen Bundesland Brandenburg:

Während der braune Mob „Ausländer raus" und „White Power" skandierte, provozierten Bertram und Mirko das spätere Tatopfer, indem sie die Bewegung eines Menschenaffen nachahmten und das spätere Tatopfer als „Negerschwein" beschimpften. Als der für die Sicherheit verantwortliche und spätere Zeuge Kott die Jugendlichen zur Ruhe aufforderte, drängten sie Steve, „vor die Tür" zu kommen. Er willigte ein, weil er die Gefahr erkannt hatte und auf eine Möglichkeit zur Flucht hoffte. Der Fluchtversuch wurde vereitelt und Steve umringt. Um sich die wildgewordene Bande vom Leibe zu halten, zerschlug er eine auf den Boden liegende Bierflasche und signalisierte mit dem abgebrochenen Flaschenhals Verteidigungsbereitschaft. Mirko zog seine mitgeführte Gaspistole und schrie „Ich drücke ab! Ich drücke ab!"

Kott sah sich wegen der Pistole nicht in der Lage, einzugreifen; er konnte sie, so seine nicht überzeugende Erklärung als Zeuge, nicht von einer „ballistischen Pistole" unterscheiden. Er und der Notarzt werden aber final diejenigen sein, denen Steve es zu verdanken hat, dass er die Gewaltorgie überlebte.

Couragierten Gästen gelang, was Kott allein nicht gelungen war: Sie durchbrachen ohne Gegenwehr den Kreis der jugendlichen Angreifer und brachten den verängstigten Steve in den Gastraum zurück. Sie wähnten ihn in Sicherheit und konnten sich nicht vorstellen, dass ihm das Schlimmste noch bevorstand. Der 22jährige Haupttäter Kai M. saß unbeteiligt an der Bierbar und unterhielt sich mit Gästen. Er hatte es als Trennungskind geschafft, eine abgebrochene Lehre zu Mechaniker an der Abendschule zu beenden und wurde im März 1989 zur Bereitschaftspolizei nach Potsdam-Eiche einberufen. Wegen einer Sehstörung wurde er nach 20 Monaten entlassen. Er verdiente seinen Lebensunterhalt danach als Zeitungsverkäufer und war ab Februar 1992 Vertriebsleiter des *Berliner Kuriers* und der *Superzeitung* tätig. Sein Monatseikommen betrug 4.000,- DM netto. Er war strafrechtlich noch nicht in Erscheinung getreten und mit der hier angeklagten Diana D. befreundet.

Der Lärm und die immer lauter werdenden ausländerfeindlichen Parolen lenkte seine Aufmerksamkeit auf den dunkelhäutigen Nigerianer: Kai verabschiedete sich von seinen Gesprächspartnern und äußerte, er werde „den Neger jetzt platt machen". Er nahm ihm im Gastraum die Mütze ab und schüttete Bier hinein. Anschließend prügelte er sein körperlich unterlegenes Opfer in den Vorraum. Während Steve sich an einem Eisengitter festhielt und angstbesetzt und verzweifelt um Hilfe rief, wurden die Anfeuerungsrufe aus der Gruppe immer lauter und hemmungsloser. Als Steve das Eisengitter aus der Verankerung riss und beide stürzten, traktierte Kai M. ihn mit Füßen. Schließlich rief jemand: „Warum holt denn niemand einen Strick, aufhängen das Schwein". und Kai M. rief zurück: „Ist doch egal, ob ich ihm draußen aufhänge oder ihm drinnen das Genick breche". Als Kott versuchte, den verängstigten Steve von seinem inzwischen blutrünstigen Peiniger wegzuziehen, fasste dieser ihn am Hals und drohte: „Ich will nichts von dir, ich will den Neger. Wenn du mir noch einmal in die Quere kommst, bringe ich dich um".

Er zog den benommenen Steve auf die Terrasse und ließ ihn mit den Gesicht nach unten auf den Steinfußboden fallen. Ermuntert durch Zurufe wie „Töte ihn" und „ Umbringen das Schwein" trat er ihm mit dem Fuß wuchtig gegen den Hinterkopf. Steve verlor das Bewusstsein und konnte Dianas Ruf „ Hat den keiner einen Kanister. Anzünden die Kohle. Verbrennt das Schwein" nicht mehr hören. Als Kais Versuch, mit seinem Feuerzeug die Jacke seines Opfers anzuzünden, misslang, rief er: „Dann ertränkt das Schwein eben" und warf ihn bäuchlings in den Scharmützelsee.

Kott konnte jetzt seine Angst überwinden: Er zog Steve aus dem Wasser und legte ihn auf eine herbeigeholte Bahre. Im Glauben, ihn getötet zu haben, bemerkte Kai M. auf dem Weg zum Parkplatz: „Jetzt ist er tot, jetzt brauchst du ihn nicht mehr aus dem Wasser zu ziehen“. Er irrte: Der herbeigerufene Notarzt rettete ihm mit einem Luftröhrenschnitt das Leben.

Einige der Gruppe hatten es nicht eilig und wollten noch ihr Bier austrinken. Als sie erfuhren, dass ein Gast die Polizei gerufen hatte, konnte es jedoch nicht schnell genug gehen: Auf den Befehl „Abmarsch“ bestiegen sie die Autos und fuhren mit abgeschaltetem Licht und Vollgas nicht zum vereinbarten Treffpunkt „Zeuthener Bahnhof“, sondern nach Hause. Kai M. hielt sich an die Abmachung. Er nahm in seinem PKW 6 Personen mit, darunter seine Freundin Diana und ein weiteres Mädchen. Es wird im Strafprozess im Strafprozess gegen Kai M. vor dem Bezirksgericht Frankfurt/Oder als Zeugin aussagen, sie habe den wegen versuchten Mordes Angeklagten im Auto gefragt, warum er das getan habe. Seine Antwort war schockierend: „Er habe das getan, was alle gewollt hätten, sich aber keiner getraut habe“.

Nach dem lebensrettenden Luftröhrenschnitt wurde Steve Erenhi ins Krankenhaus gebracht. Er war stark unterkühlt und durch die Aspiration von Seewasser war ein Lungenödem entstanden. Die Ärzte diagnostizierten unter anderem ein Schädelhirntrauma, eine temporale Hirnprellung rechts und ein allgemeines Hirnödem. Außerdem stellten sie ein durch Tritte verursachtes Bauchtrauma und eine Thoraxprellung fest. Er lag bis zum 14. Mai 1992 im Koma und wurde 3 Wochen auf der Intensivstation behandelt. Nach Überführung in die neurologische Abteilung verließ er das Krankenhaus nach 14 Tagen auf eigenen Wunsch. Sein Leben war nach den Feststellungen des Bezirksgerichts danach „von Angst und Bestürzung geprägt: er litt unter Kopfschmerzen, Vergesslichkeit und mit Alpträumen einhergehenden Schlafstörungen“.

Das Bezirksgericht Frankfurt/Oder verurteilte Kai M. am 10. Dezember 1992 wegen versuchten Mordes zu einer Freiheitsstrafe von 8 Jahren; es war angesichts seiner persönlichen Schuld, des außergewöhnlich brutalen Tatgeschehens und der Tatfolgen ein viel zu mildes Urteil.

Bertram Sch. bestritt seine Tatbeteiligung, wurde aber von den teilgeständigen Mitangeklagten und unbeteiligten Tatzeugen belastet: Sie bestätigten, dass er „Negerschwein“ gerufen und auf das Opfer eingetreten hatte. Sein Beitrag genügte, um auch ihn als Gehilfen eines versuchten Mordes zu verurteilen: Wer angesichts einer brutalen ausländerfeindlichen Tat seine eigene feindliche Gesinnung zum Ausdruck bringt, bestärkt und billigt die Bereitschaft des Täters, zu töten, und ist Gehilfe.

Die Jugendkammer des Landgerichts Potsdam verurteilte Silvio A., Bertram S. und Marco S. im Dezember 1993 zu vier, drei sowie drei Jahren und sechs Monaten Jugendstrafe. Wegen Flucht- bzw. Verdunklungsgefahr ordnete es die Untersuchungshaft an. Sie wurden nach der Urteilsverkündung im Sitzungssaal verhaftet und verbrachten Weihnachten 1993 in der für sie zuständigen Justizvollzugsanstalt.

Die Eltern von Bertram S. waren nicht bereit, die Verurteilung ihres Sohnes zu akzeptieren und schrieben am 16. Januar 1994 nahezu gleichlautend an den Präsidenten des Landgerichts Potsdam, den 5. Senat des BGH in der Witzlebenstrasse in Berlin und die Präsidentin des Deutschen Bundestages Frau Prof. Rita Süssmuth. In dem Schreiben warfen sie mir unter anderem Voreingenommenheit vor und verwiesen auf „Ihnen bekannte Schauprozesse zu DDR-Zeiten", die Mutter darüber hinaus auf ihre Tätigkeit als Schöffin in der DDR. Von der Unschuld ihres Sohnes, der das Weihnachtsfest in Untersuchungshaft verbringen musste, waren sie überzeugt. Und sie unterstellten mir zu ihrer Entlastung etwas, was mich als Strafrichter besonders traf. Sie konnten sich nicht des Eindrucks erwehren, dass das Gericht unter Zugzwang stand, unter allem Umständen einen Präzedenzfall konstruieren zu müssen:

> Es war unschwer zu erkennen, dass der Vorsitzende des Jugendsenats, Herr Dr. Przybilla, noch unter dem Einfluss der an ihm vom Brandenburgischen Justizminister geübten Kritik bezüglich des Ausgangs des sogenannten Sachsenhausenprozesses stand.

Ihre Reaktion war offensichtlich ihrer narzisstischen Kränkung geschuldet: Es war der Vorsitzende des Gerichts, welcher ihrem Sohn die Zukunft verbaut hatte. Sie blendeten damit ihre eigene Verantwortung und die im Urteil getroffenen Feststellungen aus. Danach war seine Entwicklung nicht geradlinig verlaufen. Er war ein mittelmäßiger Schüler und für eine berufliche Ausbildung bis zum Ereignis in „Ollis Disco" nicht zu begeistern. Und den Eltern war entgangen, dass ihr Sohn in einer rechtsradikalen Clique unterwegs war. Im Übrigen hatten sie bis zur Hauptverhandlung trotz erdrückender Beweise an der Legende festgehalten, dass ihr Sohn mit der Gewaltorgie seiner Freunde nichts zu tun habe: „Er habe davon nichts mitbekommen, sondern am Spielautomaten gedaddelt". Dass er sich – anwaltlich beraten – nicht zu einem Geständnis entschließen konnte, durfte ihm nicht zum Vorwurf gemacht werden, dass er seine Eltern belogen hatte, sehr wohl. Und dass er inzwischen eine Berufsausbildung begonnen hatte, genügte nicht, ihn angesichts seines verbliebenen Erziehungsbedarfs und seiner persönlichen Schuld mit einer bewährungsfähigen Jugendstrafe zu belohnen: „Jugendstrafrecht ist nicht dazu da, Schuld zu bagatellisieren".

Der 5. Senat des BGH verwarf die Revision der Angeklagten am 23. August 1994 als unbegründet und eine Nachfrage ergab, dass sich „die Sch.s" zu keinem Zeitpunkt nach dem Befinden von Steve Erenhi erkundigt hatten.

Es folgten drei weitere Verfahren gegen inzwischen namentlich bekannt gewordene Gehilfen, und das Verfahren gegen Mario M., Axel M. und Bruno J. nahm einen anderen Verlauf: Es endete mit Bewährungsstrafen, weil sie, in Kenntnis des Ausgangs des ersten Verfahrens, umfassende Geständnisse abgelegt, bisher noch unbekannte Gehilfen namentlich benannt und sich aus der Skin-Szene verabschiedet hatten.

Während die Presse moderat über „Milde Urteile in Potsdam" berichtete, sah sich Frau Irene M. aus Erkner genötigt, unter Bezugnahme auf den *Berliner Kurier* gegenüber dem Justizminister ihrem Rechtsempfinden freien Lauf zu lassen. In ihrem Schreiben vom 25. Januar 1995 brandmarkte sie das Urteil als „Verhöhnung des Opfers“ und bat:

> Bitte leiten Sie diesen Brief auch an Herrn Przybilla weiter. In der Hoffnung, dass ihn einmal ein paar Neonazis treffen, über seinen Namen stolpern und schlussfolgern, dass er kein Deutscher ist.
>
> Mit „keinen freundlichen“ Grüßen
>
> Irene M.

Das Ministerium der Justiz ignorierte die „unfreundlichen Grüße“. Und anstatt das Schreiben mit dem Vermerk „Querulantin, weglegen" unbeachtet zu lassen, bedankte es sich für ihr Schreiben so:

> Sehr geehrte Frau M.,
>
> für ihr Schreiben vom 25. Januar 1995 danke ich ihnen.
>
> Ich bin mit Ihnen der Auffassung, dass rechtsradikalen Gewalttätern mit aller Entschiedenheit entgegengetreten werden muss. Dazu leistet auch die Justiz ihren Beitrag. Zu den rechtsstaatlichen Prinzipien gehört allerdings auch, dass ein Gericht in seiner Entscheidung unabhängig ist. Deswegen ist es mir auch nicht möglich, die von Ihnen erbetene Überprüfung vorzunehmen. Es ist Sache unabhängiger Gerichte, sich in rechtsstaatlich einwandfreien Verfahren ein Urteil über die von der Staatsanwaltschaft zur Anklagegebrachten Vorwürfe zu bilden. Sowohl der Angeklagte als auch die Staatsanwaltschaft haben sodann das Recht, Rechtsmittel gegen das Urteil einzulegen.
>
> Die zunächst mündlich gegebene Urteilsbegründung hat – ebenso wie Sie – den leitenden Oberstaatsanwalt in Potsdam nicht zu überzeugen vermocht. Er hat deshalb gegen das Urteil das Rechtsmittel der Revision eingelegt.
>
> Ihr Schreiben habe ich im Übrigen an den Präsidenten des Oberlandesgericht weitergeleitet.
>
> Mit freundlichen Grüßen
>
> Im Auftrag
>
> Dr. Lemke

Ich schrieb ihm am 29.März 1995 so zurück:

> Sehr geehrter Herr Minister,
>
> Der Präsident des Landgerichts hat mir die Eingabe der Frau Irene M. und Ihr Antwortschreiben übersandt. Ich hätte mir gewünscht, dass Sie in Ihrem Antwortschreiben – Ihrer Führsorgepflicht entsprechend – dem letzten Absatz dieses Schreibens entgegengetreten wären.
>
> Ihre Anmerkung, dass die von mir zunächst „mündlich vorgetragene Urteilsbegründung" den leitenden Oberstaatsanwalt nicht zu überzeugen vermochte, halte ich für entbehrlich; der Hinweis, dass auf das Strafmaß beschränkte Revision eingelegt wurde, hätte meines Erachtens genügt.

Um Sie über den Artikel des Berliner Kurier vom 25. Januar hinaus zu informieren, erlaube ich mir, den Wortlaut der von mir vorgetragenen Urteilsbegründung beizufügen.

Hochachtungsvoll

(Dr. Klaus Przybilla)

Der Justizminister hatte einmal mehr vergessen, meine richterliche Unabhängigkeit zu verteidigen; unter Nichtbeachtung der mir geschuldeten Fürsorgepflicht reagierte er auf Frau M.s Brief opportunistisch. Aber er hätte nach einem verbalen Schlagabtausch im Zusammenhang mit dem Brandanschlag auf die „jüdische Baracke" auf dem Gelände der Nationalen Mahn- und Gedenkstätte Sachsenhausen wissen müssen, dass ich keine narzisstischen Kränkungen zulasse. Die Reaktion des Landesjustizministers auf das Schreiben der Irene M. hatte mir einmal mehr bestätigt, dass ich für meine richterliche Unabhängigkeit allein verantwortlich war und sie auch allein verteidigen musste.

Ein besonderes Fehlurteil

Wegen der eingangs beanstandeten politischen Versäumnisse mussten sich Strafgerichte bei der Aufklärung rechtsradikal motivierter Taten auch mit strukturiertem Rassismus der Polizei beschäftigen, weil z.B. die Bundespolizei bei einem Einsatz im Regionalverkehr einen verletzten „Schwarzafrikaner" wie den Täter behandelte und es nicht für nötig hielt, den Vorfall ordnungsgemäß aufzunehmen.

Im Zentrum eines Berufungsverfahrens stand, dass ein erstinstanzliches Jugendgericht unterlassen hatte, aussagebereite Fahrgäste eines Regionalzuges als Zeugen zu laden. Das Unterlassen hatte zur Folge, dass lediglich der „Haupttäter" wegen vorsätzlicher Körperverletzung verurteilt wurde; drei weitere an einem schrecklichen ausländerfeindlichen Tatgeschehen Beteiligte wurden freigesprochen. Zwei der Freigesprochenen waren schon einschlägig in Erscheinung getreten; ihre Opfer waren jeweils Schwarzafrikaner. Ohne die Zivilcourage der im Berufungsverfahren gehörten Zeugen wäre das Tatgeschehen nicht aufgeklärt worden und einem weiteren Tatopfer Unrecht widerfahren. Das Urteil wurde auf die Berufung der Staatsanwaltschaft aufgehoben, die des schlecht beratenen 18jährigen Haupttäters hatte keinen Erfolg. Wegen der staatsanwaltschaftlichen Berufung konnte er sich nicht auf die *reformatio in peus*, das Verbot der Schlechterstellung, berufen; sein Schuldspruch und der Rechtsfolgeausspruch wurden verschärft:

Die Angeklagten waren Fans des Fußballclubs Hertha BSC. Sie hatten sich am 22.November 1997 im Berliner Olympiastadion ein Spiel der Hertha angesehen und bestiegen gegen 19:17 Uhr alkoholisiert den ersten Waggon des Regionalzugs 5298 von Berlin-Wannsee nach Beelitz. Im Raucherabteil saß bereits Martin A. aus Ghana. Er war auf dem Weg zu seinen in Beelitz wohnenden Pflegeeltern. Martin trug eine Schreckschusspistole und ein Fleischerbeil bei sich, und das nicht ohne Grund: Er war schon am 16. September 1994 Opfer eines ausländerfeindlichen Übergriffs geworden. Sechs Skinheads hatten ihn mit einem Messer attackiert und aus der S-Bahn geworfen. Ihm mussten das linke Bein unterhalb des Knies und zwei Zehen am rechten Fuß amputiert werden.

Der Wortführer und spätere Hauptangeklagte M. nahm ihm gegenüber Platz und belegte ihn sofort mit „Bimbo, gib mir eine Zigarette". Martin verweigerte und erlaubte sich, zu hinterfragen, warum er ihn „Bimbo" nenne. Er blieb die Antwort schuldig und begann „Deutschland ist für Deutsche, Ausländer raus" zu singen. Die Freunde fanden das lustig. Sie klatschten und grölten „Du Ausländer, was willst du hier, Neger gehören nach Afrika". M. fühlte sich bestärkt und spuckte Martin an. Als Martin seine Schreckschusspistole zog, schlug ihm der Hertha-Fan die Faust auf das linke Auge. Martin schoss und traf M. unterhalb des rechten Auges. Wegen der Gasentwicklung nach Schussabgabe entstand im Abteil Panik: Während M. am Boden lag und jammerte, zog der einschlägig vorbestrafte W. um 19:35 Uhr die Notbremse.

Martin flüchtete in Richtung Führerabteil und traf dort die Zugbegleiterin. Ihr erzählte er, was ihm widerfahren war. Sie schilderte als Zeugin im Berufungsverfahren seinen Zustand so: „Martin A. habe in der rechten Hand eine Pistole gehalten und in der linken ein Fleischerbeil und sei sehr verängstigt gewesen". Sie brachte ihn im Erste-Klasse-Abteil in Sicherheit und leistete seinem Peiniger wegen seiner Augenverletzung Erste Hilfe.

Während der Zug infolge der Notbremsung außerplanmäßig stand, näherten sich drei seiner Gesinnungsgenossen, die jugendlichen Angeklagten W., Sch. und Kr. über das Oberdeck dem Abteil Sie forderten laut: „Wir wollen den Neger" und schnallten ihre mit Metall beschlagenen Gürtel ab. Und der Angeklagte W. schrie einen Fahrgast, den späteren Zeugen Cordes, an, „er solle Platz machen, er wolle das Schwein aufhängen".

Schließlich erschien die Bundespolizei. Obwohl sich den Beamten *prima facie*, aufgrund des Beweises des ersten Anscheins, aufdrängen musste, dass Martin Opfer und nicht Täter war, nahmen sie auch ihn fest. Ein Beamter des Bundesgrenzschutzes (BSG) bat die aussagebereiten Fahrgäste, bis zur Aufnahme ihrer Personalien im Erste-Klasse-Abteil zu warten; sie warteten vergeblich: Die Bundespolizei hatte sie vergessen. Und hätte der Zeuge Cordes nicht die Personalien aufgeschrieben und der von ihm beauftragte Rechtsanwalt aus Stuttgart sie nicht der Staatsanwaltschaft in Potsdam mitgeteilt, wären prozessentscheidenden Zeugen nie gehört worden. Das betrifft insbesondere den Zeugen Cordes, dessen Schilderung die Jugendkammer am Rechtsaat zweifeln ließ: Er bestätigte nicht nur das vergebliche Warten, sondern auch, dass BSG-Beamten die Hertha-Fans „sehr freundlich", den Schwarzafrikaner dagegen „rüde" behandelt hätten.

Die Berufungskammer konnte in der Verhandlung das Geheimnis lüften, warum die Augenzeugen vom Jugendgericht nicht vernommen worden waren: Der Schriftsatz, der die Anschriften der Zeugen enthielt, lag dem für dieses Verfahren zuständigen Staatsanwalt im Zeitpunkt der Anklageerhebung am 22.Januar nicht vor; er war einem „anderen Verfahren" und damit einer anderen Abteilung zugeordnet worden. Der vom Berliner *Tagesspiegel* am 16.Dezember erhobene Vorwurf, die Namen der Zeugen seien im Zug aktenkundig gemacht worden, sie – die Staatsanwaltschaft – habe die Ladung der Zeugen nicht für nötig befunden, war daher falsch.

Ihre Namen waren aber nach Anklageerhebung mit Schriftsatz der Vertreterin der Nebenklage am 24. März 1998 dem zuständigen Amtsgericht mitgeteilt worden. Sie waren damit Bestandteil des Ermittlungsvorgangs.

Der Fehler der Staatsanwaltschaft konnte in der Berufungsinstanz korrigiert werden. Aber dass die Zeugen erstinstanzlich nicht geladen worden sind, blieb ein eklatanter

Verstoß richterlicher Aufklärungspflicht; er hatte aber keine beruflichen Konsequenzen: Ein Fehler, der nicht als Rechtsbeugung ausgelegt werden kann, ist vom Richterprivileg, Art 97 GG, gedeckt. Es gab nur eine Möglichkeit, das erstinstanzliche Fehlurteil öffentlich zu machen; es war die Aufhebung des Urteils und die Verurteilung gewaltbereiter und ausländerfeindlicher Hertha-BSC-Fans.

Der Angeklagte M., dessen Berufung keinen Erfolg hatte, wurde der Volksverhetzung in Tateinheit mit vorsätzlicher Körperverletzung und Beleidigung schuldig gesprochen, die übrigen 16Jährigen lediglich der Volksverhetzung in Tateinheit mit Beihilfe zur vorsätzlichen Körperverletzung und Beleidigung.

Bemerkenswert war neben der Zivilcourage der Zeugen die Bemerkung der mitreisenden Mutter zweier Kinder: Sie hatte für die jugendlichen Straftäter lediglich ein schlichtes „Ihr seid dumm" übrig.

Ob gegen die „vergesslichen" Beamten des Bundesgrenzschutzes ein Disziplinarverfahren eingeleitet bzw. wegen Strafvereitelung im Amt ermittelt worden ist, entzieht sich meiner Kenntnis.

Der Überfall auf die Gaststätte „Grüner Baum“

Eine Sternstunde der Justiz

Am Abend des 7. September 1991 trafen sich 20 Personen im Alter von 15 bis 22 Jahren am Imbissstand vor dem Jugendclub in Königs Wusterhausen. Es war eine Clique nationaler Gesinnung, die sich dort verabredete, die Gaststätte „Grüner Baum“ in Wolzig zu überfallen. Ziel des Überfalls war, Thorsten Bennewitz zu verprügeln. Thorsten hatte nämlich eine dunkle Hautfarbe und entsprach nicht ihrem rassistisch geprägten völkischen Weltbild. Und er war dort Stammgast.

Sie fuhren mit sechs PKWs nach Wolzig, die weiblichen Mitglieder der Gruppe mussten bis zur Rückkehr ihrer Helden warten. Nur die spätere Zeuginnen Innes L. und Kathrin S. durften ihre Freunde begleiten. Gegen 21:45 Uhr stellten sie ihre Fahrzeuge auf dem Parkplatz ab. Die jungen Männer maskierten sich und stellten sich, mit Baseballschlägern bewaffnet, in „Reih und Glied“ auf. Einige trugen Stahlhelme. Sie erreichten im Gleichschritt die Gaststätte. Die beiden Mädchen folgten ihnen, hielten aber Abstand.

Gegen 22:00 Uhr drang die zum Angriff bereite Gruppe in den Gastraum ein. Er war mit 80 Gästen der Disko-Veranstaltung gut besucht. Unmittelbar nach dem Betreten des Gastraumes schlugen sie mit ihren Baseballschlägern wahllos auf die anwesenden Gäste und das Inventar ein. Einer der Täter zündete einen Feuerwerkskörper und rief: „Wo ist das Negerschwein?“ Sie entdeckten Thorsten und prügelten auf ihn ein: Er erlitt ein Schädelhirntrauma, eine Schwellung der rechten Wange und eine 2 cm große Platzwunde der Wangenschleimhaut rechts. Fünf der anwesenden Gäste wurden zum Teil schwer verletzt, und an der Einrichtung der Gaststätte entstand ein Sachschaden von etwa 9.000,- DM; die Musikanlage wurde zerschlagen.

Auf das Zeichen eines Mittäters zogen sich die an der Aktion Beteiligten zurück. Auf dem Rückweg zum Parkplatz gab es Stress: Sie trafen Innes und Kathrin, die sich nicht an die Weisung, im PKW zu warten, gehalten hatten. Anschließend fuhren sie in den Jugendclub zurück und feierten bis in die frühen Morgenstunden ihren „Sieg“

Die Ermittlungen erwiesen sich wegen der Maskierung der Täter als schwierig. Die Beweislage hellte sich allerdings auf, als Innes L. am 27. September 1991 auf der Polizeiwache in Königs Wusterhausen erschien. Ihr Freund Maik, der an dem Überfall auf den „Grünen Baum“ beteiligt war, hatte sie anlässlich einer Auseinandersetzung verletzt, was sie zur Anzeige bringen wollte.

Da ihre Zugehörigkeit zur örtlichen Skinhead-Szene bekannt war, sprachen Beamten sie auf den Vorfall in Wolzig an. Und sie war aus Verärgerung über das Verhalten ihres Freundes zur Aussage bereit: Sie berichtete über die Verabredung am Imbissstand und nannte alle Beteiligten.

Dass sie selbst in Wolzig und damit beteiligt war, verschwieg sie aus nachvollziehbaren Gründen; sie wollte sich nicht der Gefahr einer strafrechtlichen Ermittlung aussetzen. Für die Ermittlungsbehörde wurde sie zur Kronzeugin und für ihre Gesinnungsgenossen eine „Verräterin". Dass die Staatsanwaltschaft Potsdam vergaß, ihre Aussage für den Fall eines Widerrufs ihrer Aussage durch eine richterliche Vernehmung „wasserdicht" zu machen, sollte im letzten von drei Strafverfahren zur Causa „Grüner Baum" für die Jugendkammer zum Problem werden:

In der am 7. Februar 1994 beginnenden ersten Hauptverhandlung zum Komplex „Grüner Baum" offenbarte Innes als Zeugin der Anklage, dass sie mit ihrem Freund Maik zum „Grünen Baum" mitgefahren sei, sich aber inzwischen aus der Skinhead-Szene „gelöst" habe. Damit war sie nicht mehr nur Zeugin vom Hören-Sagen, sondern beteiligte Augenzeugin. Sie hatte nunmehr das Recht, die Auskunft zu verweigern: Niemand muss sich vor Gericht selbst beschuldigen. Innes berief sich nicht auf dieses Recht, sondern berichtete über ihre bei der Polizei gemachten Angaben hinaus, was zur Verurteilung der fünf Angeklagten führte: „Sie habe gesehen, wie die maskierten und bewaffneten Angeklagten die Gaststätte betreten und nach Lärm und Geräuschen von berstendem Glas und Holz fluchtartig verlassen hätten".

Obwohl einem Zeugen sechs gleichzeitig eintreffende Fahrzeuge auf dem Parkplatz und die „militärische Aufstellung" der Insassen aufgefallen waren und er die Kennzeichen der PKWs aufgeschrieben hatte, bestritten die Angeklagten ihre Tatbeteiligung und bezichtigten die Zeugin der Lüge oder machten von ihrem Schweigerecht Gebrauch. Und sie benannten 11 Alibizeugen, die für sie logen. Sie konnten aber – wie die der Mittäter in den folgenden Strafverfahren – ihre Verurteilung unter anderem wegen gefährlicher Körperverletzung und Sachbeschädigung nicht verhindern.

Im dritten und letzten Prozess erschien Innes L. zwar, machte aber nach Belehrung gem.§ 55 StPO von ihrem Auskunftsverweigerungsrecht Gebrauch. Ihre Verweigerung überraschte Sitzungsvertretung der Staatsanwaltschaft und Gericht gleichermaßen. Obwohl sie sich angeblich aus der Szene gelöst hatte und „durch eine offene Auseinandersetzung mit den damaligen Vorgängen abschließen wollte", konnte sie dem Druck und den Bedrohungen ihrer Ex-Freunde nicht widerstehen. Und sechs Strafverteidiger – sie waren offensichtlich schon vorab von ihren Mandanten informiert worden – frohlockten: Sie beantragten in Erwartung eines Freispruchs der Angeklagten, die Beweisaufnahme zu schließen, denn ohne die Aussage der Kronzeugin war aus ihrer Sicht eine Verurteilung nicht zu erwarten.

Bekanntlich gibt es keine Probleme, sondern nur Lösungen. Und die Lösung saß an diesem Verhandlungstag in der Kantine des Landgerichts: Es war der beisitzende

Richter und Berichterstatter des ersten und am 14. Februar zu Ende gegangenen Verfahrens Jörg T. Er war inzwischen zum Brandenburger Oberlandesgericht abgeordnet und zufällig im Haus. Der Kollege war an „einer früheren Vernehmung" von Innes L. beteiligt und durfte als sogenannte Verhörsperson über die in sein Wissen gestellte frühere Aussage der Zeugin vernommen werden.

Die protestierenden Verteidiger orchestrierten noch – allerdings vergeblich – die Forderung nach einem Verwertungsverbot der früheren Aussagen der Zeugin gem. § 252 StPO, konnten aber nach der erneuten Beweisaufnahme die Verurteilung ihrer Mandanten nicht verhindern. Ihre Revisionen zum BGH hatten keinen Erfolg.

Im ersten Verfahren sah ich mich zu einer Anmerkung veranlasst:

> Die Tat ist Ausdruck diffuser Ausländerfeindlichkeit und Gewaltbereitschaft. Die Angeklagten rekrutieren sich aus einem Kreis von Strukturproblemen dieses Bundeslandes und von Arbeitslosigkeit bedrohter junger Menschen. Ich beanstande die Ermittlungsarbeit der Polizei und den Zeitablauf von 2 1/2 Jahren bis zur Anklageerhebung. Die Jugendkammer hofft, dass die nunmehr Verurteilten zu denjenigen gehören, die lernfähig sind, und diese Tat für sie eine Episode und nicht Ausdruck einer manifesten Ausländerfeindlichkeit war.

Es war das letzte Mal, dass ich hoffte; in der Zeit danach war ich eher desillusioniert.

Rechte Gewaltverbrechen in Trebbin

Wie der Ort überregional zur Chiffre rechtsextremer und ausländerfeindlicher Gewalt in Brandenburg wurde

Trebbin ist eine romantische Stadt im Herzen des Teltow-Fläming.

Am 30. September 1996 trafen sich ein 22-jähriger Wehrpflichtiger der Bundeswehr, Jan W. im Rang eines Obergefreiten, und sein 20-jähriger Freund Francesco H., ein arbeitsloser Maurer, mit Freunden an der dortigen elf-Tankstelle. Sie tranken dort Bier und „Braunen". Auf einem gegenüberliegenden Gelände befanden sich Baustellen, auf denen überwiegend Italiener arbeiteten. Sie wohnten in Baucontainern. Als ein Freund erschien und berichtete, auf der Berliner Straße sei eine Gruppe von Italienern unterwegs, beschlossen Jan und Francesco , sie zu suchen und sich mit den Italienern „auseinanderzusetzen". Es waren die späteren Zeugen Giovanni Andreozzi, de Lucca und Orazio Gianblanco, die nach einem Besuch eines Cafés in der Innenstadt auf dem Weg zu Ihren Unterkünften waren; lediglich der 55-jährige Orazio, der 30 Jahre in Bielefeld gelebt hatte, sprach deutsch.

Der Freund, die 17jährige spätere Zeugin Sch. und die spätere Zeugin W. setzten sich in den Trabi des Obergefreiten. Im PKW befand sich ein Baseballschläger und Francescos Schreckschusspistole. Alle vier waren angesichts der hohen Arbeitslosigkeit in Trebbin der Meinung, dass ausländische Arbeiter „hier nichts zu suchen hätten". Jan W. entdeckte die Italiener. Er wendete seinen PKW, fuhr im Schritttempo auf und fragte (was er schon wusste, weil er sie kannte): „Seid Ihr Italiener?" Nachdem Giovanni Andreozzi, der die Frage verstanden hatte, mit „Sí" geantwortet hatte, überholte er sie und bog auf einen Parkplatz ab. Die beiden später Verurteilten – Jan mit seinem Baseballschläger und Francesco mit seiner Pistole bewaffnet – stiegen aus und versteckten sich hinter einer Telefonzelle in Höhe der gegenüberliegenden Rettungsstelle der Johanniter, dort warteten sie. Die beiden Mädchen blieben weisungsgemäß im Trabi sitzen. Als die Italiener die Telefonzelle passierten, stellte sich W. ihnen in den Weg und schlug mit seinem Baseballschläger Orazio Gianblanco mit voller Wucht auf den Kopf. Sein Freund de Lucca, der helfen wollte, wurde von Heym davon abgehalten; er versetzte ihm einen Tritt an den Hals und hielt ihn mit seiner Pistole in Schach.

Ohne sich um den ohnmächtig auf dem Boden liegenden Orazio Gianblanco zu kümmern, stiegen die später Verurteilten in den Trabi und fuhren zurück zur Tankstelle. Unterwegs äußerte W.: „Ich habe wohl zu doll zugeschlagen".

Giovanni Andreozzi hatte sich inzwischen in Sicherheit gebracht und trug den besinnungslosen Freund mit de Lucca in die gegenüberliegende Rettungsstation. Der Rettungssanitäter veranlasste die Überführung ins Kreiskrankenhaus Luckenwalde. Dort stellten die Ärzte einen Schädelbruch und epidurale Einblutungen fest. Der Patient war zu diesem Zeitpunkt ansprechbar und konnte schildern, was ihn widerfahren war. Er verlor aber gegen Mitternacht sein Bewusstsein und musste notoperiert werden. Am 24.Oktober wurde er ins heimatnahe Franziskushospital in Bielefeld transportiert und erwachte erst nach dem 20.November in der Reha-Klinik in Lindenburg aus dem Koma. Die linke Körperhälfte war vollständig, die rechte hochgradig gelähmt. Er lebt als körperlich und geistig Behinderter in seiner Heimat Italien.

Die Gewaltorgie vom 30. September 1996 war damit aber noch nicht zu Ende: Während sich die Ärzte bemühten, Orazio Gianblancos Leben zu retten, waren die später Angeklagten und die beiden Mädchen wieder zurück auf das Tankstellengelände gefahren, um im Freundeskreis zu berichten, was im Ort „vorgefallen“ war. Sie entdeckten Giovanni Andreozzi und de Lucca auf dem Weg zur Unterkunft. Diese hatten Orazio Gianblanco zur Rettungsstation getragen; der Rettungssanitäter hatte sich geweigert, sie im Rettungswagen ins Krankenhaus mitfahren zu lassen. Jan W. holte seinen Baseballschläger aus dem Wagen und nahm mit seinen Freunden und zwei PKWs die Verfolgung auf. Sie holten die Italiener ein und begannen, auf Giovanni Andreozzi einzuprügeln, nachdem dieser auf die Frage „Seid Ihr Italiener?“ wieder mit „Sí“ geantwortet hatte. Sie brachen ihm das Nasenbein und mehrere Rippen. De Lucca war es unterdessen gelungen, davonzulaufen und sich in Sicherheit zu bringen. Er hatte sich versteckt und kümmerte sich um den Freund, dessen Lunge durch eine gebrochene Rippe perforiert war.

Nach Rückkehr zur Tankstelle brüstete sich Jan W. in Anwesenheit der Jugendlichen: „Den einen Itaker habe ich mit dem Baseballschläger in die Fresse geschlagen, der blutet wie ein Schwein“. Und während sich die Ärzte bemühten, Orazio Gianblancos Leben zu retten, belohnte die 17jährige L. Jan W. in der Küche eines Freundes mit sexuellen Freizügigkeiten.

Am ersten Verhandlungstag überraschte W.s Verteidiger das Gericht mit dem Vorwurf an die Staatsanwaltschaft,

> die Anklage sei gekennzeichnet von einer pöbelhaften Rachsucht, Ausländerfeindlichkeit sei eine billige Phrase, mit der die Ermittler nur Erwartungen einer auf Sensation bedachten Öffentlichkeit erfüllten.

und beantragte mit dem Verteidiger von H., der von der Ermittlungsbehörde angeblich „lange an der Akteneinsicht gehindert worden“ war“, die Einstellung des Verfahrens. Zur Begründung führte Dr. Eisenecker aus, „sein Mandant sei bei den Vernehmungen von Polizei und Staatsanwalt massiv bedrängt worden, das passe ins Regime einer Bananenrepublik“. Den im Gerichtssaal anwesenden Skinheads gefiel der Vorwurf: Sie skandierten „Bravo Eisenecker“. Frank Jansen vom *Tagesspiegel* registrierte meine Sprachlosigkeit, und wusste über diesen Rechtsanwalt unter anderem zu berichten, dass „dieser Anwalt der rechtsextremen Szene nahe stehe und bei einem Verfahren gegen den Berliner Neonazi Hans-Christian Wendt Verständnis für dessen Zweifel am Holocaust gehabt habe“ und „sein Name auch auf der Unterschriftenliste der NPD zur Demonstration gegen die Wehrmachtsausstellung in München gestanden habe, an der 5.000 Rechtsextremisten teilgenommen hätten“. Als Pflichtverteidiger hätte ich ihn ohne Gebührenanspruch „entpflichten“ und nach Hause schicken können, als Wahlverteidiger musste das Gericht ihn ertragen. Zu den Urteilsfeststellungen der Jugendkammer gehörte auch:

> Nachdem gegen Jan W. am 4. Oktober 1996 Untersuchungshaft angeordnet worden war, trafen sich Francesco Heym, der erst am 7. November festgenommen wurde, und die späteren Zeuginnen Sch. und W. mit dem Verteidiger von Jan W., Rechtsanwalt Dr. Eisenecker aus Goldenbow, in der Raststätte Michendorf, um eine Verteidigungsstrategie zu erörtern.

Die beiden Frauen bedienten in der Beweisaufnahme als Zeuginnen der Verteidigung vor Gericht erwartungsgemäß einen von diesem „unwürdigen“ Rechtsanwalt gestellten Beweisantrag und bekundeten eine Notwehrsituation: Auf die Frage, was sie hier wollten, habe einer der Italiener geantwortet „Wir sind hier, um eure Frauen zu ficken“, und anschließend einen Pflasterstein aufgehoben. Meinen Hinweis auf die Wahrheitspflicht an die 17-jährige Zeugin Sch., dass es dort keine Pflastersteine gebe und „sie möge doch bedenken, dass ihr ‘Hero‘ Jan ausweislich seiner Vernehmung als Beschuldigter im Ermittlungsverfahren lediglich angegeben habe, „die Italiener hätten sie angekiekt und irgendwas gefaselt“, und von „Wir sind hier, um eure Frauen zu ficken“, sei nicht die Rede gewesen, nahm Rechtsanwalt Dr. Eisenecker zum Anlass, im Namen seines Mandanten den „unaufschiebbaren“, aber erfolglosen Antrag zu stellen, mich wegen der Besorgnis der Befangenheit als gesetzlichen Richter abzulehnen.

Giovanni Andreozzi musste mehrere Wochen behandelt werden. Er erschien später – immer noch traumatisiert – als Tatzeuge zur Beweisaufnahme vor Gericht. Giovanni war zu einer Aussage erst bereit, nachdem ich im versichert hatte, dass er im Sitzungssaal „so sicher wie in Abrahams Schoß sei“. Er verabschiedete sich nach seiner Vernehmung mit „Nie wieder Deutschland“.

Nachdem die Jugendkammer den Einstellungsantrag abgelehnt, den Befangenheitsantrag als unzulässig verworfen und unzählige und unsinnige Hilfsbeweisanträge zurückgewiesen hatte, erkannte sie nach sechs turbulenten Verhandlungstagen am 23. April 1996 für Recht, dass die Angeklagten des versuchten Mordes schuldig seien: Sie verurteilte Jan W. zu einer Freiheitsstrafe von 15 Jahren und erkannte damit auf die Höchststrafe (§§ 23 Abs. 2, 38 Abs. 2 StGB). Francesco H., der wegen seines Alters von noch nicht 21 Jahren die Zuständigkeit der Jugendkammer begründete, wurde zu einer Jugendstrafe von acht Jahren verurteilt.

Zu der erfreulichen Feststellung der Jugendkammer gehörte, dass die Trebbiner im Gegensatz zu Mahlow und Dolgenbrodt nach dem Tatgeschehen ein Zeichen gegen Ausländerhass setzten und eine spontane Demonstration vor dem Rathaus organisierten, für die sich der italienische Generalkonsul in Berlin Paolo Faiola später persönlich bedankte.

Das Strafmaß und die von mir zur Begründung des Urteils vorgetragene Bemerkung, „die Kammer sei der Meinung gewesen: jetzt reicht es", löste im Übrigen diverse Reaktionen aus. Irritierend war die telefonische Anfrage des damaligen Vize-Präsidenten des Brandenburgischen OLG, „Sie haben ja die Höchststrafe verhängt?" Ich entgegnete ihm, „dass Höchststrafen dazu da seien, um bei höchster persönlicher Schuld auch verhängt zu werden". Abgesehen davon, dass solche Anrufe peinlich sind, berühren sie auch den Kernbereich richterlicher Unabhängigkeit und sollten deshalb überhaupt nicht angenommen werden.

Als die *Potsdamer Neuen Nachrichten* (PNN) am 20. Januar 1998 veröffentlichten, „dass der BGH die Revision gegen die Urteile vom April 1997 am 6. Januar verworfen und damit das härteste Urteile, das jemals in Brandenburg gegen Rechtsradikale gefällt worden sei, bestätigt habe", blieb der Anruf aus der Justizverwaltung aus.

Über das Urteil wurde bundesweit berichtet. Und mich erreichte der Shitstorm auch aus dem Westen. Bemerkenswert war die Zuschrift des Herrn Ehrenfried F. aus Cappeln. Er ließ mich wissen, was er „als ehemaliger Häftling der SED" von dem Urteil hält, und hatte kein Problem, sein Weltbild öffentlich zu machen:

> Betr.: Politisches Terrorurteil vom April 1997 durch die 2. Strafkammer des Landgerichts Potsdam Jan W. wegen Körperverletzung.
>
> Sehr geehrte Damen und Herrn !
>
> Als ehemaliger politischer Häftling der SED / SSD und der Terrorjustiz Ostzone / DDR, protestiere ich gegen das politische Urteil. Das Terrorurteil hat politische Motive und widerspricht jedem normalen Rechtsempfinden. Hat sich in der ehemaligen Ostzone nichts geändert? Ich unterstütze bestimmt keine Körperverletzung, so etwas soll natürlich bestraft werden, aber nicht doch nicht mit Justizterror wie in alten Zeiten. Hier handelt es sich um schwere Körperverletzung und nicht um Mord.
>
> Sogar für Totschlag oder gar Mord gibt es hier im Westen nur vier Jahre Haft. Was soll bei euch da drüben immer noch der Justizterror? Habt ihr da drüben nichts gelernt? Sicher war es ein Italiener (Ausländer). Die meisten Morde – Körperverletzungen – und andere kriminelle Handlungen begehen heute Ausländer (62 %), die sind keine Engel und halten Deutschland in Atem. Dies alles haben die unterstützt (CDU), die auf andere zeigen, nämlich die, die jedes Mal erklären „wir sind kein Einwanderungsland", obwohl inzwischen schon 10 Millionen unser Land einnehmen. Mich persönlich wundert, dass das deutsche Volk sich dies von Politikern gefallen lasst. Blieben die Ausländer in ihren Ländern, wäre in Deutschland mehr Ordnung und Sicherheit und wir könnten ruhiger schlafen.
>
> Hochachtungsvoll Ehrenfried F.

Ps.:

Der im Strafvollzug „vom Saulus zum Paulus“ mutierte Jan W. stellte sich im Übrigen noch während des Vollzugs in der Justizvollzugsanstalt der Staatsanwaltschaft als Kronzeuge für noch nicht bekannte Straftaten aus der Neonazi-Szene zur Verfügung.

Rechte Gewaltverbrechen in Mahlow

Mahlow 1: Der Steinewerferprozess

Am 2.Dezember 1996 verkündete die Jugendkammer des Landgerichts Potsdam ein Urteil, welches bundesweit kommentiert wurde, weil die ihr zugrundeliegende Tat vom 16. Juni 1996 in einem Ort im Landkreis Teltow-Fläming über die BRD hinaus Entsetzen hervorrief. Es sollte nicht die Letzte sein. Opfer eines ausländerfeindlichen Übergriffs in Mahlow waren bis zu diesem Zeitpunkt schon der Besitzer eines China-Restaurants und sein dort beschäftigter dunkelhäutiger Tellerwäscher. Aufmerksamkeit bekam das Urteil auch deshalb, weil die Kammer wegen des Nachtatverhaltens des 24-jährigen Mario P. mit acht Jahren Freiheitsstrafe über den Strafantrag der Staatsanwaltschaft hinausgegangen war: Er hatte eine Sitzungspause benutzt, um seine Gesinnung an der Wand der Vorführzelle zu verdeutlichen, und die Wände mit Hakenkreuzen und Parolen wie „Verrecke, scheiß Judenstaat, Fuck you Scheißnigger" beschmiert.

Zu den Feststellungen der Kammer gehörte, dass dunkelhäutige Briten am 16.Juni 1996 auf dem Bahnhofsvorplatz von Mahlow von einer Clique als „Nigger" beschimpft wurden. Auf ihrer Weiterfahrt wurden sie von Mario P. und Sandro R. mit einem gestohlenen VW Golf verfolgt. Sie hatten vorher von einer Baustelle einen sechs kg schweren Feldstein geholt. Mario P. warf diesen während des Überholvorgangs in die hintere linke Scheibe und Sandro R. drängte den Jaguar von der Fahrbahn: Der inzwischen verstorbene Noel Martin war seit dem provozierten Unfall vom Hals abwärts querschnittgelähmt.

Die Ermittlungen hatten unrühmlich begonnen; aufgrund eines dubiosen Hinweises ermittelte die Polizei nicht in der für ihre Ausländerfeindlichkeit „dorfbekannte Clique", sondern gegen die Opfer. Erst nach kritischen Presseanfragen reagierte der brandenburgische Innenminister Alwin Ziel erstaunlich: „Die Staatsanwaltschaft Potsdam habe das Verfahren inzwischen sehr zügig übernommen, nachdem es Hinweise auf einen rassistischen Hintergrund gegeben habe".

Der als Zeuge vernommene Bürgermeister von Mahlow LaHaine beschwerte sich darüber, dass das Dorf von der in- und ausländischen Presse „als fremdenfeindlich an den Pranger gestellt werde", und trug im Gerichtssaal eine eigene und die Angeklagten entlastende Version des Tatgeschehens vor. Auf meinen Vorhalt, dass er doch nicht dabei gewesen sei, räumte er ein, diesen alternativen Tathergang lediglich gehört zu haben, was mich veranlasste, ihm zu empfehlen: „Vielleicht nehmen Sie meinen guten Rat ernst und halten sich als Kommunalpolitiker aus einem schwebenden Verfahren raus". Er hatte bis zu diesem Zeitpunkt noch nicht veranlasst, dass im Bahnhofsbereich die mit einem Hakenkreuz verzierte Forderung „Freiheit für Sandro" entfernt wurde, und bedauerte, dass ein Besuch beim dunkelhäutigen Tatopfer Noel Martin, der seit der Tat vom Kinn abwärts gelähmt war, „bisher nicht zustande gekommen sei“.

Der Bruder des Steinwerfers rechtfertigte gegenüber der Presse dessen Ausländerhass mit dem Spruch: „Dass so ein Arsch aus dem Westen kommt und uns wegnimmt, was uns seit 22 Jahren gehört, sei doch eine Sauerei“. Damit spielte er auf das an, was seinen Eltern widerfahren war: Sie mussten das Haus, welches sie bewohnt hatten, an einen westdeutschen Alteigentümer zurückgeben.

Nach der Urteilsverkündung gab die Gemeindevertretung von Mahlow folgende Erklärung ab: „Wir, die Gemeindevertretung von Mahlow, empfinden das Urteil als hart, aber nach den Ergebnissen des vom Gericht festgestellten Tathergang auch als gerecht; für diesen Vorfall erfüllt uns Betroffenheit und Scham“. Sie fand aber kein Wort des Bedauerns für das querschnittgelähmte Opfer Noel Martin. Übrigens waren Noel und seine Freunde als Bauunternehmer nur auf der Durchreise gewesen und hatten niemandem etwas weggenommen. Sie waren lediglich zur falschen Zeit am falschen Ort, nämlich in einem Bahnhofsbereich, wo sich Kurzgeschorene mit ihren minderjährigen Bräuten zum „Saufen“ trafen.

Dazu noch eine Bemerkung: Viele der unter meinem Vorsitz verhandelten rechtsextremistischen Taten hätten eigentlich überhaupt nicht stattfinden dürfen, weil die Angaben der anwaltlich beratenen Täter zum vor der Tat „genossenen“ Alkohol „letal“ waren, d.h. zum Tode geführt hätten. Zu den Regeln richterlicher Überzeugungsarbeit gehört, dass Angeklagte zu ihrem Schutz Unsinniges vortragen dürfen, Strafrichter aber nicht alles glauben müssen; sie können von ihrem Privileg Gebrauch machen, eine unrealistische Einlassung als Schutzbehauptung zurückzuweisen.

Der vom Verfassungsschutz im Oktober veröffentlichte Optimismus, dass sich rechtsradikale Gewalt in Brandenburg „auf Vorjahresniveau konsolidiert habe, veranlasste mich am 2. Dezember 1996 anlässlich der Urteilsbegründung zu einer von der Presse als „bemerkenswert“ eingestufte Schlussbemerkung:

> Wir schämen uns mit einem Großteil der Brandenburger Bevölkerung für diesen Vorfall und wünschen uns angesichts der ausländerfeindlichen Straftaten in Brandenburg einen hörbaren Aufschrei. Wenn die Verfassungsschützer im Innenministerium von einer Konsolidierung auf Vorjahresniveau gesprochen haben, dann ist das aufgrund der jüngsten Ereignisse u.a. in Trebbin und Fürstenwalde falsch; eine solche politische Bewertung, die als bagatellisierend empfunden werden kann, hilft den Tatopfern, auch den potentiellen, im Übrigen wenig.

Die an mich nach den Pressemitteilungen gerichteten Briefe waren – bis auf einen – rassistisch, fremdenfeindlich, nationalsozialistisch, chauvinistisch und mit strafrechtlicher Relevanz beleidigend. Eine kleine Auswahl des Umgang mit der grundgesetzlich geschützten freien Meinungsäußerung in einem demokratischen Staat mag belegen, dass es manchmal nicht leicht ist, „die Freiheit des Andersdenkenden zu akzeptieren", und, dass unser Rechtsstaat auch eine Zumutung sein kann.

Leser E. D. aus Bonn schrieb mir u.a.:

> Beim Lesen des Artikels fiel mir wieder als erstes ein, dass in meiner Jugendzeit von 1943-45 eine Redensart in Deutschland die Runde machte: „Ich komme von der Partei und wollte die Gesinnung prüfen". Heute besorgt das die Justiz, dieselbe, die vor 1990 z.B. Frauen verknackt hat, die über ihre Vergewaltigung durch Rotarmisten in der Öffentlichkeit gesprochen hatten. Zu Ihrer flexiblen Anpassung von der stalinistischen DDR-Justiz zum neudeutschen Gesinnungsstrafrecht gratuliere ich. [...] Die Deutschen müssen gefügig gemacht werden für die Besetzung ihres Vaterlands durch Asylbetrüger und Sozialhilfeschmarotzer [...].Sie machen sich damit genauso zum Werkzeug einer verbrecherischen Multikulti-Ideologie wie die Justiz in der DDR. [...]
>
> Ps: Schuld haben nicht die rechtsextremen Jugendgruppen, sondern die total verfehlte Bonner Ausländerpolitik.

Ein Berliner, dessen Namen ich nicht entziffern konnte, schrieb am 9.Dezember u.a.:

> Wie ich in der Zeitung am 3.12. 96 lesen konnte, wünschen Sie sich einen Aufschrei des Deutschen Volkes. Solange können Sie gar nicht schreien, wenn Sie über die Opfer von ausländischen Bestien nachdenken würden, über Morde und Verbrechen, die Ausländer (z.B. Türken, Zigeuner, Juden, Polen, Neger) an deutschen begangen haben!! Wenn ich Innenminister wäre, hätte ich durch einen Scharfrichter diese ausländische Mordbrut hinrichten lassen.

Sein Schlusswort „wenn ich Ihr Geschwätz höre, kann ich gar nicht so viel fressen wie ich kotzen möchte", nehme ich diesem Schreiber schon deshalb übel, weil er ein Zitat des von mir verehrten jüdischen Impressionisten Max Liebermann missbraucht, der mit diesem Satz am 30. Januar 1933 den Marsch der braunen Kolonnen durch das Brandenburger Tor kommentiert hat. Seine Abscheu vor dem Nazi-Regime hätte er zu Lebzeiten so zutreffend nicht malen können. Wann immer ich mit dem Fahrrad den kleinen Wannsee und sein Gartenhaus besuchte, wurde ich daran erinnert, dass er sich wegen des nationalsozialistischen Terrors für den Freitod entschieden hat.

Frau H. äußerte in ihrer Zuschrift von 3. Dezember ihre freie Meinung unter anderem wie folgt:

> Mich erinnert diese hohe Strafe an die Hitlerzeit, wo einer, wenn er gegen das Regime oder ihm nicht genehm war, mit dem Tod bestraft wurde. Nun haben wieder welche eine andere Meinung als die Regierung und schon werden sie nicht der Handlung (z.B. Übermut, Dummheit) gemäß, sondern regimeentsprechend verurteilt... Wenn Sie sagen: Angesichts neuer Vorkommnisse sehen wir, dass wir noch lange nicht am Ende sind, haben Sie noch viele Möglichkeiten, junge Menschen die Zukunft zu verbauen.

In einer Zuschrift von „Nationaldenkenden" hieß es:

> Werter Herr Richter Przybilla,
>
> wir haben gelesen, wie Sie mit Deutschdenkenden umgehen, Sie waren ja sehr tapfer, dass Sie die Höhe der Strafe noch über den Antrag des Staatsanwalts festgesetzt haben. Ihr Name, Herr Richter, sagts, dass Sie nicht ganz gut mit Nationaldenkenden umgehen,

> vor allem dann, wenn es Deutsche sind. Daher, das werden Sie uns nicht übelnehmen, werden wir uns etwas um Sie kümmern.

Aber es gab auch Zuschriften, die Mut machten; zu ihnen gehörte die Zuschrift des Lehrers Udo Spreen vom 10. Dezember, der die überregionalen Berichte vom 3. Dezember 1996 im *Westfalenblatt* und der *Neuen Westfälischen* zum Gegenstand seines Unterrichts erhoben hatte:

> Ich möchte Ihnen im Namen aller Menschen mit aufrichtiger Gesinnung von Herzen für Ihren Mut danken. Als Lehrer habe ich die Zeitungsausschnitte in zwei Klassen im Unterricht behandelt. Die Schüler fanden das Urteil gegen die brutalen Rassisten nicht nur gerecht, sondern eher noch zu mild. Also auch für junge Menschen haben Sie ein Zeichen gesetzt im pädagogischen Sinn. Ich wünsche Ihnen, dass Gott Ihnen weiterhin Gradlinigkeit und Unerschrockenheit schenkt.

Wegen der justiziellen Verpflichtung eines Richters war dies vielleicht etwas zu viel der Ehre.

Mahlow 2: Was hatte die Jugendgewalt mit dem „Rudolf-Hess-Fanclub“ zu tun?

Am 17. August 1998 verurteilte die Jugendkammer 8 Jugendliche unter anderem wegen gefährlicher Körperverletzung, sexueller Nötigung, versuchter Vergewaltigung und Freiheitsberaubung zu zum Teil hohen Jugendstrafen. Im Zentrum des Strafverfahrens standen eine rechtsradikale Jugendclique und der haltlose Vorwurf des 16jährigen Falko anlässlich einer Silvesterfeier, dass Patrizia „fremd gehe und seinen besten Freund betrüge“. Sie gehörte ab sofort als „Schlampe“, „Hure“, und „Kameradenschwein“ nicht mehr dazu. Die anschließende Gewaltorgie zulasten eines 14-jährigen Mädchens machte nicht nur die Jugendkammer, sondern auch hartgesottene Strafjuristen fassungslos. Sie veranlasste mich anlässlich der Urteilsverkündung zu einer drastischen Vorbemerkung:

> Zur Besonderheit dieses Verfahrens gehört nicht nur, dass ein 14jähriges Mädchen 5 Stunden sadistisch gequält worden ist, sondern auch, warum sie unter Missachtung ihrer Intimsphäre von 13 bis 18jährigen Jugendlichen gequält wurde. Der Hinweis auf den von der Kammer immer wieder festgestellten Werteverlust jugendlicher Gewalttäter war vorliegend als Antwort unvollständig: Jugendgewalt richtete sich hier nicht gegen Ausländer bzw. sozial Schwache, sondern gegen ein Mädchen, das bis zur Feier der Jahreswende 1997/98 mit ihrem Freund dazugehörte. Sie wäre von einer autoritären Clique – einem Rudof- Hess-Club – zu Tode geprügelt worden, wenn nicht diejenige, welche die Gewaltorgie aus Eifersucht und wegen eines angeblichen Verstoßes gegen den Ehrenkodex ausgelöst hatte, eine Hemmschwelle aufgebaut hätte; ausgerechnet sie hat verhinderte, dass der 18-jährige Haupttäter sie totgeschlagen hat. Dass die Clique einen Psychopathen und sein Schlusswort vor dem Nürnberger Kriegsverbrechertribunal, der nach Ansicht der Jugendlichen ein Rachetribunal war, verehrt und dem Tatopfer ein Hakenkreuz auf die nackte Haut gesprüht hat, hat nicht nur uns erschreckt. Die Tat schreit, wenn Sie so wollen, nach sozialkritischen Antworten.

Bei zwei der am Tatort verhafteten Täter wurde ein Zettel mit folgendem Auszug des Schlusswortes von Rudolf Hess gefunden:

> Stünde ich wieder am Anfang, würde ich handeln, wie ich handelte, auch wenn ich wüsste, dass am Ende ein Scheiterhaufen für meinen Flammentod brennt. Gleichgültig was Menschen tun, dereinst stehe ich vorm Richterstuhl des Ewigen, ich werde mich verantworten und ich weiß, er spricht mich frei.

Mahlow 3: In die Falle gelockt

Die Urteilsbegründung begann einmal mehr mit einer Vorbemerkung:

> Die Jugendkammer des Landgerichts Potsdam ist einmal mehr mit dem Phänomen unprovozierter Gewalt gegenüber einem „Schwarzafrikaner" befasst. Ali Ibrahim ist misshandelt worden, weil die Angeklagten E. und L. dies so wollten und eine emotional verelendete Jugendclique mit diffusem Ausländerhass sich dem anschloss, um ihre Ausländerfeindlichkeit zum Ausdruck zu bringen, eigenen Frust abzubauen und im alkoholisierten Zustand Spaß zu haben. Die Tat richtet sich gegen den gesellschaftlichen Status eines Menschen und ist deshalb politisch motiviert.

Zu den Feststellungen der Kammer gehörte unter anderem, dass die aus der Untersuchungshaft vorgeführten Rädelsführer, der 22 jährige E. und der 17 jährige L., den Asylbewerber Ali Ibrahim am 3. August 2001 unter dem Vorwand, mit ihm und anderen Ausländern eine Party feiern zu wollen, in ein bewaldetes Gebiet am Ufer eines Sees einluden. Sie und die drei 16jährigen F., St. und B. hatten dort ihre Zelte aufgeschlagen und gezecht. Und sie wollten noch Spaß haben.

Mit den Worten „Du Neger, du schwarze Sau, du Negersau" schlug ihm der als gewaltbereit bekannter E. eine leere Bierflasche auf den Kopf, L. traktierte den auf dem Boden Liegenden mit den Füßen.

Die drei Jugendlichen, die bis zu diesem Zeitpunkt lediglich zugeschaut hatten, beteiligten sich nun mit Fußtritten, B. „latschte" dem im Gesicht Blutenden ins Gesicht. Sie hörten erst auf, als Ali bewusstlos wurde. Anschließend entkleideten sie ihn und überließen den Bewusstlosen seinem Schicksal. Was aus ihm wurde, war ihnen egal: E. ging mit der Bemerkung „geil" nach Hause, die übrigen versetzten ihre Zelte 300 Meter weiter und schliefen ihren Rausch aus. Ali Ibrahims Tod nahmen sie billigend in Kauf. Er überlebte, und seine Peiniger hatten sich lediglich des versuchten Mordes schuldig gemacht.

Aber weil ihnen das Schicksal eines Bewusstlosen egal war, konnte die Strafkammer den Angeklagten keinen Rücktritt vom versuchten Mord zugestehen: Der Versuch war nämlich „beendet" und schloss einen strafbefreienden Rücktritt aus.

Der Angeklagte E. berief sich vor der Strafkammer vergeblich auf eine alkoholbedingte „Erinnerungslücke", er war mit 22 Jahren zur Tatzeit der Härte des Schuldstrafrechts ausgeliefert. Nach den in der Beweisaufnahme vorgetragenen

Ausführungen des psychiatrischen Sachverständigen war er aufgrund „einer ausgeprägten emotional-instabilen Persönlichkeitsstörung unter Einschluss eines Borderline-Syndroms und des genossenen Alkohols in seiner Fähigkeit, sich zur Tatzeit zu steuern, erheblich beeinträchtigt".

Da nach der maßnahmespezifischen Untersuchungen sein Hang, Alkohol zu missbrauchen, nahelegte, dass er aufgrund seiner latent vorhandenen Gewaltbereitschaft unbehandelt weitere für seinen Hang symptomatische Gewalttaten begehen wird, ordnete die Kammer neben einer langen Freiheitsstrafe die Unterbringung in einer Suchtklinik an; sie hat jedoch – abweichend von der Regel – den Vorwegvollzug der Freiheitsstrafe angeordnet und sich verfahrensgegenständlich von der Überzeugung leiten lassen, dass der Zweck der Maßregel bei diesem Angeklagten nur dadurch erreicht werden kann, das er im Interesse seiner Rehabilitation erst nach dem Vorwegvollzug der Strafe aus dem Maßregelvollzug entlassen wird.

Die jugendlichen Angeklagten, die nach ihrer Festnahme im Ermittlungsverfahren als Beschuldigte den Tathergang geschildert und E. belastet hatten, machten vor Gericht, anwaltlich beraten, von ihren Schweigerecht Gebrauch. Ihre im Ermittlungsverfahren als Beschuldigte gemachten Angaben mussten daher über die jeweiligen Vernehmungsbeamten des Landeskriminalamtes in die Hauptverhandlung eingeführt werden.

Ihr Recht zu schweigen, ist in der Verfassung festgeschrieben; dass die Verteidiger ihren Mandaten dazu geraten haben, war angesichts der vorliegenden Verfahrenssituation aber grobes Anwaltsversagen. Um nicht wegen der Besorgnis meiner Befangenheit als gesetzlicher Richter abgelehnt zu werden, musste ich die Anwaltsschelte einer Schussbemerkung meiner Urteilsbegründung vorbehalten:

> Die Kammer hat das Schweigen der Angeklagten selbstverständlich nicht zu ihrem Nachteil bewertet; gleichwohl beanstande ich das Verteidigerverhalten und ihren Rat an Ihre Mandanten zu schweigen. Die Verteidiger mussten davon ausgehen, dass ihre geständigen Einlassungen im Ermittlungsverfahren in die Hauptverhandlung über die Vernehmungsbeamten eingeführt werden würde. Die Art und Weise der Verteidigung, insbesondere durch die Rechtsanwälte G. und M., hat mich nicht nur peinlich berührt, sondern musste den jugendlichen Angeklagten auch den Eindruck vermitteln, dass sie trotz früherer Geständnisse doch unschuldig seien. Einen solchen Eindruck zu vermitteln, ist im Verfahren gegen jugendliche Straftäter kontraproduktiv. Die Angeklagten haben sich durch den Rat ihrer Verteidiger der Chance begeben, dass in der Hauptverhandlung abgelegte Geständnisse, ihre Betroffenheit, ihre Reue und eine Entschuldigung – „mea culpa" – zu einer günstigen Strafzumessung geführt hätten, außerdem hätte der Sachverhalt noch umfassender aufgeklärt werden können.

Silvester 1999/2000 in Rathenow

Das Jugendschöffengericht Rathenow verurteilte die 20jährigen M. und G. am 2.April 2002 wegen gefährlicher Körperverletzung zu Strafen, die ihrem Erziehungsbedarf und ihrer Schuld nicht gerecht wurden, der mitangeklagte 20jährige B. wurde freigesprochen. Die Verurteilten bemühten das Rechtsmittel der Berufung, die Staatsanwaltschaft legte ebenfalls Berufung ein. Soweit es M. und G. betraf, beschränkte sie ihr Rechtsmittel auf den Rechtsfolgenausspruch, d.h. auf die Strafzumessung. Ziel ihrer Berufung war eine der Schuld angemessene Jugendstrafe. Soweit B. freigesprochen worden war, strebte sie die Aufhebung des Urteils und die seiner Schuld entsprechende Jugendstrafe an.

Das Jugendschöffengericht hatte eines der schrecklichsten ausländerfeindlichen Verbrechen im neuen Bundesland Brandenburg verhandelt. Es hatte aber ignoriert, dass die Täter aufgrund des Ermittlungsergebnisses bzw. nach dem Ergebnis seiner Beweisaufnahme des versuchten Mordes bzw. der Beihilfe zum Mord hinreichend verdächtig waren. Es hätte deswegen die Anklage der Staatsanwaltschaft wegen der ausschließlichen Zuständigkeit der Jugendkammer nicht zulassen dürfen, sondern hätte das Verfahren wegen seiner fehlenden Rechtsfolgenkompetenz der Jugendkammer des Landgerichts vorlegen müssen. Da aber geschehen ist, was nicht oft geschieht, musste die Jugendkammer als Schwurgericht gem. § 24 Abs.2 des Gerichtsverfassungsgesetzes (GVG) in Schwurgerichtsbesetzung erstinstanzlich verhandeln und entscheiden:

Die Angeklagten waren Mitglieder einer rechtsradikalen und gewaltbereiten Jugendgruppe, der „Rathenower Schlümpfe". In der Szene wurden die Angeklagten M. und der Freigesprochene B. als ihre Anführer gehandelt. M. und B. besaßen die Hochschulreife. Sie hatten ihre Wehrpflicht hinter sich und waren von der Bundeswehr in Ehren entlassen worden. Der Angeklagte G. war einschlägig vorbestraft, M. und B. waren als Schutzgelderpresser aktiv.

In der Silvesternacht 1999/2000 feierten die Rathenower das sogenannte Millennium. Sechs pakistanische Asylbewerber, darunter die späteren Tatopfer Kahid Mahmood und Haqnowat, feierten mit und wünschten den Umstehenden ein „Gesundes Neues Jahr". Vor dem Geschäft „Augenoptik Fischer", Ecke Brandenburger- und Berliner Straße, hatten sich ca. 20 „Schlümpfe" versammelt; die jugendlichen Glatzen feierten nicht mit, sondern feuerten Raketen in die Menge.

Als die Pakistaner an der Gruppe vorbeiliefen, konfrontierte ein unbekannt gebliebener Glatzkopf sie mit der Frage: „ Was wollt ihr hier? Das ist unsere Feier". Ohne die Antwort abzuwarten, verpasste der Glatzköpfige Haqnowat eine Kopfnuss und schlug ihm ins Gesicht. Da der Schlichtungsversuch des deutschsprechenden Zeugen Ahmet misslang – die „Glatzen" waren auf Krawall aus –, versuchten die Pakistaner, der bedrohlichen Situation zu entkommen und flohen. Unter denen, die die Asylbewerber verfolgten, waren auch die hier Angeklagten. Einer der Verfolger stellte Kahid

Mahmood ein Bein. Er kam zu Fall und wurde von unbekannt gebliebenen Tätern bis zur Bewusstlosigkeit geschlagen und getreten, ein ebenfalls unbekannt Gebliebener sprang „im Stil eines Weitspringers“ auf den am Boden Liegenden. Weil er dabei stürzte, trat der frustrierte Weitspringer auf ihn ein, die übrigen „Schlümpfe“ bildeten während der Gewaltorgie einen Kreis. Zu ihnen gehörten auch die Angeklagten.

Ein Rathenower rettete Kahid das Leben; Herr Giese ist von der Jugendkammer als Zeuge gehört worden und schilderte den Vorgang so:

> Ich befand mich mit meiner Frau und Freunden auf dem Heimweg und erkannte die Gefahr des auf dem Boden Liegenden. Ich schrie: „Was macht ihr da?“ und rief über den Notruf die Polizei.

Die im Kreis Prügelnden hätten Kahid Mahmood zur Überzeugung der Kammer totgeschlagen, wenn der Zeuge nicht gestört hätte. Sie, die im Kreis und die den Kreis Bildenden, zu denen auch die Angeklagten gehörten, rannten davon. Bei der eingeleiteten Nahbereichsfahndung konnte keiner der Beteiligten festgenommen werden. Die Angeklagten konnten später identifiziert werden, die im Kreis entfesselten Schläger blieben unbekannt. Das Opfer musste u.a. wegen eines Schädel-Hirntraumas 1. Grades, einer Gesichts - und Bauchhöhlenquetschung und wegen zersplitterter Schneidezähne stationär behandelt werden. Nach seiner Genesung erhielt Kahid eine Aufenthaltserlaubnis für den Raum Berlin und schloss sich als Nebenkläger dem Strafverfahren an.

Die anwaltlich beratenen Angeklagten haben in der Hautverhandlung von ihrem Schweigerecht Gebrauch gemacht; ihnen konnte jedoch die Verfolgung des Tatopfers und dass sie als Gesinnungsgenossen im Kreis standen, nachgewiesen werden. Die Schlussberatung verlief turbulent: Jenseits aller Zweifel hatten sich die unbekannt gebliebenen Täter im Kreis des versuchen Mordes und der gefährlichen Körperverletzung schuldig gemacht; das Mordmerkmal der „Beweggründe“ – ihre ausländerfeindlichen Gesinnung – hatten den versuchten Totschlag zum versuchten Mord „hochgeladen“. Im Zentrum stand die Frage, inwieweit sich die angeklagten Gesinnungsgenossen die Tatbeiträge der unbekannt Gebliebenen als Mittäter zurechnen lassen mussten. Dass sie als Mittäter die gefährlichen Körperverletzungen mitgetragen hatten, war unstreitig. Waren sie aber darüber hinaus auch als Mittäter des versuchten Mordes oder lediglich als Gehilfen eines versuchten Mordes zu bestrafen? Das mit drei Berufsrichtern und zwei Jugendschöffen besetzte Schwurgericht entschied sich für Beihilfe zum versuchten Mord und eine mittäterschaftlich begangene gefährliche Körperverletzung: Die Angeklagten billigten nach den getroffenen Feststellungen die Körperverletzung, aber – in dubio pro reo – nicht den „Mittäterexzess“ des versuchten Mordes. Sie hatten jedoch als Gehilfen das außerordentlich brutale und menschenverachtende Kerngeschehen unterstützt: Wer Asylbewerber verfolgt, durch ihre Anwesenheit die eigene ausländerfeindliche Gesinnung auslebt und die Haupttäter bestärkt, das „Böse“ zu vollstrecken, macht sich zumindest der psychische Beihilfe schuldig. Sie hatten ihre Beihilfe dadurch bestätigt, dass sie beim Eintreffen der Polizei mit den unbekannten Haupttätern, die ihnen bekannt waren, geflüchtet sind, und wurden deshalb zu nicht bewährungsfähigen langen Freiheitsstrafen verurteilt.

Darüber, warum das Jugendschöffengericht das Tatgeschehen bagatellisierte und die Zuständigkeit der Jugendkammer ignoriert hatte, konnte nur spekuliert werden: Die Transformation des neuen Rechtssystems war 2002 in Brandenburg schon fortgeschritten, aber noch nicht vollendet. Der Grundsatz, dass Jugendstrafrecht nicht dazu da ist, um Schuld zu bagatellisieren, war noch nicht juristischer Standard.

Eine verhängnisvolle Begegnung

Der 47 Jahre alte Detlef W. und der 19jährige Raphael F. lernten sich im Februar 2004 in einer „Klappe" – einer Schwulen-Toilette – in Berlin kennen; sie hatten sofort Sex und beschlossen, zusammenzubleiben. Aber es konnte nicht gutgehen: Ihre durch Alkohol und Drogen verstärkte Halt- und Gleichgültigkeit und eine dem Jüngeren verschwiegene Sehnsucht des Älteren werden einen Menschen das Leben kosten.

Detlef wurde am 3. Juli 1956 in der damaligen Bezirksnervenklinik in Brandenburg geboren. Seine Mutter war dort Patientin. Sie litt unter „erethischem Schwachsinn bei Milieuschädigung, gepaart mit einer demonstrativ-hysterischen Charakterstruktur" und war von einem Mitarbeiter der Klinik geschwängert worden. Nach seiner Geburt lebte Detlef drei Jahre in einem Säuglingsheim und bis zum sechsten Geburtstag in einem Kinderheim. Seine Schulzeit verbrachte er bei Pflegeeltern und besuchte eine Förderschule. Mit 14 Jahren lernte er seine leibliche Mutter kennen. Diese war inzwischen mit einem Alkoholiker verheiratet und hatte eine Halbschwester geboren. Er begann eine Lehre zum Transport- und Lagerarbeiter, lebte die Woche über in einem Lehrlingswohnheim und verbrachte die Wochenenden bei seiner Mutter. Als sie begann, ihn zu ihrem körperlichen Vergnügen sexuell zu bedrängen, verließ er sie und fand Unterkunft in einem Heim in Caputh, wo er homosexuelle Kontakte zu älteren Heimkindern hatte. Wegen Alkoholmissbrauchs wurde er zur Umerziehung in einen Jugendwerkhof eingewiesen.

Die Zeit von 1975 bis 1987 verbrachte er wegen diverser Eigentumsdelikte und Körperverletzung in DDR-Strafvollstreckungseinrichtungen. Da er „in Freiheit nicht zurechtkam", die Ordnung im Strafvollzug schätzte und zufriedenstellende Kontakte zu Männern hatte, fühlte er sich dort gut aufgehoben und wollte zurück in den „Knast". Diesem Ziel, das er nach seinen Vorstellungen am ehesten durch ein Tötungsdelikt erreichen konnte, kam er im Februar 1987 näher. Seine Gedanken, einen Menschen zu töten, intensivierten sich, als er „den Bürger Siegfried K." kennenlernte und dieser ihm gestattete, ein gemeinsames Bad in dessen Wohnung zu nehmen. Als Siegfried ihn bat, ihm die Haare zu waschen, ergriff er eine volle Bierflasche, die allerdings in nur abgeschwächter Form auf dem Kopf des Tatopfers landete, weil er – „tue ich es oder tue ich es nicht, K. ist auch nur ein Mensch" – lediglich zögerlich zuschlug und ihn nur leicht verletzte.

Als er beim Versuch, ihn zu ertränken, plötzlich keine Gegenwehr mehr verspürte, hielt er ihn für tot. Der im Wohnzimmer liegenden Börse entnahm er 750 Mark und Forumschecks über 123,50 DM. Er zog ein frisches Oberhemd des Bürgers K. an und fuhr mit einem Taxi nach Berlin. Dort verprasste er in der Nacht vom 15. auf den 16. Februar das Geld.

Am Morgen des 16. Februar stellte er sich in Potsdam der Volkspolizei. Aufgrund seines Geständnisses, einen Menschen getötet zu haben, wurde er wegen Mordes verhaftet.

Der Gerichtsmediziner stellte fest, dass der schwerkranke Bürger K. nicht ertrunken sei, sondern Todesursache „Linksherzversagen bei Myokardinfarkt" gewesen sei. Der das Bezirksgericht Potsdam beratende Psychiater Dr. Schirmer, zu dessen Repertoire zu DDR-Zeiten noch der Elektroschock gehörte, attestierte ihm „eine ausgeprägte gemütsarme, egozentrische und geltungsbedürftige Persönlichkeitsstruktur", hielt ihn aber trotz „des negativen Einflusses einer hospitalisierenden Umwelt von Heimen und Jugendwerkhof" für voll zurechnungsfähig, ging jedoch von einer „zweifellos ungünstigen Sozial- und Kriminalprognose" aus. Er mahnte das Gericht deshalb, seine Drohung, bei einer Nichtverurteilung zu einer lebenslangen Freiheitsstrafe ein erneutes Tötungsdelikt zu begehen, ernst zu nehmen.

Das Bezirksgericht nahm die Mahnung lediglich zur Kenntnis und verurteilte ihn am 20. Januar 1988 wegen versuchten Mordes sowie verbrecherischen Diebstahls zu einer Freiheitsstrafe von 14 Jahren. Dass er, der töten wollte, nur wegen versuchten Mordes verurteilt wurde, war dem im DDR-Strafrecht geltenden Kausalitätsbegriff geschuldet und nur schwer nachzuvollziehen. Und Dr. Schirmer, der „nach der Wende" als Sachverständiger nicht mehr bemüht wurde, sollte recht behalten: Detlef W. wird nach Verbüßung der Strafe einen weiteren Mord begehen.

Nach seiner Haftentlassung am 23. Februar 2001 vermittelte die Gefangenenhilfe ihm ein Zimmer in Potsdam-Babelsberg. Dort nahm er einen 19Jährigen, den er in der Berliner Schwulenszene kennengelernt hatte, auf. Als er im Februar 2002 wegen „DDR-Unrechts" eine Haftentschädigung in Höhe von 7.000,00 € erhielt, leistete er sich mit seinem kriminellen „Loverboy" in Berlin. eine gemeinsame Wohnung. Aber er zahlte für Liebesdienste einen hohen Preis: Während eines Krankenhausaufenthalts räumte dieser – er hatte ihm seine Geldkarte überlassen – sein Konto leer und verschwand.

Als er den dunkelhäutigen Raphael F. traf, lebte er mittellos auf der Straße. Raphael wurde am 10. Oktober 1984 in Sri Lanka geboren und von einem Schweizer Ehepaar im Alter von 10 Monaten adoptiert. Er wuchs mit einer leiblichen, drei Jahre älteren Schwester auf einem Bauernhof im Dorf Hämikon im Kanton Luzern auf. Das Dorf hatte 1985 ca. 440 Einwohner, die das Gemeindeland landwirtschaftlich nutzten und in römisch-katholischer Tradition und konservativer Zufriedenheit lebten. Konnte das gut gehen?

Schon im Alter von fünf Jahren wurde sein auffälliges Verhalten auch in der Nachbarschaft wahrgenommen; er log und zerstörte wahllos Gegenstände. In der Grundschule verstärkte sich sein auffälliges Verhalten dadurch, dass er wegen seiner Hautfarbe Zielscheibe rassistischer Diskriminierung durch die Mitschüler wurde. Die überforderten Adoptiveltern reagierten auf seine Regellosigkeit mit körperlicher Züchtigung und veranlassten die Unterbringung in psychotherapeutischen Einrichtungen.

Im April 1999 wurde die Schweizer Jugendstaatsanwaltschaft aufgrund einer telefonischen sexuellen Belästigung auf ihn aufmerksam. Wegen Diebstahls, sexuellen Missbrauchs und Auslösens falschen Alarms wurde er in die Arbeitserziehungsanstalt Kalchrein eingewiesen, und aufgrund eines laufenden Strafverfahrens wegen mehrfachen Raubes, Einbruchsdiebstahls und sexueller Nötigung verfügte die Staatsanwaltschaft später die Unterbringung in die Arbeitserziehungsanstalt Arxdorf, aus der er am 19. Februar 2004 nach Berlin flüchtete. Bis zur Begegnung mit dem älteren Detlef in Schwulentreff lebte er in Notunterkünften und auf der Straße.

Das Zusammenleben des ungleichen Paars war geprägt von Obdachlosigkeit, Sex und Saufen. Im März 2004 kam Detlef auf die Idee, seinen ehemaligen Betreuer K. in Potsdam aufzusuchen. Er war zu DDR-Zeiten nicht nur sein Betreuer, sondern auch sein Sex-Partner gewesen. Als er am 1. März 2004 nicht öffnete, klingelten sie an der Wohnungstür der auf demselben Flur wohnenden Helga Bachmann. Sie, 71 Jahre alt, herzkrank, Diabetikerin und gehbehindert, informierte das ungleiche Pärchen, dass sich ihr Nachbar für mehrere Monate in Sri Lanka aufhalte, und gestattete ihnen, mit ihren mitgebrachten Schlafsäcken im Keller zu übernachten. Da sie dort froren, suchten sie einen ehemaligen Zellengenossen von Detlef auf, der sie aufnahm. Die drei betranken sich, badeten miteinander, und Detlef und Raphael durften bei G. übernachten.

Als die beiden am nächsten Tag über ihre vergebliche Besuch bei K. und ihre Begegnung mit Frau Bachmann erzählten, wusste G. zu berichten, dass Frau Bachmann für die Wohnung von K. einen Schlüssel habe, auch dass dieser wertvolle Souvenirs aus Afrika besitze und Frau Bachmann im Übrigen vermögend sei. Da die Adoptiveltern von Raphael in Spanien ein Ferienhaus besaßen, fassten sie den Plan, Frau Bachmann zu berauben und mit der erwarteten Beute die Reise zu finanzieren; K.s Skulpturen aus Afrika zu stehlen und an einen Hehler zu verkaufen, erschien ihnen zu aufwändig.

Zum Plan gehörte auch, sie mit aus der Wohnung G. entwendeten Klebeband zu fesseln, um in Ruhe die Wohnung durchsuchen zu können. Nachdem sie sich Einweghandschuhe besorgt hatten, klingelten sie am 2. März gegen 21:20 Uhr an der Wohnungstür. Sie öffnete die mit einer Kette gesicherte Tür einen Spalt. Um jeglichen Verdacht auszuräumen, bat Detlef, ihm die Telefonnummer ihres Nachbarn K. auszuhändigen. Als die nur mit einem T-Shirt und Jogginghose bekleidete Frau mit einem Zettel in der Hand schließlich arglos die Tür entsicherte, stießen die Täter sie in den Flur und verschlossen die Tür. Weil Frau Bachmann zu schreien begann, hielt der Ältere ihr den Mund zu und bat Raphael, ihn zu verkleben. Sie wehrte sich so heftig, dass Detlef seinem Komplizen zur Hilfe eilen musste und alle drei bei dem Gerangel zu Boden stürzten. Um weiteren Widerstand zu brechen, fesselten sie ihre Hände. Da das mitgebrachte Klebeband nicht klebte, forderte Detlef den Jüngeren auf, in der Wohnung nach Klebeband zu suchen. In einer Abstellkammer wurde er fündig. Eine dort vorgefundene Farbdose benutzte er, um Frau Bachmann ruhig zu stellen; er schlug ihr damit mehrfach auf den Kopf und trat in ihre Oberschenkel. Sie durchsuchten anschließend die Räume und fanden lediglich 50,00 € und einen Fotoapparat. Nachdem sie den Kühlschrank geleert hatten, verließen sie die Wohnung und überließen Frau Bachmann ihrem Schicksal. Darüber, ob Frau Bachmann schon tot sei, waren sich die beiden nach Verlassen der Wohnung nicht einig; die Diskussion darüber beendete der genervte Raphael mit der Bemerkung „Wir hätten sie lieber erstechen sollen".

G., dessen Hinweis auf das angebliche Vermögen des Tatopfers die Tat ausgelöst hatte, wartete inzwischen ungeduldig auf ihre Rückkehr; er hatte seinem früheren Zellengenossen ein Funkgerät geliehen. Als Raphael allein erschien, rief er im Glauben, Detlef habe sich aus dem Staub gemacht, die Polizei, die zeitnah erschien, um eine Straftat aufzuklären. Kurze Zeit später erschien der von Raphael über Funk informierte Detlef. Er übergab in Gegenwart der Polizisten das angeblich unterschlagene Funkgerät und äußerte gegenüber den im Gehen begriffenen Beamten, „er habe in den vergangenen Stunden etwas viel Schlimmeres gemacht, nämlich jemanden umgebracht".

Unglaublich, aber wahr: Die Polizeibeamten fühlten sich „verarscht" und verließen kommentarlos die Wohnung. Dabei hätte ein pflichtgemäßes Nachfragen und ein Blick ins Polizeiregister einen Ermittlungsansatz ergeben. Es hatte sich noch nicht herumgesprochen, dass polizeiliches und justizielles Versagen erfahrungsgemäß nicht im Tun, sondern im Unterlassen begründet ist. So scheiterte denn sein Wunsch, in die geordnete Subkultur des Strafvollzugs zurückzukehren, erneut.

Der Leichnam wurde 8 Tage nach dem Mord, am 10. März 2004, gefunden; eine Nachbarin der Ermordeten hatte im Lüftungsschacht ihrer Wohnung Leichengeruch festgestellt. Sie benachrichtigte die im Haus wohnende Freundin Frau Päckert, die einen Schlüssel zur Wohnung des Mordopfers hatte und ihren Lebensgefährten bat, nach dem Rechten zu sehen. Er fand Frau Bachmann, gefesselt auf dem Boden liegend, in einem stark verwesten Zustand und benachrichtigte die Kriminalpolizei.

Die wegen der schmalen Beute immer noch mittellosen Freunde hatten ihr Vorhaben, über die französische Grenze nach Spanien zu gelangen, inzwischen geändert und fuhren – ein Bahnticket konnten sie sich mit den erbeuteten 50,00 € leisten – mit dem Zug nach Cuxhafen. Nach dem vergeblichen Versuch, ein Auto zu stehlen bzw. eine Motorjacht aufzubrechen und damit ihre hoffnungslose Lage zu beenden, trennten sie sich kurz vor Ostern 2004.

Der Mordkommission, die bis zu diesem Zeitpunkt wegen eines Tötungsdelikts erfolglos ermittelt hatte, kam „Kommissar Zufall" zur Hilfe: Raphael wurde am 21. April in Cuxhafen beim Diebstahl einer Keksrolle in flagranti ertappt; bei seiner polizeilichen Vernehmung gestand er „einen Raub zu Lasten einer Frau" und nannte seinen Freund und Sexualpartner als Mittäter. Detlef wurde am 19. April 2004 aufgrund eines Haftbefehls der Staatsanwaltschaft Cuxhafen festgenommen; eine Polizeistreife hatte ihn unter einer Autobahnbrücke „teilnahmslos und ohne Ausweispapiere" entdeckt.

Was anschließend geschah, war vom 29. November bis zu 17. Dezember 2004 Gegenstand eines Strafverfahrens. Das vom Potsdamer Gerichtsmediziner Dr. Schröpfer im Schwurgerichtsprozess vor der Jugendkammer des Landgerichts vorgetragene Sektionsgutachten – die Kammer war nach dem Jugendgerichtsgesetz (JGG) zuständig, weil der später angeklagte Raphael F. zur Tatzeit erst 19 Jahre alt und damit sogenannter Heranwachsender war – verschlug den Prozessbeteiligten und den Zuhörern den Atem. Und selbst die Strafverteidiger hielten inne und stellten keine Fragen an den Sachverständigen; dieser hatte den Leichnam der am 29. Januar 1933 geborenen Frau Bachmann am 10. März 2004 in ihrer Wohnung untersucht und einen Tag später obduziert: Sie war mittels Klebeband

> mehrtourig mit Einbindung der Arme, der rechten Schulter, im Arm-, Kopf-, Hals-, Nacken- und Schulterbereich sowie Überkleben des Mundes und der Nase gefesselt, die Atemwege waren bis auf das allerdings stark eingeengte rechte Nasenloch verschlossen. Die Handgelenke waren mit Paketbindfaden, an dem ein Tierknochen hing, zusammengebunden.

Zum Obduktionsergebnis gehörten auch diverse Kopfverletzungen und ihre Vorerkrankungen. Sie litt u.a. unter einer Schlagader- und einer durch 3 Bypässe korrigierten Herzkranzverkalkung. Ihr Tod war nach Überkleben der Atemwege etwa nach 7 bis 10 Minuten durch Ersticken eingetreten.

Abweichend von seiner ersten Beschuldigtenvernehmung versuchte Detlef W. später noch, seinen Liebhaber wegen seines jugendlichen Alters zu entlasten und alle Schuld auf sich zu nehmen. Der Versuch scheiterte, weil DNA-Spuren am Körper der Ermordeten die Beteiligung von Raphael bestätigten.

Die Jugendkammer ließ sich zur Frage der Schuldfähigkeit der Angeklagten sachverständig beraten. Ihnen wurden schwere emotionale instabile Persönlichkeitsstörungen von Borderline-Typ und Alkoholmissbrauch attestiert.

Gegen Raphael F. wurde eine Jugendstrafe von 8 Jahren und 6 Monaten verhängt. Detlef. W. hatte gegenüber dem Sachverständigen Dr. Böhle zur Frage seiner Strafererwartung entgegnet: „Ich will und erwarte eine lebenslange Freiheitsstrafe und die Anordnung der Sicherungsverwahrung".

Die wegen des Alters des Mitangeklagten zuständige Jugendkammer konnte ihm diesen Wunsch erfüllen.

Chronik eines angekündigten Todes

Anfang Dezember beantragte der im Justizvollzug einsitzende Untersuchungshäftling Marek D. für den 13. Dezember 1999 die Ausführung an das Grab seiner am 13. Dezember 1998 verstorbenen Ehefrau Yvonne, geborene Pchayek, um einen Blumenstrauß niederzulegen. Dem Antrag konnte nach der Untersuchungshaftvollzugsordnung nicht stattgegeben werden. E hatte sie mitleidslos aus Wut, Hass und Eifersucht brutal umgebracht. Und Yvonne D. könnte noch leben, wenn Jugendgericht und Jugendstaatsanwaltschaft in Potsdam ihren justiziellen Mindestanforderungen gerecht geworden wären.

Der am 26. September 1978 in Potsdam geborene Marek war eines von 5 außerehelich geborenen Kindern, die jeweils von einem anderen Mann gezeugt worden waren. Da sich die Mutter in Berlin prostituierte, war der Ruf der Familie, die bis zum Frühjahr 1996 in Beelitz, Landkreis Potsdam-Mittelmark, wohnte, ruiniert; wegen ihrer Herkunft wurden die Kinder schon im Kindergarten und in der Schule gehänselt und ausgegrenzt. Marek wurde altersgerecht eingeschult. Er war ein mittelmäßiger Schüler, der oft die Schule schwänzte und auf Hänseleien seiner Mitschüler so reagierte, wie die überforderte Mutter es ihm vorgelebt hatte: Sie schlug die Kinder und prügelte sich mit Nachbarsfrauen.

Er wurde nicht gefördert, sondern nach 9 Schuljahren aus der 7. Klasse mit dem Abschluss der Klasse 6 entlassen. Sein Versuch, den Schulabschluss nachzuholen und einen Beruf zu erlernen, scheiterte letztlich daran, dass er im Februar 1995 die 8 Jahre ältere Yvonne P. kennenlernte und sich in sie verliebte. Sie hatte ein „Faible" für jüngere Männer, erwiderte seine Gefühle und heiratete den 17Jährigen am 22.März 1995 mit vormundschaftlicher Genehmigung. Ihre Eltern, die den schlechten Ruf der Familie kannten, blieben der Hochzeit fern und mieden den Kontakt zum arbeitslosen Schwiegersohn.

Als belastend sollte sich erweisen, dass sie die Wohnung der Mutter – sie war nach Berlin gezogen – übernommen hatten und damit auch massive Nachbarschaftsstreitigkeiten: Am 4. April 1995 verprügelte Marek den im selben Haus wohnenden 13Jährigen Mario F., weil sein Vater gegen ihn eine Strafanzeige wegen Raubes des Milchgeldes erstattet hatte und nicht bereit war, sie zurückzunehmen; Mario verlor bei der Prügelei einen Backenzahn. Am 15.April 1995 ohrfeigte er die im Nachbarhaus wohnende Angela F., die ihn wegen einer Bedrohung ihres Sohnes Stefan zur Rede gestellt hatte und beschimpfte sie als „Schlampe" und „fette Sau".

Am 15. Mai 1995 lockte er mit seinem Kumpel Denis den 14jährigen Nico H. wegen eines gescheiterten Tausches in den Gemeinschaftskeller; es war ein unredliches und strafrechtlich relevantes Tauschgeschäft: Nico sollte Mareks gebrauchtes Moped übernehmen und ihm als „Gegenleistung" ein neues Moped stehlen. Aus Verärgerung darüber, dass der „bisher zuverlässige Dieb" noch kein neues Moped gestohlen hatte, schlug Marek ihm zwei Schneidezähne aus; wegen des gebrochenen Siebbeins und zugeschwollener Augen musste er eine Woche stationär behandelt werden.

Im Übrigen begann er seine Frau als Leibeigene zu behandeln. Sie musste ihm, der die Tage meist im Bett verbrachte, jederzeit „zu Diensten" sein. Yvonne erfüllte ihm den Wunsch, Spitzenwäsche und Strapse zu tragen und musste sich Pornofilme so lange anschauen, bis sie in der Lage war, das dort Inszenierte im Schafzimmer zu kopieren. Außerdem ließ sie zu, dass er sie nackt und in obszönen Stellungen fotografierte. Bevor sie das Haus verließ, musste sie sich bei ihm abmelden. Wenn er sich mit Kumpeln traf, kontrollierte er sie per Telefon. Yvonne hatte im Übrigen gesundheitliche Probleme und konnte nicht arbeiten. Als sie sich weigerte, es seiner Mutter gleich zu tun und auf dem Straßenstrich „ein Zubrot" zu verdienen, schlug er sie.

Nach 9 Monaten war die Ehe irreparabel zerrüttet. Er, der es nicht ertragen konnte, dass seine Ehefrau zu ihren Eltern und Geschwistern ein gutes Verhältnis hatte, zog zu seiner Mutter nach Berlin. Und Yvonne, die ihn immer wieder für kurze Zeit aufgenommen hatte, um sich mit ihm zu vergnügen, lehnte es schließlich strikt ab, ihn in die Wohnung zu lassen: Sie reagierte damit auf Todesdrohungen und einen Brandanschlag; er hatte am 23. Januar 1997 den Wohnwagen ihrer Familie in Brand gesetzt.

Als er am 12. April 1997 erschien und sie anflehte, ihn wieder aufzunehmen – er sei „ohne Bleibe, mittellos, und friere" –, blieb sie standhaft und verweigerte ihm den Zutritt zur Wohnung. Nach vergeblichem Bemühen, sie umzustimmen, entnahm er dem von einem Freund geliehenen und vor dem Haus geparkten „Trabi" eine leere Bierflasche und bastelte einen „Molotow-Cocktail": Er füllte ihn mit Benzin und benutzte einen Stofffetzen als Lunte und ging zurück.

Yvonne hatte aus dem Schafzimmer heraus das Procedere beobachtet und fragte ihn spöttisch, ob er – er hatte schon mehrfach damit gedroht – „die Hütte abfackeln wolle" und verließ das Schlafzimmer. Im Wohnzimmer hörte sie einen lauten Knall und begriff, dass es diesmal keine leere Drohung war: Marek hatte den Brandsatz durch das auf Kippe stehende Schlafzimmerfenster geworfen. Als sie das Schlafzimmer betrat, hatte sich das Feuer auf dem Fußboden bereits großflächig verbreiten. Sie rief gegen 14:15 Uhr die Polizei, die ihrerseits die Feuerwehr alarmierte. Sie konnte verhindern, dass das Feuer auf die übrigen Räume übergriff; das Schlafzimmer brannte hingegen völlig aus.

Als Marek sah, dass es im Schlafzimmer brannte, flüchtete er und wurde gegen 16:10 Uhr in der Wohnung seiner Mutter in Berlin festgenommen. Nach Erlass eines Haftbefehls wegen besonders schwerer Brandstiftung wurde vom Untersuchungshaft angeordnet, die vom 13. bis zum 29. April 1997 vollzogen wurde. Bereits am 29. April

1997 wurde er unter Auflagen, zu denen insbesondere gehörte, sich straffrei zu führen, vom zuständigen Jugendschöffengericht vom weiteren Vollzug verschont.

Obwohl er anlässlich der Haftprüfung vollmundig Besserung und ein straffreies Leben versprochen hatte, honorierte Marek die Haftverschonung nur kurze Zeit: Schon am 14. Juni 1997 verformte er im betrunkenen Zustand an der Badestelle „Kiesschacht Beelitz" mit Faustschlägen das Gesicht des Jugendlichen Florian Timme. Der Anlass war banal, Florian hatte mit dem Hinweis, dass er nicht rauche, eine Zigarette abgelehnt. Mit der Drohung „Wenn du zu den Bullen gehst, bringe ich dich um" ließ er von ihm ab. Florian nahm die Drohung ernst und erstattete zunächst keine Anzeige. Der angesichts des geschwollenen Gesichts seines Sohnes entsetzte Vater konnte ihn jedoch mit dem Vortrag, „er müsse sich mit einer Anzeige zur Wehr setzen, andernfalls Menschen wie Marek nicht Einhalt geboten werde", überzeugen, Anzeige zu erstatten.

Am 20. Juni 1997 erhob die Staatsanwaltschaft wegen der vorgenannten Straftaten Anklage wegen schwerer Brandstiftung und schwerer Körperverletzung in 2 Fällen, welche das Jugendschöffengericht Potsdam am 2. November 1997 zuließ, aber aus nicht nachvollziehbaren Gründen länger als ein Jahr nicht förderte. Zwar fand am 13. November 1997 ein Termin zur Hauptverhandlung statt, die aber nach Verlesen der verbundenen Anklagen ausgesetzt wurde, um den Angeklagten psychiatrisch untersuchen zu lassen.

Nach der Aussetzung übergab die als Zeugin geladene Yvonne der Vorsitzenden des Jugendschöffengerichts ein Schreiben des Angeklagten, in dem er den Angehörigen seiner Ehefrau, den Eltern und ihren Geschwistern Folgendes angedroht hatte:

> Waltraut: 2 Wochen Telefonterror, 3-mal Scheiben einschmeißen und zum Schluss Molly reinschmeißen;
>
> Ramona: Auto ausbrennen und zusammenschlagen;
>
> Rüdiger: 2 Wochen Telefonterror, 2x auf dem Weg zur Arbeit mit roten VW-Passat von der Straße abdrängen, Wohnwagen im Garten abfackeln;
>
> Hannelore: ständig zusammenschlagen;
>
> Yvonne: Vergewaltigen und zusammenschlagen, danach ihre Wohnung anzünden, aber vorher vor ihren Augen dem Hund den Kopf abschlagen.

Obwohl das Schreiben nahelegte, den Haftbefehl wieder in Vollzug zu setzen, tat die Jugendrichterin das, was überlastete Richter im Vertrauen auf ihr Richterprivileg manchmal tun, nämlich „Nichts". So blieb der Angeklagte auf freien Fuß und konnte seine von ihm getrennt lebende Ehefrau, die nach den Brand in die Berliner Straße 3 umgezogen war und sich scheiden lassen wollte, weiter bedrohen und auf andere Weise demütigen. So verteilte er zum Beispiel im November 1997 in Beelitz Flugblätter mit Kopien der zu Beginn der Ehe aufgenommen Nacktfotos. Das Flugblatt enthielt, mit dem Hinweis auf Yvonnes neue Anschrift, auch eine Offerte für Liebesdienste.

Als ein unbekannt Gebliebener ihm gegenüber andeutete, „dass sie inzwischen fremd gehe", rief er am 25.April 1998 seine Frau an und drohte ihr, sie umzubringen, „falls außer ihr noch jemand anders" in der Wohnung sei. Yvonne, die wegen dieser Todesdrohung Strafanzeige erstattet hatte, reichte im Juli 1998 die Scheidung ein. Aber ihr inzwischen 19 Jahre alter Ehemann wollte sich nicht scheiden lassen und erklärte ihr am Telefon, dass „nur der Tod sie scheiden könne". Am späten Abend des 1. November randalierte er vor dem Haus und drohte ihr, auch ihre neue Wohnung abzufackeln, wenn sie die Scheidung nicht zurücknehme. Als Nachbarn die Polizei riefen, beschimpfte er einen der Beamten als „dicke Sau" und drohte, ihn umzubringen, falls er ihm in Zivil begegne.

Während des Scheidungsverfahrens lernte sie den knapp 18 Jahre alten Marcel kennen und verbrachte mit ihm eine Nacht. Als er morgens erfuhr, dass er mit der Frau von Marek D. geschlafen hatte, geriet er in Panik. Er kannte ihn und fürchtete seine Rache, und das zu Recht: Marek erfuhr von der Affäre. Er suchte und fand ihn am 26.November 1998 in einer Diskothek in Michendorf. Dort schlug er ihm ohne Vorwarnung eine Bierflasche auf den Kopf und floh.

Am 5. November 1998 suchten die nunmehr in Angst lebende Yvonne mit ihrer Schwester in Potsdam einen Staatsanwalt, der die Todesdrohung vom 25. April 1998 bearbeitete. Sie erkundigten sich nach dem Sachstand und äußerten ihr Unverständnis, dass sich der Beschuldigte immer noch auf freien Fuß befinde, obwohl er seine Ehefrau, ihre Eltern und Geschwister unter anderem mit Brandanschlägen ständig bedrohe. Es stellte sich heraus, dass dieser Staatsanwalt „über weitere Straftaten" nicht informiert war. Er stellte in Aussicht, dass die Familie zu den ihm „nicht bekannten Vorwürfen" – sie wurden von anderen Dezernaten anderer Staatsanwaltschaften bearbeitet – „nochmals gehört werden solle".

Auch in Unkenntnis „weiterer Straftaten" musste sich einem Staatsanwalt, auch wenn er lediglich „Dienst nach Vorschrift" macht, aufdrängen, dass Eile geboten sei: Ein eifersüchtiger und von Hass getriebener Ehemann und Bewährungsversager hatte Gefühle, die auf Vernichtung ausgerichtet waren. Aber auf die Idee, gem. § 453c der Strafprozessordnung (StPO) einen Sicherungshaftbefehl zu beantragen – Gründe für den Widerruf der Strafaussetzung waren zu Hauf vorhanden – kam er nicht.

Die Anhörung konnte nicht stattfinden, weil Yvonnes Leben am 13. Dezember 1998 brutal endete. Weder eine Jugendrichterin noch Staatsanwälte waren zu Yvonnes Lebzeiten willens und jetzt nicht mehr in der Lage, eine „tickende Zeitbombe" zu entschärfen:

Am 10. Dezember versuchte Marek im Ausnahmemodus achtmal über das Telefon seiner Mutter in Berlin, Yvonne zu erreichen; weil sie nicht abhob, wurden alle Anrufe gespeichert:

Erster Anruf

> Haste gehört, du sollst ans Telefon gehen, wir haben‘s halb zwölf...
>
> War wohl doch nichts mit deiner Oma, fremd bumsen gewesen.
>
> Du sollst ran gehen jetzt endlich, eh Yvonne, es reicht jetzt.

Dritter Anruf

> ...Wenn du das Scheißding nicht abhörst, wenn du nicht bis dreie anrufst, dann knallt det, ich schwöre dir, dann habe ich sonne Wut, dass es knallt. Ruf lieber zurück, west, besser wäre es für dir und deine Sippschaft.

Sechster Anruf

> ... Yvonne, hör zu, ich weeß, dass Du zu Hause bist, du Schlampe, geh ran

Achter Anruf

> ...Mädel, ich weeß, dass du en anderen Kerl zu Hause hast, geh ran

Marek hatte inzwischen „Am Stern“, einer Plattenbausiedlung in Potsdam, eine Wohnung gemietet und kehrte am Abend des 12. Dezember dorthin zurück. Er traf an einem Tankstellentreff einen Bekannten, der ihm erzählte, dass sein im Kirchsteigfeld wohnender Kumpel Sebastian Freunde eingeladen hatte und fuhr hin. Ihm hatte er anvertraut, dass sich Yvonne von Ihm scheiden lassen wolle.

Als sich die angetrunkene Gesellschaft nach Mitternacht auflöste, übergab Sebastian ihm ein feststehendes Bundeswehrmesser mit einer 11cm langen Klinge, welches er für Marek aufbewahrt hatte und ließ sich von einem später im Schwurgerichtsprozess vernommenen Zeugen gegen 3:00 Uhr des 13. Dezembers für 15,00 DM nach Beelitz fahren und bat ihn, auf dem Kirchplatz zu parken und 10 Minuten auf ihn zu warten.

Auf dem Weg zur Wohnung von Yvonne kam er an einer Telefonzelle vorbei und versuchte letztmalig, sie zu erreichen.

Neunter Anruf

> Yvonne, geh ran, haste gehört, Yvonne, geh ran, du sollst ans Telefon gehen, haste gehört, geh ran.

Nach diesem letzten und wieder vergeblichen Anruf war Marek überzeugt, dass sie einen Liebhaber bei sich hatte und Yvonne sich endgültig von ihm getrennt habe. Von Hass und Eifersucht getrieben, entschloss er sich, sie zu töten. Marek verschaffte sich durch Klingeln an allen Außenklingeln Zutritt ins Haus und zerschnitt im ersten Stock mit dem mitgeführten Bundeswehrmesser die oberhalb der Wohnungstür in Yvonnes Wohnung verlegte Telefonleitung. Anschließend trat er die Tür ein und stürmte ins Schlafzimmer, um sie mit dem „anderen Kerl“, den es nicht gab, zu überraschen. Ihr

Versuch, ihren rasenden Ehemann aufzuhalten, hatte keinen Erfolg: Er stach zwanzig Mal wahllos auf seine Ehefrau ein und verließ die Wohnung. Auf dem Weg zum auf dem Parkplatz Wartenden steckte er das Messer in die Plastikscheide und verbarg die blutverschmierten Hände, so dass dieser nichts merkte. Auf dem Weg zurück nach Potsdam bat er den Fahrer unter dem Vorwand, austreten zu müssen, am Seddiner See zu halten; er trat nicht aus, sondern wollte das Messer im See entsorgen. Da der See zugefroren war, konnte es am nächsten Tag von den Beamten der Mordkommission als Tatwaffe und Beweismittel sichergestellt werden.

Die schwer verletzte Yvonne konnte sich noch bis zur Tür ihrer Nachbarin schleppen und klingeln, bevor sie zusammenbrach. Die Nachbarin rief über die Notfallnummer 110 die Polizei, und bevor sie das Bewusstsein verlor, konnte sie noch mitteilen, wer sie niedergestochen hatte. Der Notarzt brachte sie ins Unfallkrankenhaus Berlin-Marzahn, wo sie während der Notoperation um 11:50 Uhr verstarb; die Stichverletzungen am Rumpf mit Eröffnung der Brusthöhle und die mehrfachen Verletzungen der Lunge – beide Lungenlappen mussten entfernt werden – hatten zu einer Blutluftbrust und einem Verblutungsschock nach dem Obduktionsergebnis zum Tode geführt.

Marek wurde noch am Tattag, dem 13.Dezember 1998, um 4:50 Uhr in seiner Wohnung in Potsdam festgenommen. Eine um 5:35 Uhr entnommene Blutprobe ergab eine Alkoholkonzentration von1,03 Promille.

Bei seiner Vernehmung als Beschuldigter lavierte er anfangs und berief sich auf eine Notwehrsituation. „Er habe lediglich sehen wollen, ob seine Frau einen Liebhaber im Bett habe, sie habe ihn von hinten angesprungen und er habe sich gewehrt". Er räumte jedoch schließlich ein, seine Frau aus Eifersucht getötet zu haben und wiederholte sein Geständnis am 14. Dezember vor dem Haftrichter, der Untersuchungshaft anordnete.

Der Strafprozess begann am 5. Juli 1999 vor der Jugendkammer des Landgerichts Potsdam mit einer Enttäuschung für die Presseleute: Der Angeklagte war zur Tatzeit des Mordes, den er mit einem Mordmerkmal, den niedrigen Beweggründen Wut, Hass und Eifersucht, als Beschuldigter eingestanden hatte, der aber wegen der Unschuldsvermutung bis zur Rechtskraft des Urteils lediglich ein „angeblicher Mord" war, 20 Jahre alt, so dass der Prozess gegen den Heranwachsenden im Sinne des Jugendgerichtsgesetz (JGG) als öffentlicher Strafprozess annonciert war. Ich hatte jedoch übersehen – und auch der Berichterstatterin war es nicht aufgefallen –, dass die Kammer im Eröffnungsbeschluss vier vom zuständigen Jugendgericht nicht geförderte Anklagen aus dem Jahr 1996 übernommen hatte, in denen er als zu den Tatzeiten 16 bzw. 17jähriger Jugendlicher nach den JGG – zwingend – einen Anspruch auf eine „Nichtöffentliche Sitzung" gehabt hätte. Da die Familie vor Beginn der Hauptverhandlung die Versäumnisse der Strafjustiz öffentlich gemacht hatte, war das Interesse der Medien am angeblichen Justizversagen befeuert. Die zahlreich erschienenen Pressevertreter, die sich Aufklärung und eine Attacke des Strafverteidigers erhofft hatten, waren daher nicht begeistert, als ich ihnen „vor Aufruf der Sache" mitteilen musste, dass bis zur Erörterung und wahrscheinlichen vorläufigen Einstellung dieser Straftaten gemäß § 154 StPO wegen der Erwartung der Verurteilung wegen Mordes „nichtöffentlich" verhandelt werde.

Der enttäuschte Reporter W. Paukert von der *Berliner Morgenpost* ließ sich in der Ausgabe vom 6. Juli dazu hinreißen, ein Junktim zur bevorstehenden Landtagswahl herzustellen und mir Vertuschungsabsicht zu unterstellen, was mich veranlasste, über den Präsidenten des Landgerichts und den übergeordneten Presserat eine Gegendarstellung zu beantragen.

Am 26. Juli 1999 verurteilte die Jugendkammer den Angeklagten nach Verbindung der von der vom Jugendschöffengericht Potsdam nicht geförderten Verfahren wegen Mordes, schwerer Brandstiftung sowie gefährlicher Körperverletzung zu einer Jugendstrafe von 9 Jahren und ordnete die Unterbringung in einem psychiatrischen Krankenhaus an. Sie folgte damit dem das Gericht beratenden Gutachter, der Marek. D. „eine schon früh angelegte schwere Persönlichkeitsstörung mit dissozialen, paranoiden und narzisstischen Zügen" und damit eine erheblich verminderte Schuldfähigkeit attestiert und prognostiziert hatte, dass er – unbehandelt – auch zukünftig schwere Gewaltdelikte begehen werde.

In der anschließend von mir als Vorsitzenden in wieder öffentlicher Sitzung vorgetragenen Urteilsbegründung konnte und wollte ich die Erwartung der Presse erfüllen:

> Yvonne könnte noch leben, ein sensibler Umgang mit dem Haftrecht durch die Ermittlungsbehörde und eine dem Beschleunigungsgebot entsprechende zeitnahe Verhandlung der verbundenen Verfahren vor dem Jugendschöffengericht Potsdam hätten die Tat von 13. Dezember verhindert.

Es war, gelinde gesagt, ein justizielles Desaster, welches neben dem frühen Tod einer jungen Frau auch dazu geführt hat, dass die Kammer lediglich 9 Jahre Jugendstrafe verhängt hat. Bei zeitnaher, dem Beschleunigungsgebot gemäß Art. 6 Abs. 1 der Menschenrechtskonvention entsprechender Aburteilung der verbundenen Verfahren wegen Brandstiftung und Körperverletzung hätte die Kammer die Höchststrafe von 10 Jahren verhängt.

Im Übrigen verbot die Achtung vor der Toten und die Rücksichtnahme auf die Gefühle ihrer Angehörigen die Ausführung: Gemäß Nr. 41 Abs. 2 der UHaftVollzugsordnung darf ein Gefangener nur ausgeführt werden, wenn unaufschiebbare Angelegenheiten seine persönliche Anwesenheit erfordern.

„Mädchen–Mörderliebe“

Darf eine Frau einen verurteilten Mörder lieben? Ja, sie darf, aber darüber, ob sie ihre Liebe öffentlich machen durfte, waren die Meinungen bis hin zum Justizministerium des Landes Brandenburg geteilt: Sie war nämlich Justizangestellte am Bezirksgericht Potsdam und ihr Geliebter ein Mörder. Sie begegneten sich in der Zeit von 11. August bis zum 22.September 1993 im Keller des Gerichts: Er – wegen Mordes vorgeführt aus der Untersuchungshaft der Justizvollzugsanstalt Berlin-Moabit – wartete in der Vorführzelle auf seinen Verteidiger und den Beginn seiner Verhandlung. Er rief ihr im Vorbeigehen etwas zu und sie – die 26jähige Sabine K. – rief „Du bist ein Riesenarschloch. Das, was Du gemacht hast, kannst du nie wiedergutmachen“ zurück.

Er schrieb – von ihr beeindruckt – aus der „Zelle“ über seine Kindheit, seine Vorliebe für schnelle Autos, Frauen und Geld. Und sie reagierte anfangs mit dem Gefühl von Lebenshilfe. Und später wurde es, obwohl sie wusste, was er getan hatte, Liebe.

Haiko G. wurde am 29.April 1969 in Neustrelitz geboren. Im Alter von 6 Monaten verzog er mit seinen Eltern nach Leipzig. Sie ließen sich 1974 scheiden, der Fünfjährige blieb nach der Scheidung bei seiner Mutter. Sie heiratete 1979 erneut. 1980 wurde seine Stiefschwester geboren. Der Stiefvater schlug ihn während der Pubertät, und „wegen familiärer Schwierigkeiten“ musste er psychiatrisch behandelt werden. Er absolvierte nach seiner Entlassung aus der 10. Klasse eine Lehre als Koch und wurde 1988 zur Nationalen Volksarmee eingezogen. 1990 wurde er als Zeitsoldat wegen Disziplinschwierigkeiten unehrenhaft aus der Armee entlassen.

Er lernte eine Frau kennen, mit der er im Januar 1991 in Potsdam ein Schiff der „Weißen Flotte“ pachtete und einen Gastronomiebetrieb einrichtete. Sie nahmen dafür einen Kredit von 30.000.- DM auf. Und obwohl der Betrieb Gewinn machte, kündigte der Eigentümer im Herbst 1991 den Pachtvertrag. G. war plötzlich arbeitslos und ohne festen Wohnsitz und konnte den Kredit nicht zurückzahlen. Und – schlimmer geht immer –seine Freundin verließ ihn.

Ende Mai 1992 lernte er Helmut B. kennen, als dieser seinen PKW Pontiac in eine Reparaturwerkstatt brachte, in der er gelegentlich aushalf. Haiko liebte schnelle, auffallende Autos und kam mit Helmut B. ins Gespräch. Er erzählte ihm von seinen finanziellen Schwierigkeiten und dass er keinen festen Wohnsitz habe, auch, dass er eine Unterkunft suche, um sich vor seinen Gläubigern zu verbergen. Im Übrigen war er beeindruckt, dass Helmut Teilhaber eines Möbelgeschäfts in Nauen war und sich bester Kontakte zum Potsdamer Prostituiertenmilieu berühmte. Als er G. anbot, seinen in Ketzin an der Havel gelegenen Bungalow zur Verfügung zu stellen, nahm dieser das Angebot an und schloss damit einen Pakt mit dem Teufel: Der 33 Jahre alte Helmut B. war als „Albino“ und Zuhälter im Milieu bekannt. Seine Beteiligung am

Möbelhaus missbrauchte er zur Geldwäsche. Er ist Spross eines elitären Elternhauses. Sein Vater gehörte zur SED-Nomenklatura und war in der früheren DDR Vize-Verkehrsminister. Der Sohn entschied sich für einen anderen Weg: Er wurde vielfach straffällig, war schon zu DDR-Zeiten unter anderem wegen Diebstahls und Vergewaltigung inhaftiert. Drei Ehen scheiterten, weil er seinen ehelichen Pflichten im Strafvollzug nicht nachkommen konnte. 1987 wurde er nach einer versuchten „Republikflucht" nach Westberlin abgeschoben, kehrte nach der Öffnung der innerdeutschen Grenze im November 1989 nach Potsdam zurück und pflegte seit 1990 enge Kontakte zur dortigen Rotlichtszene.

Auf dem Höhepunkt seiner kriminellen Karriere im November 1993 wird Helmut B. sich gegenüber dem 1. Senat des Bezirksgerichts Potsdam als „Urkrimineller" geständig zur Sache einlassen und bekunden, dass das sogenannte „Gutbürgerliche Leben" nichts für ihn sei. Nach der Wende des 9. Novembers 1989 war er für die *Einen* „ein verkommenes skrupelloses Subjekt" und für die *Anderen* ein Heilsbringer und die Lösung ihrer Probleme.

Im Zentrum des sich abzeichnenden Dramas stehen die *Anderen*: Es sind Haiko G. und die später vom Jugendsenat des Bezirksgericht Potsdam als Mittäter verurteilten 20Jährigen Jens K. und Ricardo K. Beide waren in einfachen Verhältnissen aufgewachsen.

Jens' Vater war 1989 verstorben. Er begann als Schüler, Fleckenentferner zu inhalieren und wurde nach einem appellativen Suizidversuch in den Jugendwerkhof Hummelheim eingewiesen. Dort beendete er die 8. Klasse der Grundschule und absolvierte eine Lehre als Fleischverarbeiter. Er arbeitete als Fleischverarbeiter im Schlachthof in Berlin-Spandau. Im Juli kündigte er.

Ricardo K. wurde aus der 8. Klasse der Grundschule entlassen und begann eine Maurerlehre.

Beide trafen Helmut B. im Juli 1992in einer Diskothek in Nauen. Er trat großspurig auf, schmiss mit Geld um sich und schwadronierte mit seinen Kontakten zur Unterwelt und der Möglichkeit, viel Geld zu verdienen. Sie waren von ihm so beeindruckt, dass sie bereit waren, ihr Leben zu ändern und für ihn in einer Diskothek zu arbeiten und Zigaretten und Schnaps in großen Mengen „zu besorgen". Und sie durften mit Helmuts weißem Wrangler-Jeep umherfahren und träumten von großem Reichtum.

Jens kündigte im Juli seinen Job als Fleischverarbeiter im Schlachthof in Berlin-Spandau, Ricardo brach seine Maurerlehre 3 Wochen vor ihrem Abschluss „auf Anweisung" von Helmut ab; er ging einfach nicht mehr hin. Dass Helmut B. mit ihnen Größeres vorhatte, ahnten sie nicht. Und bevor ihnen Helmut seinen Plan offenbarte, mussten sie sich noch bewähren:

Helmut B. benötigte für einen Einbruch ein Motorrad und beauftragte sie mit der Beschaffung. Jens kontaktierte einen früheren Mitinsassen des Jugendwerkhofs und Mike, der im „Waldhaus“, einem Abbruchhaus in Werder an der Havel, Treffpunkt der Skinhead-Szene, wohnte.

Es kam zu einem Treffen, an dem Helmut B. teilnahm. Er hatte Interesse an einer Zusammenarbeit, insbesondere an der Abnahme gestohlener Gegenstände. Bei diesem Treffen ließ Helmut, der wusste, dass Jens und Ricardo mit hübschen jungen Mädchen befreundet waren, „die Katze aus dem Sack“: „Er sei auf der Suche nach einem Mädchen, das für Geld alles zu tun bereit und ein wenig doof sei. Er brauche sie für den Strich und für sich selbst, sie solle jung sein und vernünftig aussehen“.

Mike und der Junge aus dem Werkhof konnten helfen. Sie kannten ein Mädchen aus Glindow, mit der sie schon intim waren und das Helmuts Erwartung entsprach: Nicole war eine 16jährige Schülerin. Sie wurde später vor Gericht von ihrer Freundin Jeanette als fröhliches, lebenslustiges Mädchen beschrieben, welches häufig wechselnde Beziehungen hatte und ein wenig gutgläubig und naiv, aber auch von dem Wunsch beseelt gewesen sei, einen festen Freund zu haben. Im Kreis der Mitschüler wurde sie, auch das berichtete Jeanette als Zeugin, abgelehnt, weil sie zu viel Apfelkorn trank.

Anfang August 1992 fuhren Helmut, Skinhead Mike, Jens und sein Kumpel aus dem Jugendwerkhof mit dem weißen Wrangler-Jeep nach Glindow. Sie trafen Nicole in ihrem Elternhaus an. Nach einem „Vorgespräch“ erklärte sie sich bereit, Helmut am Abend des 10. August am Dampferanlegesteg in Werder / Inselstadt zu treffen. Als sie gegen 21:30 Uhr am Anleger eintrafen, wartete Nicole bereits. Sie war allerdings nicht allein; sie hatte vorher mit einer Freundin in der Havel gebadet, und sie warteten gemeinsam am Steg. Während seine Vasallen versuchten, Nicoles Freundin loszuwerden, weil sie störte, redete Helmut auf sie ein, ihn nach Nauen zu begleiten; er stellte in Aussicht, dass sie bei ihm viel Geld verdienen könne. Nach den späteren Feststellungen des Schwurgerichts hatte Nicole zu diesem Zeitpunkt schon fast eine Flasche Apfelkorn getrunken, war „aufgekratzt und anlehnungsbedürftig“. Nachdem sie sich mit dem Hinweis, dass sie sich „nach ihrer Zeugenvernehmung im Polizeipräsidium Potsdam“ am nächsten Tag in Glindow treffen würden, von ihrer Freundin verabschiedet hatte, stieg sie in den Jeep und nahm auf Helmuts Schoß Platz. Diesem entging nicht, dass Nicole keine Unterwäsche trug; sie hatte sich nach dem Baden den nassen Badeanzug ausgezogen und keinen Schlüpfer dabei.

Auf dem Weg nach Nauen wollten sie, wie geplant, ein Motorrad stehlen. Weil es nicht gelang, dass Motorrad kurzzuschließen, entwendeten Ricardo, Jens und sein Kumpel einen geparkte Transporter, mit dem sie das Krad auf das Gelände der Nauener Zuckerfabrik fuhren und in Helmuts Garage versteckten.

Helmut kaufte 2 Flaschen Berentzen Apfelkorn, Bier und Zigaretten, und sodann fuhren sie zu Helmuts Möbelhaus in Nauen. Dort forderte er Jens und Ricardo auf, die

Rollos herunterzulassen, die Tür zu verschließen und das Sofa auszuklappen. Als Nicole, die inzwischen weiter Apfelkorn getrunken hatte, verweigerte, sich auszuziehen und Helmut mit der Hand zu befriedigen, vergewaltigte er das weinende und betrunkene Mädchen. Als er fertig war, forderte er seine Kumpane mit *„Nun seid ihr dran"* auf, es ihm gleichzutun. Sie weigerten sich zunächst. Aber als Helmut sie zu Schlappschwänzen erklärte, wollten sie das nicht so stehen lassen und führten mit ihr, die inzwischen zur Gegenwehr nicht mehr in der Lage war, nacheinander den Geschlechtsverkehr durch. Und damit nicht genug: Helmut tat es auch noch einmal und führte der vor Schmerzen schreienden Nicole nach dem Verkehr eine Flasche Apfelkorn in Scheide und After ein. Erst jetzt durfte sie aufstehen, um sich auf der Toilette zu waschen. Jens und Ricardo, die teilnahmslos zugesehen hatten, halfen dem erschöpften Mädchen in einem Anflug von Mitgefühl, sich anzuziehen.

Helmut erinnerte sich inzwischen, dass Nicole am nächsten einen Termin bei der Kriminalpolizei haben wird, um als Zeugin auszusagen und erklärte: „Sie muss weg, bevor sie uns bei der Kripo verpfeift". Jens und Mike empörten sich und reagierten mit „Du bist wohl nicht ganz sauber". Er aber hielt den Tod des gequälten und vergewaltigten Mädchens für alternativlos und erklärte, er wolle nicht in den Knast. Und er hatte einen Plan zur Lösung des Problems: „Haiko"; er soll sie umbringen.

Als Helmut in Ketzin erschien, lag Haiko, nichts Böses ahnend, im Wohnzimmer des Bungalows auf dem Sofa und schaute fern. Helmut erklärte ihm die prekäre Situation und mache ihn mit dem provozierenden Satz „Jetzt kannst du zeigen, was du draufhast" gefügig. Haiko, der nicht wusste, dass Helmut ihn bereits als Killer auserkoren hatte; dachte, er solle sie nur davon abhalten, am nächsten Tag eine Anzeige zu machen. Als sie mit den anderen den Raum betrat, prügelte er deshalb sofort auf sie ein. Ihre Bitte, auf die außerhalb des Bungalows befindliche Toilette gehen zu dürfen, verweigert er ihr. Sie urinierte daher auf den Fußboden der Küche und musste ihn anschließend zur Strafe säubern.

Helmuts Aufforderung, die Anwesenden mit der Hand zu befriedigen, hatte Nicole nichts mehr entgegenzusetzen. Sie, inzwischen wieder entkleidet, tat, was er von ihr verlangte. Und nachdem er das wehrlose Mädchen im Nebenzimmer erneut penetriert hatte, wuschen Jens und Ricardo das durch Urin und Sperma besudelte Opfer mit zwei Wasserkanistern ab. Als sie Haiko anflehte, eine Bekannte anrufen zu dürfen, reichte ihr Haiko einen Zollstock und sagte zur Belustigung der Anwesenden: „Hier hast du ein Funktelefon".

Um in Ruhe abschließend beraten zu können, was zur Verhinderung einer naheliegenden Strafanzeige zu tun sei, wurde sie gefesselt und im Nebenzimmer abgelegt. Sie konnte sich jedoch befreien und versuchte, um Hilfe schreiend, ihren Peinigern durch ein Fenster zu entkommen. Haiko wurde „durch ein Poltern aufmerksam, riss sie zurück und schlug sie nieder". Danach eskalierte die Situation: Während die beiden

Youngster vorschlugen, sie weiter mit Apfelkorn abzufüllen und in Werder in der Hoffnung auf eine Amnesie, einen Erinnerungsverlust, auszusetzen, prognostizierte Helmut jedem an der Gewaltorgie Beteiligten die seiner persönliche Schuld entsprechende Straferwartung. Und mit der Aufforderung „Jetzt muss was passieren“, hatte er einen anderen totsicheren Vorschlag, den der inzwischen alkoholbedingt enthemmte Haiko mit Hilfe von Jens und Ricardo im vorauseilenden Gehorsam sofort in die Tat umsetzte: Er befahl den beiden, Nicoles Arme und Beine festzuhalten und erstickte sie mit einem Kissen. Als sie sich nicht mehr bewegte, weckten sie Helmut, der sich zurückgezogen hatte und schlief. Sie meldeten die vollstreckte Tat. Er äußerte lediglich lapidar: „Ist gut, dass sie tot ist, ich weiß schon, wo sie hinkann“.

Um Spuren zu beseitigen, reinigten sie ihre Fingernägel und ihren Körper. Der Leichnam wurde in eine Plane gewickelt und mit Kabel und Draht verschnürt. Sie brachten ihn in der Nacht vom 11. zum 12 August 1992 im zuvor gestohlenen Transporter zum Caputher See. Dort beschwerten sie „das Paket“ mit einem Motorblock und Steinen und luden es in ein Schlauchboot. Haiko, Jens und Ricardo zogen das Boot schwimmend in die Mitte des Sees. Und nach einer Lichthupe des am Ufer wartenden Helmut versenkten sie den Leichnam.

Am 13.August 1992 trafen auch Mike und Jens, die Kumpel aus dem Jugendwerkhof in Ketzin, ein und erkundigten sich nach Nicole. Helmut informierte sie, dass das Mädchen vergewaltigt und getötet worden sei und bemerke, dass sie nun Mitwisser seien und sich bitte an den Vorbereitungen zur Flucht beteiligen sollten. Helmuts Vorschlag war der Sehnsuchtsort der früheren DDR, die Ostsee. Um den Aufenthalt dort zu finanzieren, beschlossen sie, nach der Wiedervereinigung am 3.Oktober 1991 noch nicht ausreichend gesicherte Sparkassen zu überfallen. Mike, Haiko und Jens Kumpel stahlen ein Fluchtauto und Jens chauffierte sie am 13. August 1992 zum ersten Tatort: Mit Skimützen maskiert und mit ungeladenen Gaspistolen bewaffnet, überfielen sie am 3. August 1992 die Sparkasse in Falkenrehde. Die Beute betrug 31.000,- DM.

Boss Helmut B. hatte sich über die Planung hinaus die Hände nie schmutzig gemacht und nach Überfällen lediglich kassiert: Die Beute aus dem Überfall in Falkenrehde übergaben sie ihm in Ketzin. Er kleidete seine Sparkassenräuber neu ein, verteilte Bargeld, und sie fuhren gemeinsam nach Gören/Ostsee, die Beute aus dem Überfall in Caputh übergaben Haiko und Ricardo in Warnemünde.

Am 20. August 1992 veröffentlichte die regionale Presse die in der Sparkasse Falkenrede von der Kripo sichergestellten Lichtbilder einer versteckten Kamera und es gab einen Treffer: Haiko war gut zu erkennen. Helmut reagierte gelassen und versprach Haiko falsche Papiere und einen guten Anwalt. Für das Geld dafür sollte ein weiterer Banküberfall stattfinden, der aber nicht wie geplant stattfand, weil Mike und der Kumpel von Jens am 21. August 1992 bei dem Versuch, ein Fluchtauto aufzubrechen, festgenommen wurden. Unmittelbar nach der Festnahme berichteten sie, dass Nicole von

Haiko G., Skippi und Butze – ihnen waren nur die Spitznamen von Ricardo K. und Jens K. bekannt – im Bungalow von Helmut B. umgebracht worden sei. Die Kriminalpolizei durchsuchte daraufhin das Seengebiet um Ketzin, fand aber den Leichnam nicht. Sie konnten ihn dort auch nicht finden, weil er in einem anderen See entsorgt worden war.

Am 28. August 1992 hatten Haiko, Ricardo und Jens, am Steuer eines gemieteten Fluchtautos, nach der telefonische Ansage des in Warnemünde logierenden Bosses, „ja nicht ohne Geld bei ihm zu erscheinen" mehr Erfolg: Sie überfielen die Sparkasse in Caputh und erbeuteten 33.000,- DM.

Haiko setzte sich nach dem Überfall nach Leipzig ab. Dort wurde er am 20.September 1992 wegen des Überfalls auf die Sparkasse Falkenrehde festgenommen. Jens wurde am 17.Oktober in Nauen und Helmut B. aufgrund eines Haftbefehls lediglich wegen des Verdachts des Menschenhandels und Förderung der Prostitution am 20. Oktober 1992 in Warnemünde verhaftet. Helmut berichtete in seiner Vernehmung als Beschuldigter freimütig, dass Nicole in seinem Bungalow getötet worden sei. Er belastete Haiko, Jens und Ricardo. Seine Beteiligung und dass er sie dazu angestiftet hatte, verschwieg er.

In der Zeit von 5. bis zum 10. November legten die von ihm Belastenden nacheinander umfassende Geständnisse ab, sodass gegen alle Beteiligten wegen des dringenden Verdachts des Mordes Haftbefehl erging und Untersuchungshaft angeordnet wurde. Und am 11. November wurde der verpackte und beschwerte Leichnam aus dem Caputher See geborgen.

In der Nacht vom 5. auf den 6. September 1993 versuchte Haiko mit zwei Mithäftlingen vergeblich, per Geiselnahme aus der Justizvollzugsanstalt (JVA) Königs Wusterhausen zu fliehen und wurde am 22. September 1993 vom Strafsenat 2 B – Jugendsenat – des Bezirksgericht Potsdam unter anderem wegen Mordes zu einer lebenslangen Freiheitsstrafe verurteilt. Gegen die zur Tatzeit 20jährigen Mitangeklagten Jens K. und Ricardo K. verhängte der Jugendsenat u.a. wegen Mordes lange Jugendstrafen. Und der gesondert angeklagte Helmut B. wurde in November 1993 vom 1. Senat des Bezirksgerichts Potsdam wegen Vergewaltigung und Anstiftung zum Mord ebenfalls zur lebenslanden Freiheitsstrafe verurteilt.

Mit dem Schuldspruch wegen Mordes und der Rechtskraft des Urteils war die Romanze zwischen der Justizangestellten und dem Verurteilten Haiko G. nicht zu Ende: Haiko wurde in den Hochsicherheitstrakt der JVA Brandenburg überführt. Es war der Bereich, in dem die „Lebenslänglichen" untergebracht waren, die Mörder und Schwerverbrecher, die im Knastjargon "LL" genannt wurden. Sie berichtete in einem Interview mit dem Gerichtsreporter Karsten Hintzmann über ihre Gefühle. Am 4. Oktober 1995 veröffentlichte die *B.Z.* unter der Überschrift „Mädchen-Mörderliebe unter anderem", dass sie sich zweimal pro Woche schreiben:

> Jeder habe vom anderen bisher 100 Briefe bekommen. Es seien Briefe, in denen es keine Tabus gibt. Anfangs habe sie sich über Haikos sexuelle Phantasien amüsiert und sie wie einen leichten Liebesroman gelesen. Sie habe dabei das Gefühl gehabt, er sei bei Ihr. Sie dürfe ihn einmal pro Monat in der JVA besuchen. Bisheriger Höhepunkt ihrer Beziehung nach dreimonatiger Genehmigungs-Prozedur sei gewesen, dass sie im Mai für 3 Stunden in den „Langzeitsprecher" gedurft hätten – einem extra eingerichteten Wohnzimmer mit Dusche – in dem sie erstmals allein gewesen seien. Auf die Frage, ob sie denn keine Angst vor ihm gehabt habe, habe sie den Kopf geschüttelt und ihrem Sicherheitsgefühl wie folgt Ausdruck verliehen: „Der würde mir kein Haar krümmen. Nein, es war sehr schön und schlimm und schön zugleich. Schön, weil ich noch nie eine so offene und intensive Beziehung zu einem Mann hatte. Und ich war immerhin schon 7 Jahre verheiratet. Schlimm, weil ich wusste, dass diese Besuche die Ausnahme sein werden. Unsere Beziehung hat doch keine Zukunft"".

Die Gerichtsverfassung der DDR hatte mit Übernahme der Gerichtsverfassung der BRD am 1. Dezember 1993 ausgedient und damit auch das Bezirksgericht. Und der nunmehr amtierende Präsident des Landgerichts und die Justizverwaltung des neuen Bundeslandes waren nicht erfreut:

Sabine K. musste nach ihrem Coming-out und einem Gespräch mit dem Gerichtspräsidenten als ihrem Dienstvorgesetzten dienstliche Konsequenzen befürchten. Aber nach einem vermittelnden Gespräch mit dem damaligen Justizminister Dr. Hans Bräutigam, an dem auch Karsten Hitzmann von der *B.Z.* teilnahm, beurteilte der Minister das Verhalten der Justizangestellten menschlich. Und Sabines Befürchtung war „vom Tisch", sie konnte bleiben. Bräutigam war von 1982 bis zur Wiedervereinigung Leiter der Bonner Vertretung in Ost-Berlin und während meiner beruflichen Tätigkeit von 1991bis 2003 in Brandenburg der einzige Justizminister, der keine Fehlbesetzung war.

Ein missverstandener Hafturlaub

Jens K. – seine Freunde nannten in „Butze“ – schloss 1991 seine Fleischerlehre ab und war als Fleischer angestellt. Er verdiente 3.200,- DM und hatte eine Freundin. Als er dem Zuhälter B. begegnete, konnte er seinem Angebot, für ihn im Rotlichtmilieu zu arbeiten und reich zu werden, nicht widerstehen: Er verließ seine Komfortzone, wurde aber nicht reich, sondern mit 19 Jahren ein Mörder. Wegen seiner Mittäterschaft am Mord und der Vergewaltigung der 16-jährigen Nicole B. wurde er 1993 von Jugendsenat des Bezirksgericht Potsdam zu einer langjährigen Jugendstrafe verurteilt. Er hat inzwischen geheiratet und den Namen St. seiner Frau angenommen. Seine Strafe verbüßte er im Jugendstrafvollzug und heiratete seine Freundin; dass er am Mord eines jungen Mädchens beteiligt war, war für sie kein Problem.

Ihm wurde 1997 Hafturlaub gewährt. Anstatt der Erwartung des sozialtherapeutisch ausgerichteten Jugendstrafvollzugs, in Zukunft ein Leben ohne Straftaten zu führen, gerecht zu werden, beging er während seines Hafturlaubs eine Straftat, die er anschließend ohne ehelichen Beistand im strengen Erwachsenenstrafvollzug verbüßen musste.

In der Zeit vom 19. September bis 13. Oktober 1997 erpressten der zur Tatzeitpunkt 20 Jahre und 11 Monate alte B. – er begründete die Zuständigkeit der Jugendkammer – und „Butze“, unterstützt vom ebenfalls unter Bewährungsaufsicht stehenden Kn., mit Hilfe von Schlägen und drohender Waffengewalt von Frank L. 4.000,- DM und zwangen ihn, seine Musikanlage für 900,- DM zu verkaufen. Außerdem nahmen sie seinen Stafford-Terrier-Welpen nebst Hundefutter, Futternapf und Impfpass in Zahlung. Den jungen Kampfhund schenkte Jens seiner Ehefrau.

Als bekannt wurde, dass sich Frank L. in ärztliche Behandlung begeben und Strafanzeige erstattet hatte, forderten sie ihn auf, die Strafanzeige zurückzunehmen. K. drohte, ihn mit einer umgebauten und geladenen Walter PPK zu erschießen.

Frank L. war erheblich vorbestraft und hatte nach seiner letzten Verurteilung eine Geldstrafe nicht bezahlt; um seinen Peinigern zu entkommen, hatte er eine Idee: Er begab sich zur Vollstreckung einer Ersatzfreiheitsstrafe in die für ihn zuständige Justizvollzugsanstalt. Dort wurde ihm ein Kassiber mit folgendem Wortlaut zugespielt: „Frank L.! – von Butze – sollst nach § 55 Anzeige zurückziehen, brauchst dir keine Sorgen zu machen“.

Die Erpresser wurden am 18.Oktober 1997 festgenommen. Kn. hatte die umgebaute und geladene Walter PPK bei sich. Bei der Durchsuchung von „Butzes“ PKW fanden die Beamten eine durchgeladene Pistole, Modell Tokarew, und in der Wohnung von B. fanden sie unbezahlte Firmenrechnungen in Höhe von 160.000,- DM.

Vor Gericht rechtfertigte „Butze“ die Straftat mit einer „Vorgeschichte“: Er habe nach seiner Festnahme wegen des Mordes von Nicole am 13. Oktober 19992 als Untersuchungshäftling in der Justizvollzugsanstalt „Schwarze Pumpe“, heute Spremberg, den Untersuchungsgefangenen G. kennengelernt. Dieser habe ihm berichtete, dass Frank L., der spätere Nebenkläger, 1993 unter dubiosen Umständen einen zuvor an ihn für 10.000,- DM verkauften PKW Mercedes gegen einen Schuldschein über 5.500,- DM zurückgenommen habe, nachdem bei der Hauptwache in Potsdam gegen die Insassen dieses PKWs eine Strafanzeige wegen Nötigung im Straßenverkehr eingegangen sei.

„Butze“ verschwieg aus nachvollziehbaren Gründen, dass sein Freund und Mitangeklagte B. von seinem ehemaligen Mithäftling in der JVA Schwarze Pumpe gebeten worden war, ihm bei der Einlösung des Schuldscheins zu helfen.

Im Sommer 1997 waren er und G. unangemeldet bei Frank L. erschienen. G. hatte die Forderung aus dem Schuldschein gegen L. mehr als 4 Jahre haftbedingt nicht verfolgt. Er machte sie nach mehr als 4 Jahren geltend und forderte zusätzliche 3.000,- DM. L. übergab lediglich 500,- DM und versprach weitere zeitnahe Zahlungen, die ausblieben. Da der Berechtigte aus dem Schuldschein als Zeuge versicherte, die Angeklagten nicht beauftragt zu haben, für ihn Geld einzutreiben und den erpressten Betrag auch nicht erhalten zu haben, hatten sich die Angeklagten der räuberischen Erpressung schuldig gemacht; sie hatten auf „eigene Rechnung“ gehandelt. Damit war auch die von den Strafverteidigern vorgegebene Strategie, sich auf eine berechtigte Forderung zu berufen, um mangels Rechtswidrigkeit lediglich wegen Nötigung bestraft zu werden, obsolet. Sie, die Verteidiger, konnten damit ihr Versprechen, nicht wegen räuberischer Erpressung, sondern milder bestraft zu werden, nicht halten. Es war aber nicht die falsche Verteidigungsstrategie, sondern das „Schlusswort“ des verheirateten Angeklagten St., genannt „Butze“, welches mich aus der Reserve gelockt und zu einer Schlussbemerkung veranlasst hat:

> Die Ihre neue Lebensperspektive betreffenden Schlussworte haben uns fast zu Tränen gerührt; uns ist dabei aufgefallen, dass Sie, Herr St, vergessen haben uns zu erklären, inwieweit zu einer neuen Lebensperspektive Baseballschläger und eine durchgeladen scharfe Waffe gehören, außerdem Belege von Gläubigerforderungen in beträchtlicher Höhe, welche sie nach der Einlassung Ihres Freundes und Mitangeklagte B. an diesen weitergeben haben.

Ein Bunkermord und ein Mord ohne Leiche

Zu der von mir am 23. Mai 2001 vorgetragenen Urteilsbegründung gehörte folgende Vorbemerkung:

> Zu den Besonderheiten dieses Strafverfahrens gehört eine anhaltende Betroffenheit wegen eines abscheulichen Verbrechens: Nach dem Mord an einer 26jährigen Mutter musste auch ein Kind sterben, um das Verbrechen an der Mutter zu decken.

Zur Vorgeschichte der Mordtaten gehörte unter anderem, dass der ohne feste Wohnsitz inzwischen 19jährige Angeklagte Stephan T. in Brandenburg/ Havel ohne festen Wohnsitz lebte. Im kriminellen Milieu war er als gewaltbereit bekannt und dass er vom Drogendealen und Geldeintreiben für dubiose Gläubiger lebte.

Er wurde als drittes Kind seiner Mutter unehelich geboren. Sie wollte ihn zur Adoption freigeben, fand aber, da er ein schwieriges Kind war, keine Adoptiveltern. Nach seiner Einschulung prügelte er sich mit Mitschülern und bestahl sie. 1990 wurde er schließlich als sogenannter Schwererziehbarer ins Heim „Hilde Coppi" in Brandenburg a. d. Havel eingewiesen. Stephan schloss die Realschule mit der 10. Klasse ab und brach eine Lehre als Maler nach 6 Monaten ab. Als sein leiblicher Vater 1998 starb, kehrte er in den Haushalt seiner Mutter zurück. Sie setzte ihn 1999 vor die Tür, weil er sie bestahl und sich mit dem Stiefvater prügelte. Im Hebst 1999 nahm ihn der gehbehinderte Bernd L. auf. Für ihn erledigte er – bei freier Kost und Logis – Botengänge.

Im Mai 2000 lernte er Heidi F. kennen. Sie wohnte mit ihrer am 26.August 1996 geborenen Tochter Julia und ihrem Stiefbruder Andreas in Brandenburg/ Havel. Sie war keine perfekte Mutter und wechselte häufig ihre Freunde. Wenn sie nicht nach Hause kam, brachte Ralf Z., ein Nachbar, Julia in den Kindergarten. Sie hatte sich gerade von ihrem letzten Freund Thomas getrennt. Dieser nahm die Trennung nicht hin und versuchte – insbesondere unter Alkoholeinfluss und immer vergeblich – sie wiederzusehen. Als er am Abend des 30. Mai 2000 alkoholisiert im 3. Stock gegen ihre Wohnungstür schlug und lautstark Einlass begehrte, riefen Hausbewohner die Polizei. Zwei Polizeibeamte erschienen wegen unruhestiftenden Lärms zu einem Zeitpunkt, an dem wieder Ruhe eingekehrt war, weil der Randalierer das Haus längst verlassen hatte. Sie begehrten gleichwohl Einlass in Heidis Wohnung und fanden im Badezimmer eine unbekleidete Person – Stephan T., der inzwischen bei Heidi wohnte und inzwischen wusste, dass er wegen diverser Anzeigen zur Fahndung ausgeschrieben war und wegen einer Strafanzeige des Vaters aufgrund der von ihm telefonisch terrorisierten Tochter Nicole H. vom 27.Mai 2000 gesucht wurde. Bevor Heidi die Tür öffnete, hatte er sich in die Dusche des Badezimmers geflüchtet. Er wurde festgenommen und zur Hauptwache gebracht.

Anwesend war an diesem Abend auch Ronny S. Der am 4. Februar 1974 in Brandenburg/Havel geborene 27Jährige und nur mäßig Begabte hatte keine Berufsausbildung. Er wollte 1993 Berufssoldat werden, wurde aber wegen seiner „begrenzten Schulausbildung" abgelehnt. Von den nach 1991 aus der DDR abziehenden Offizieren der sowjetischen Besatzung kaufte er in Pritzwald/ Priegnitz Waffen. 1994 wurde er zum Wehrdienst eingezogen und als Richtschütze ausgebildet. Nach seinem Wehrdienst war er Vorarbeiter in einer Firma für Altbausanierung. Er wurde arbeitslos, weil die Firma Konkurs angemeldet hatte. Schließlich machte er sich in der Sanierungsbranche selbständig. Weil seine Auftraggeber nicht oder der nur schleppend zahlten, geriet er in finanzielle Schwierigkeiten und gab, mit 40.000,- DM verschuldet, auf. Seine Freundin Martina, die für ihn die Büroarbeiten verrichtet hatte, trennte sich von ihm. Seine wiederholten Wiederannäherungsversuche wehrte sie ab.

Am Morgen des 31. Mai 2000 wurde Stephan T. aus dem Polizeigewahrsam entlassen und traf Ronny S. Dieser berichtete ihm wahrheitswidrig, Heidis Stiefbruder Andreas habe ihn verraten und im Übrigen schlecht über ihn und seine Mutter geredet, und überredete Stephan, seine Ex- Freundin Martina über das Handy von Andreas telefonisch zu drangsalieren. Sein Plan sah vor, ihr später den „terroristischen Anrufer“ zu präsentieren und sie damit wiederzugewinnen. Er gewann sie aber nicht wieder, sondern löste mit seiner Intrige eine Eskalation von Gewalt aus; Stephan T. beschloss nämlich, Heidis Stiefbruder zur Rechenschaft zu ziehen.

Am Abend des 31. Mai 2000 trafen Stephan T. und Ronny S. ihn in Heidis Wohnung. Stephan T. hielt ihm vor, was er von Ronny S. erfahren hatte. Es kam zu einer kontroversen und lautstarken Auseinandersetzung. Um die schon schlafende dreijährige Julia und die Anwohner nicht zu stören, schlugen sie ihm vor, die Debatte „im Freien“ fortzusetzen. Obwohl er nichts Gutes ahnte, nahm er auf dem Rücksitz eines Ford Escort Platz. Ronny steuerte, mit Stephan als Beifahrer, den PKW in ein 5 km außerhalb von Brandenburg/ Havel gelegenes Waldstück. Sie prügelten auf den aussteigenden Andreas ein. Von Stephan aufgefordert, „weiter zu machen“, versuchte Ronny, ihm das rechte Bein zu brechen. Er brüstete sich bei diesem Vorhaben damit, „bei einer Spezialeinheit gewesen und in der Lage zu sein, einen Menschen mit bloßen Händen zu töten“. Sie brachten ihn danach zu seiner Stiefschwester zurück. Er und die von ihm informierten Familienangehörigen waren von der Brutalität der beiden so beeindruckt, dass sie keine Anzeige erstatteten.

Aber Stephans Rachegelüste wegen des angeblichen Verrats waren noch nicht befriedigt: Am 3. Juni 2000 rief er Andreas an. Er täuschte ihm vor, sich bei ihm entschuldigen zu wollen und verabredete sich mit ihm in der Wohnung seiner Schwester, für die Stephan einen Schlüssel hatte. Vorausschauend informierte er Ronny. Und seine Hoffnung, dass Andreas allein kommen würde, erfüllte sich. Sie betraten die Wohnung und Ronny folgte zeitnah. Um Andreas in Sicherheit zu wiegen, bestellte Ronny

– allerdings auf dessen Kosten – von einer nahen Tankstelle zu essen und zu trinken. Da Ronnys „Ex“ inzwischen erfahren hatte, dass er – Ronny – hinter den Anrufen steckte, forderten sie Andreas auf, mit ihnen zu Martina zu fahren. Er sollte Ronny entlasten und sich dort als Anrufer „outen“. Andreas war dazu bereit und verließ mit den beiden arglos die Wohnung. Immer noch arglos stieg er in Ronnys Pick-Up ein. Als dieser in Richtung des ihm bekannten Waldgebiets zwischen Hohenstücken und Fohrde fuhr und nicht zu Martina nach Schüttdorf, wusste er, was ihm bevorstand. Er begann zu weinen, bat „gnädig zu sein und nicht so doll zu zuschlagen“.

Stephan T., der weder willens, noch in der Lage war, Ronnys intrigantes Spiel zu durchschauen, war weder gnädig noch beeindruckt von den Tränen des angeblichen Verräters. Er fesselte sein Opfer, leerte seine Taschen und nahm die Geldbörse mit 98,- DM an sich. Und mit Ronnys Tritt in den Magen und Stephans Versuch, den am Boden liegenden Andreas mittels seines Sweatshirts zu erdrosseln, wurde die finale Absicht, ihn zu töten, offensichtlich: Als Ronny bemerkte, dass Andreas noch atmete, beteiligte er sich. Mit dem verbalen Hinweis an Stephan, „Das bringt doch nichts“, legte er ihm den linken Arm um den Hals. Bei dem Versuch, ihm das Genick zu brechen, verlor er das Bewusstsein. Stephan wollte es zu Ende bringen, und fügte dem am Boden Liegenden mit einem Cuttermesser 24 Stiche im Kehlkopfbereich zu. Und nachdem Ronny ihm mit einem in Fahrzeug liegenden Klappspaten einen Schlag in den Nacken versetzt hatte, rollten sie ihn eine steile Böschung hinunter. Der vermeintlich Tote blieb, bäuchlings und den Kopf nach oben, in einem wasserführenden Graben liegen. Anschließend fuhren die Täter, in der Überzeugung, einen Menschen getötet zu haben, zurück nach Brandenburg a.d. Havel. Unterwegs warfen sie noch einen Schlüssel, ein Beweismittel, aus dem Auto. Es war der Schlüssel zu Heidis Wohnung, in der Stephan T. noch wohnte. Ronny S. setzte ihn dort ab und fuhr nach Hause.

Der vermeintlich Getötete hatte jedoch wider Erwarten überlebt, der Mord war im „Versuchsstadium“ steckengeblieben: Andreas hatte sein Bewusstsein wiedererlangt, wusste aber nicht, was geschehen war. Erst am frühen Morgen kam er „richtig“ zu sich und konnte sich erinnern. Er lag immer noch mit dem Bauch im Wasser. Durch die Schnittverletzungen am Hals hatte er viel Blut verloren. Sein Kehlkopfbereich schmerzte und er hatte Schluckbeschwerden. Es gelang ihm, die Böschung hinaufzuklettern und in Richtung B 102 zu laufen. Weil er die Orientierung verloren hatte, bog er nicht nach rechts, sondern nach links in Richtung Fohrte ab. Er erkannte seinen Irrtum, als er die Deponie des Entsorgers „Rethmann“ sah. Gegen 9:00 Uhr erreichte er die Wohnung seiner Mutter. Sie war entsetzt und wollte den Notarzt rufen. Aus Sorge vor weiteren Repressalien und davor, dass das Krankenhaus Anzeige erstatten werde, hielt er sie davon ab und ließ sich von der Mutter versorgen.

Als seine Großmutter ihren Enkel so vorfand, erzählte er ihr, wer ihn so zugerichtet hatte. Er suchte auch sie davon abzuhalten, Anzeige zu erstatten, hatte aber keinen Erfolg. Sie rief Stephan T. an und stellte ihn energisch zur Rede. Er aber leugnete seine Tatbeteiligung und informierte seinen Kumpane Ronny S. Sie kamen überein, der Gefahr einer Strafanzeige dadurch zu begegnen, dass sie sie aufsuchten. um sie von ihrer Unschuld zu überzeugen. Sie erzählten ihr von dunklen Geschäften ihres Enkels, die ihn „eingeholt" hätten. Damit war die Gefahr, wegen versuchten Mordes strafrechtlich verfolgt zu werden, noch nicht gebannt. Sie waren sich zwar sicher, dass der eingeschüchterte Andreas schweigen werde. Aber sie konnten Heidis Verhalten nicht einschätzen: Ihr Stiefbruder hatte sie über das Vorgefallene informiert. Und sie hatte mit Ronny S. inzwischen eine Beziehung angefangen und zog mit ihrer Tochter bei ihm ein. Sie vertraute ihm, durchschaute sein falsches Spiel nicht. Sie hatte vor Stephan T., dem sie „jede Schweinerei" zutraute, Angst.

Dessen Befürchtung, dass Heidi sie wegen der „Tat zum Nachteil Andreas S." angezeigt haben könnte, hatte inzwischen panische Züge angenommen: Er überredete Thomas Pf., in Heidis Wohnung in ihrer Abwesenheit nach „Hinweisen auf eine Anzeige" zu suchen. Sie brachen das Schloss der Wohnungstür auf und durchsuchten die Regale. Sie konnten das, wonach sie suchten, nicht finden, weil Heidi keine Strafanzeige erstattet hatte. Sie fanden aber sie und Tochter Julia betreffende persönliche Unterlagen, die sie im Kachelofen verbrannten. Sie erstattete diesbezüglich Strafanzeige. Da die Staatsanwaltschaft den Täter im Bekanntenkreis vermutete, stellte sie das Ermittlungsverfahren zeitnah mangels öffentlichen Interesses ein und verwies sie auf den allseits unbeliebten Privatklageweg.

Der bis zu diesem Zeitpunkt unbestrafte Thomas Pf., ein ehemaliger Wachsoldat und Vater einer unehelichen Tochter, ließ sich in der Folgezeit von Stephan T. immer mehr „in die Sache" verstricken: Seine Freundin – die Mutter seines Kindes – suchte am 16. Juni 2000 eine im Jugendamt angestellte Sozialarbeiterin auf, sie hatte wegen des versuchten Mordes an ihrem Stiefbruder und des Einbruchs nicht nur Angst vor Stephan T, sondern auch Angst um sich und ihr Kind. Heidi bat um Rat, weigerte sich jedoch, Namen zu nennen, sodass „guter Rat teuer war".

Und Andreas hatte seine Angst immer noch nicht überwunden. Er wird sich später als Zeuge den Vorhalt des Vorsitzenden des Strafgerichts „Wenn Sie Ihre Angst überwunden und Anzeige erstattet hätten, würden ihre Stiefschwester Heidi und ihre Nichte Julia vielleicht noch leben" anhören müssen.

Die später als Mörder Angeklagten hatten inzwischen erfahren, dass Heidi Anzeige erstattet hatte. Sie wussten aber nicht, dass sie sich auf ein anderes Tatgeschehen bezog. Es war ihnen auch bekannt geworden, dass sie mit einer Sozialarbeiterin gesprochen hatte, sie wussten aber auch nicht, dass diese nichts unternommen hatte, weil sie angeblich nichts unternehmen konnte. Hinzu kam, dass Heidi Ronny lästig wurde. Sie wusste z. B. von seinen „krummen Geschäften“ mit den abziehenden sowjetischen Offizieren. Sie heckten deshalb einen „totsicheren“ Plan aus und weihten Thomas Pf. ein; es war ein tödlicher Plan, mit dem Heidi in eine tödliche Falle gelockt werden wird: Sie, die an die Unschuld von Ronny glaubte, sollte arglos annehmen, dass der böse Stephan T. anlässlich einer „Fahrt ins Grüne“ wegen des Mordversuchs an ihrem Stiefbruder zur Rechenschaft gezogen werden sollte.

Alle drei fuhren noch am 16. Juni 2000 mit Ronnys LKW, einem LDV mit Firmenlogo, zu seiner Wohnung, um Heidi abzuholen. Sie hatte ihre Tochter Julia – einmal mehr – bei Ralf Z. und seinen vier Kindern untergebracht. Bevor sie die Wohnung betraten, schnitt Ronny seinem Mordgesellen in spe mit einem Cuttermesser in eine Fingerkuppe und schmierte ihm das austretende Blut ins Gesicht. Außerdem fesselte er seine Hände mit Panzerband so, dass er sich jederzeit befreien konnte.

Heidi war begeistert: Sie hatten ihn „erwischt“ und sie konnte ihn für das, was er ihr und ihrem Stiefbruder angetan hatte, zur Rechenschaft ziehen. Als sie einforderte, mit ihm das zu tun, was er Andreas angetan hat, schlug Ronny ihm, um sie zu überzeugen, die Faust in den Magen. Nachdem er sein Bajonett und ein in einer Metallscheide steckendes, einseitig geschliffenes, 25 cm langes Messer in den Hosenbund gesteckt hatte, führten sie den, nur zum Schein, an den Händen Gefesselten zum LKW. Um wegen des Firmenlogos am LKW am vorgesehenen Tatort nicht aufzufallen, stiegen sie in der Neuendorfer Straße in Ronnys Pick-Up um und fuhren, dem Plan entsprechend, nach Göttin. Ronny S. wollte „dort nach der Wende“ einen Bunker kaufen, um Pilze zu züchten. Das Vorhaben hatte sich zerschlagen.

Sie stiegen aus, Stephan, den sie demonstrativ unter der Plane der Ladefläche verstaut hatten, wurde heruntergezogen. Gemeinsam begaben sie sich zur der Bunkeranlage. Sie bestand aus zwei baugleichen Bunkern, die über zwei getrennte Zugänge, zwei unter die Erde führende Treppen – von Osten bzw. von Westen – betreten werden konnten. Zu DDR-Zeiten war es ein Treffpunkt von unbeliebten sogenannten „Assis“, die nach dem Strafgesetzbuch der DDR sogar wegen „Asozialität“ bestraft werden konnten. Nach der Wende hingen dort Jugendliche ab, tranken Alkohol und beschmierten die Wände. Zur Tatzeit war er „zugemüllt“.

Sie betraten den östlichen Bunker und erreichten über ein Labyrinth einen Raum mit aussortiertem Mobiliar. Als Heidi im Schein der Taschenlampe, mit der Ronny S. den Raum ausleuchtete, sah, wie Stephan seine Handfessel löste, wusste sie, was auf sie zukam, sie begriff die tödliche Gefahr:

Er schlug sie nieder und wollte wissen, was sie angezeigt habe. Sie entgegnete: „Aber deshalb müsst ihr mich doch nicht gleich umbringen“. Ihr Versuch, ihnen klarzumachen, dass sie zu den beiden Übergriffen auf ihren Stiefbruder keine Angaben gemacht habe und auch keine machen werde, konnte sie aber nicht davon abhalten, sie zu töten.

Mit der Ankündigung: „Jetzt bringen wir die Alte um" nahm Ronny sein Messer aus dem Hosenbund. Und als Heidi anfing, zu schreien, entfernte sich der „in die Angelegenheit" verstrickte Thomas Pf.; Stephans Nachruf. "Mitgegangen, mitgefangen", konnte ihn nicht zur Rückkehr bewegen: Er wartete am Eingang. Dort übergab ihm Ronny S. das Messer mit der Maßgabe, es verschwinden zu lassen. Er ließ es jedoch nicht verschwinden, sondern versteckte es zu Hause unter dem Schrank im Wirtschaftsraum. Als Mitangeklagter wird er Stephan und Ronny später belasten und unter anderem bekunden, er habe die gellenden Schreie noch außerhalb des Bunkers gehört. Die Strafkammer wird diesen „Rückzug" und sein Aussageverhalten später honorieren und ihn lediglich als Mordgehilfen verurteilen.

In seiner Abwesenheit fügten sie Heidi innerhalb einer Stunde vier Stichverletzungen in der linken Brust und im Rücken zu, die allerdings nicht tödlich waren. Um ihren Tod sicherzustellen, zündeten sie das noch von Thomas Pf. gestapelte Mobiliar an und „verrammelten" die Stahltür. Als Rauch austrat, verließen sie den Bunker und fuhren nach Brandenburg a.d. Havel zurück. Weil Stephan und Ronny blutverschmiert waren, machten sie in einer Waldeinfahrt Halt. Mangels Wasser säuberten sie sich mit Bier. Und Ronny fragte Stephan provozierend, „ob er diesmal richtige Arbeit geleistet habe". Um sicher zu sein, kehrte er einige Tage danach zum Bunker zurück. Er berichtete Thomas Pf. anschließend, dass Heidi F. „dort noch liege".

Am folgenden Tag, dem 17. Juni 2000 zeichnete sich für alle, die an Heidis Ermordung beteiligt waren, ein Problem ab: Ralf Z. wollte an diesem Tag Julia der Mutter zurückbringen. Er wusste, dass sie sich vorrübergehend in der Wohnung von Ronny S. aufgehalten hatte, traf sie aber nicht an. Er konnte sie nicht antreffen, weil sie zu diesem Zeitpunkt in einem Raum, der von einer Metalltür verbarrikadiert war, noch – ohne Hoffnung auf Rettung – um ihr Leben kämpfte. Er übergab das Kind Ronny S., der ihm Heidis Abwesenheit mit der Legende „eines Besuchs ihres Onkels in Berlin" erklärte. Ronny versorgte Julia einen Tag, wollte das Kind aber nicht länger behalten. Er bat deshalb Ralf Z. am nächsten Tag, für das Kind zu sorgen. Dieser lehnte unter Hinweis auf finanzielle Schwierigkeiten ab. Sie brachten das Kind schließlich zu Stephan T. Dort befanden sich Julias Sachen und ihr Kinderbett. Da Heidi die Matratze in Ronnys Wohnung mitgenommen hatte musste sie auf dem Rost schlafen.

Solange Ralf. Z. zur Verfügung stand – er war am 4. Juli nach Glauchau umgezogen – wurde Julia angemessen versorgt; danach wurde sie lästig: Wenn das Kind nach seiner Mutter rief, gab er Julia, um sie ruhigzustellen, Buscopan. Thomas S., ein weiterer Stiefbruder von Heidi, kümmerte sich jetzt häufig um sie. Als er sie am 21. Juni 2000 vom Kindergarten abholte und sie abends ins Bett brachte, fielen ihm und seiner Frau an Julias Oberkörper „viele blaue Flecken" auf. Deshalb und weil sie nach Albträumen schweißgebadet erwachte und schrie, baten sie Stephan um Julias Krankenkarte und eine Vollmacht der Mutter. Sie beabsichtigten, sie einem Arzt vorzustellen.

Da er die Krankenkarte anlässlich des Einbruchs in Heidis Wohnung verbrannt hatte und er auch keine Vollmacht beibringen konnte, gaben sie ihm das Kind zurück.

Stephan T. hielt sich in den folgenden Tagen mit Julia allein in der Wohnung auf. Die Hausbewohner wunderten sich, sie hatten die Mutter seit Mitte Juni nicht mehr gesehen. Eine Hausbewohnerin nahm Kontakt zum Jugendamt auf. Ihr Anruf war ein unmissverständlicher Notruf. Sie wird im am 4. April 2001 beginnenden Strafprozess als Zeugin bekunden, dass sich die Mitbewohner Sorgen um das Kind gemacht hätten und der 18jährige und schlecht Beleumundete in der Wohnung nichts zu suchen gehabt habe.

Eine Mitarbeiterin des Jugendamtes konnte die Mutter telefonisch nicht erreichen. Sie machte keinen pflichtgemäßen Hausbesuch, sondern lud sie für den 13. Juli 2000 ins Jugendamt vor. Weil sie nicht erschien – sie konnte nicht mehr erscheinen, weil sie inzwischen gestorben war – bemühte sich die Mitarbeiterin: Sie machte sich endlich auf den Weg und klingelte am 14. Juli 2000 an ihrer Wohnungstür. Aber Stephan T. öffnete nicht. Sie tat nun das, was ein Jugendamt in dieser Situation nicht tun darf: Sie unterließ es, Maßnahmen im Interesse des Kindeswohls in die Wege zu leiten. Und ihr unglaublich letzter Versuch – eine schriftliche Einladung der Mutter zu einem Gespräch am 20. oder 21.Juli – konnte das Leben von Julia nicht mehr retten.

Stephan T. geriet in Panik. Er wollte Julia loswerden und bat Ronny S., das Kind gegen Bezahlung zurückzunehmen. Dafür räumte er Heidis Konto, für das er die PIN hatte, ab; aber Ronny S. wollte nicht. Sie waren sich einig, dass Julia nicht bei ihnen bleiben konnte. Die Gefahr, als Mörder ihrer Mutter entdeckt und dafür bestraft zu werden, schätzten sie realistisch ein, der Gedanke, Julia an einen Pädophilen zu verkaufen, wurde verworfen. Schließlich lösten sie das Dilemma: Einer der beiden trat dem hinter dem Sofa liegenden Kind den Brustkorb ein. Julia nässte sich noch ein und war tot. Obwohl Stephan anschließend versuchte, den Urinfleck mit einem Reinigungsmittel zu beseitigen, wird er später wesentlicher Bestandteil der kriminaltechnischen Untersuchung und – für den richterlichen Schuldspruch – ein starkes Indiz richterlicher Überzeugung sein.

Anschließend wickelten sie das tote Kind in ein Laken und legten es in eine Reisetasche. Die Tasche verstauten sie in einem großen Müllsack, den sie in einer nicht einsehbaren Restmülltonne entsorgten. Der Inhalt der Tonne wurde turnusgemäß zur Deponie der Firma Rethmann nach Fohrte gebracht und mit hoher Wahrscheinlichkeit in einer Kugelmühle geschreddert. Der Leichnam bzw. Spuren wurden nicht gefunden, was zur Folge hatte, dass Julia nicht beigesetzt werden konnte.

Während Stephan T. mit dem Geschehen unberührt weiterleben konnte, konnte Ronny S. mit der Schwere seiner Schuld, die er mit dem Tod einer Mutter und ihres Kindes auf sich geladen hatte, nicht leben. Und er hatte in Thomas Pf., was dessen Schuldgefühle als Mordgehilfen betraf, einen kongenialen Partner; auch ihn belastete „die tote

Frau im Bunker“ und das Wissen um den Tod des Kindes Julia. Ronny S. entschloss sich am 26.Juli 2000, einen ehemaligen Polizisten und Freund zu informieren und Stephan T. zu belasten. Ihm gegenüber behauptete er, er habe den Leichnam im Bunker gefunden, weil Stephan T. ihn „in einem anderen Zusammenhang“, mit dem Hinweis „Wenn du nicht tust, was ich von dir verlange, ergeht es dir, wie der Toten im Bunker von Göttin“ bedroht habe. Thomas Pf. schloss sich dieser Legende an.

Der Polizei-Freund gab die Information an einen Kollegen, der noch im Dienst war, weiter. Obwohl diesem das Verhalten von Ronny S. und Thomas Pf. „außerordentlich merkwürdig“ vorkam, erklärte er sich bereit, der Sache nachzugehen: Er holte seinen Hund und fuhr mit ihnen in Ronnys Pick-Up zur Bunkeranlage. Ronny S. führte den Potsdamer Polizeibeamten zielsicher zu den Raum, in dem eine Frauenleiche lag. Die Tür war nicht mehr verbarrikadiert und ließ sich durch einen Fußtritt öffnen. Sie lag entkleidet und in eine Decke gehüllt „am Kopfende einer Mulde oberhalb des verkohlten Mobiliars“. Ihr Verwesungszustand war stark fortgeschritten, der Leichnam von Maden zerfressen. Ihre Jogginghose nebst Slip und Turnschuhen wurden in einem angrenzenden Raum gefunden, ihr Körper lag im Türbereich. Die Gerichtsmediziner des Brandenburgischen Landesinstitut für Rechtsmedizin obduzierte den Leichnam am 27.Juli und versuchte in der späteren Hauptverhandlung ihren „grauenvollen Tod“ aufgrund der vorgefundenen Tatortsituation nachzuzeichnen:

> Die Stichverletzungen seien nicht tödlich gewesen. Sie sei aus ihrer Bewusstlosigkeit erwacht und war in einem stockfinsteren, feuchten und nur 12 Grad warmen Bunker eingesperrt. Für Unterkühlung als Todesursache spreche, dass sie unbekleidet aufgefunden worden sei. Erfrorene seien häufig unbekleidet; ein sogenannter Erfrierungsirrsinn führe zu Schweißausbrüchen, denen der Erfrierende dadurch begegne, dass er sich entkleidet.

Die Identität des Leichnams wurde anhand eines Gebissabdrucks festgestellt. Die eintreffenden Kriminaltechniker sicherten den Tatort. Ronny S. und Thomas Pf. wurden anschließend zur Wache der Brandenburger Polizei gebracht. Dort wurden sie zunächst als Zeugen vernommen. Sie bekundeten, was sie vereinbart hatten und konkretisierten Stephans Drohung „in einem anderen Zusammenhang“: Sie seien von Stephan T. unter Hinweis auf die Tote im Bunker bedroht worden, um die Herausgabe von Heidis Handy zu erzwingen. Stephan T. wurde um 2:00 Uhr am 27. Juli 2000 vorläufig festgenommen.

Die Vernehmungsbeamten nahmen den Zeugen das Narrativ einer Bedrohung nicht ab und vernahmen sie nach entsprechenden Hinweisen – dem Recht zu Schweigen und der Hinzuziehung eines Rechtsanwalts – als Beschuldigte: Ronny S. konnte nicht plausibel machen, warum er angeblich schon am Tag zuvor, dem 26. Juli, am Tatort gewesen sei. Er wurde gegen 13:00 Uhr vorläufig festgenommen. Der Beamte vermerkte im Vernehmungsprotokoll „eine psychisch und sozial vollkommen instabile Situation“.

Thomas Pf.s vorläufige Festnahme erfolgte gegen 17:00 Uhr. Er brach nach dem erneuten Vorhalt der Bedrohungslegende zusammen und beschrieb den Aufbewahrungsort des Tatmessers; es konnte unter dem Schrank seines Wirtschaftsraums sichergestellt werden. Außerdem machte er „als Zeuge vom Hörensagen“ Angaben zum Tod von Julia.

Die 2. große Strafkammer – Jugendkammer erkannte am 23. Mai 2001 nach 9 Verhandlungstagen für Recht:

> Die Angeklagten Stephan T. und Ronny S. sind des Mordes in 2 Fällen, des versuchten Totschlags in Tateinheit mit gefährlicher Körperverletzung sowie der gefährlichen Körperverletzung schuldig. Gegen Stephan T. wird eine Jugendstrafe von 9 Jahren verhängt. Seine Unterbringung in einem psychiatrischen Krankenhaus wird angeordnet. Ronny S. wird zu einer lebenslangen Freiheitsstrafe als Gesamtstrafe verurteilt. Die besondere Schwere der Schuld wird festgestellt. Der Angeklagte Thomas Pf. wird wegen Beihilfe zu einem Mord zu einer Freiheitsstrafe von 4 Jahren verurteilt“.

Die den Schuldsprüchen zugrunde liegenden Feststellungen beruhten auf dem umfassenden Geständnis des Angeklagten Thomas Pf., den Teilgeständnissen der Angeklagten Stephan T. und Ronny S. und dem Ergebnis der Beweisaufnahme.

Die Überzeugung der Kammer, dass die Angeklagten Stephan T. und Ronny S. auch Julia getötet hatten, stützte sich im Wesentlichen auf die von Stephan T. geschilderte Auffind-Situation und ihre tatauslösende Motivation: Solange das Kind lebte und das Jugendamt die Mutter suchte, mussten sie damit rechnen, dass ihnen der Mord an ihr – die Leiche musste über kurz oder lang gefunden werden – nachgewiesen werden kann. Dass sie sich den tödlichen Tritt in den Brustkorb gegenseitig zugeschoben hatten, half ihnen nicht. Sie waren Mittäter und wegen der Mordmerkmale „Heimtücke“ und „zur Verdeckung einer Straftat“ auch zweifache Mörder.

Der Angeklagte Thomas Pf. war Gehilfe eines Mordes, weil er die Mordmerkmale kannte.

Weil Stephan T. zu den Tatzeiten noch nicht 21 Jahre alt und damit gemäß § 105 des Jugendgerichtsgesetzes (JGG) Heranwachsender war, hat die Jugendkammer zu seinen Gunsten Jugendstrafrecht angewendet und wegen schädlicher Neigungen und der Schwere seiner Schuld Jugendstrafe verhängt. Sie hat damit der jugendkriminologischen Erkenntnis Rechnung getragen, dass eine Jugendstrafe von mehr als 5 Jahren allein mit dem festgestellten Erziehungsbedarf nicht zu begründen ist.

Bei der – nicht unproblematischen – Entscheidung, neben der 9jährigen Jugendstrafe – die Höchststrafe beträgt 10 Jahre – die Unterbringung in einem psychiatrische Krankenhaus anzuordnen, war sich die sachverständig beratene Kammer bewusst, dass die sehr einschneidende Maßregel gem. § 63 StGB die Verhängung einer Jugendstrafe – in der Regel – entbehrlich macht. Die Anordnung einer Maßregel folgte aber der Wahrscheinlichkeit, dass der Angeklagte „unbehandelt weitere erhebliche Straftaten begehen wird“. Sie nährt aber auch die Hoffnung, eines Tages als geheilt entlassen zu werden. Diese Anordnung setzt das Votum eines im Maßregelvollzug behandelnden Psychologen bzw. Psychiaters voraus; eine günstige Prognose soll einem wissenschaftlichen Standard entsprechen und nicht von der Eitelkeit des Gutachters geprägt sein. Eine falsche Sozialprognose kann, das zeigt die forensische Erfahrung, verheerende Folgen für potentielle Tatopfer haben: Während sich die für Entscheidung zuständige Strafvollstreckungskammer auf ihr Richterprivileg berufen kann, muss der für die falsche Prognose verantwortliche Gutachter mit einem Ermittlungsverfahren wegen fahrlässiger Mitverantwortung rechnen.

Unter Abwägung erzieherischer und therapeutischer Belange – der Behandlung seiner erheblichen Störung seiner Persönlichkeit und seiner hochgradigen Gefährlichkeit – war die Jugendkammer der Auffassung, dass sein brutaler, empathieloser Umgang mit Menschenleben vorliegend nur in einer hohen Jugendstrafe zum Ausdruck kommt.

Das zweite Leben

Im August 1991 wurde der in Galati (Rumänien) geborene Vasile B. arbeitslos. Er hatte sich nach Ende der Rumänischen Revolution und der Hinrichtung des früheren Diktators Nicolae Ceausescu und seiner Ehefrau Elena in der Provinz Moldau mit Schwarzhandel durchgeschlagen und insbesondere vom Benzinembargo gegen Rumänien profitiert. Als ihm der Boden unter den Füßen zu heiß wurde, kam er in das inzwischen wieder vereinigte Deutschland und beantragte in Berlin Asyl. Weil er aber gekommen war, um Straftaten zu begehen, wurde er 1993 nach Rumänien abgeschoben. 1994 kehrte er illegal zurück und gründete mit illegalen Rumänen eine auf Raubüberfälle in Brandenburg spezialisierte Bande, die er rund um den Treptower Park in Berlin unterbrachte. Er wurde wegen Diebstahls festgenommen und am 8. Mai 1994 von Mitgliedern seiner Bande spektakulär aus der Justizvollzugsanstalt Königs Wusterhausen befreit: Sie drückten mit einem gestohlenen LKW das Tor zum Freigangs-Tor auf. Der Chef konnte nach Rumänien flüchten und kam im Winter 1995 über die „grüne" Grenze zurück. An der Befreiungsaktion war auch der 18jährige Constantin Cl. beteiligt.

Am 10. Juni 1995 entwickelte die Bande, die aus 10 bis 15 Rumänen bestand, nach einem Tipp eines deutschen Informanten im Berliner Billardcafé an der Greifswalder Straße den Plan, das Zigarettenlager der SPAR Handels AG Zentrale Berlin-Brandenburg in Mittenwalde zu überfallen. Um den erwarteten Widerstand der zuvor beobachteten Wachleute im Wachhaus zu brechen, schossen sie mit Maschinenpistolen vom Typ Ceska Skorpion und Zastava Skorpion Einzel- und Dauerfeuer ins Innere. Sie nahmen den Tod der späteren Zeugin R. und des Zeugen K. billigend in Kauf, obwohl sie nach ihrem Plan zumindest einen Überlebenden als „Aufschließer" des Zigarettenlagers benötigten. Beide überlebten jedoch aufgrund glücklicher Umstände. Sie liefen ins Freie, wurden gefesselt und zurück ins Wachhaus geschleppt.

Dass die schießwütige Bande später dafür belohnt wird, dass sie die Wachleute nicht umgebracht, sondern „nur" gefesselt und im Wachhaus misshandelt hat, ist auf den ersten Blick nicht plausibel, macht jedoch aus Gründen potentiellen Opferschutzes Sinn: Stellt sich aus Sicht der Täter heraus, dass sie ihr gebilligtes Ziel zu töten, nicht erreicht haben, verdienen sie sich bei der rechtlichen Beurteilung des zuständigen Strafgerichts Straffreiheit, weil sie aufgrund eines sogenannten „veränderten Rücktrittshorizonts" von einem versuchten Tötungsdelikts zurückgetreten sind. Sie nahmen dem Wachmann den Schlüssel ab und trieben ihn mit Waffengewalt und im Laufschritt zum Zigarettenlager. Er zeigte ihnen die zur Auslieferung verpackten Zigaretten im Verkaufswert von 370.000,- DM hinter einer Gitterbox, welche sie mit einem Vorschlaghammer aufbrachen. Inzwischen fuhren andere Bandenmitglieder –

sie hatten untereinander Funkkontakt – mit einem kurzgeschlossenen Kleintransporter der Firma SPAR zur Laderampe und verluden die Zigarettenstangen.

Gegen 01:45 Uhr wurde der Fahrer eines Lieferwagens, der vor dem Betriebsgelände in seiner Fahrerkabine fest schlief, vom inzwischen 19jährigen Constantin Cl. unsanft geweckt. Um zu verhindern, entdeckt zu werden, versuchte er in die verschlossene Fahrerkabine einzudringen. Er forderte den Fahrer auf, die Kabine zu öffnen und drohte ihm mit seiner chromfarbenen Pistole. Als der spätere Zeuge Gollner – der eigentliche der Held dieser Erzählung – immer noch nicht öffnete, zerschoss der Bandit die Scheibe. Gollner sprang geistesgegenwärtig auf den Fahrersitz und versuchte, den LKW zu starten; dieser sprang aber nicht an. Während ein hinzugekommenes Bandenmitglied vom Trittbrett der Fahrerseite aus versuchte, die zerschossene Fahrertür durch die zerschossene Scheibe zu öffnen, entschloss sich Constantin, den Fahrer zu töten; er hielt ihm die Pistole gegen Kopf und Hals und drückte zweimal ab. Der Fahrer hörte das Klicken, es löste sich aber kein Schuss: Entweder enthielt die Munitionskammer keine Patronen ober sie war leergeschossen. Gollner gelang es schließlich, die Täter mit kräftigen Faustschlägen vom Trittbrett zu vertreiben und das Fahrzeug zu starten. Er fuhr, um Hilfe zu holen, mit Vollgas zum Wachhaus. Dort konnte er keine Hilfe erwarten: Er sah Blut am Boden und einen gefesselten Wachmann, der von drei Bandenmitglieder festgehalten wurde. Der Fahrer gab Gas und durchbrach die Schranken der Einfahrt, um auf dem Betriebsgelände zu wenden, und fuhr mit hoher Geschwindigkeit über die Ausfahrt in Richtung Autobahn zurück. Sechs ihm entgegenkommende Bandenmitglieder schossen aus zwei MPI Skorpion Dauerfeuer, konnten ihn jedoch nicht aufhalten. An einer Notrufsäule der Autobahn verständigte er die Polizei und fuhr zurück, um den verletzten Wachleuten zu helfen.

Am Tatort sicherte die Kriminalpolizei neben den Geschosshülsen Fingerabdrücke: Ein Bandenmitglied hatte sich bei der Rangelei mit den Wachleuten am Finger verletzt und dem Verbandskasten des Wachraums Verbandsmaterial entnommen. Auf der Packung konnte der Abdruck seines linken Ringfingers gesichert werden. Und der Bandenchef hinterließ auf der Suche nach weiterer Beute an der Tür des Technikraums den Abdruck seines linken Zeigefingers. In der Bandenwohnung konnten die bei dem Überfall verwendeten MPs sichergestellt und ein Bandenmitglied festgenommen werden. Ihm gelang in der Nacht die Flucht aus dem Polizeigewahrsam. Er konnte 2 Tage später mit dem Tippgeber wieder „eingesammelt" werden.

Der Bandenchef Vasile B., sein Bruder und weitere Rumänen wurden von der Schwurgerichtskammer des Landgerichts Potsdam wegen versuchten Mordes. schweren Raubes, schweren Bandendiebstahls und gefährlicher Körperverletzung zu Freiheitsstrafen zwischen 13 und 15 Jahren verurteilt. Gegen den gesondert verfolgten Constantin Cl. verhängte die Jugendkammer u.a. wegen versuchten Mordes und schweren Bandendiebstahls eine Jugendstrafe von 9 Jahren.

Ihm gelang die Flucht aus einer Brandenburgischen Jugendstrafanstalt. Die Staatsanwaltschaft Potsdam beschlagnahmte einen Brief, aus dem hervorging, „dass er sich auf eine Teestunde mit dem Vorsitzenden der Jugendkammer freue“.

Der Potsdamer „Sklavenhalterprozess“

Gastarbeiter aus kommunistischen Bruderstaaten wie Vietnam, Tansania und Angola waren in der früheren DDR geschützt. Nach dem Scheitern ihres „sozialistischen Experiments“ wurden sie aber Freiwild für „Dumpfbacken“ und ihre ausländerfeindlichen Attacken. Und um einen von ihnen angeblich davor zu schützen, degradierten zwei Mitglieder der Neuapostolische Kirche(NAK) der Gemeinde Potsdam einen Schwarzafrikaner zum Sklaven.

Tatopfer war Silva dos Anjos Canga aus Angola. Er war 1988 aufgrund eines Regierungsabkommens mit der DDR als Gastarbeiter nach Belzig gekommen und hatte sich in der Neuapostolischen Gemeinde mit Ralf Andreas T. und dessen Freund Christian G. angefreundet. Als er nach der Wende arbeitslos wurde, stellte er einen Asylantrag, weil es den Staat, der ihm Aufenthalt gewährt hatte, nicht mehr gab, und verzog nach Balingen bei Stuttgart, wo ihn die Potsdamer 1992 besuchten. Sie boten ihm an, bei G. in Potsdam Ost zu wohnen, und stellten ihm Arbeit und Schutz vor ausländerfeindlichen Übergriffen in Potsdam in Aussicht. Canga sagte wegen „der Möglichkeit, in einer von der Treuhand noch zu erwerbenden Firma zu arbeiten“, zu. Er blieb jedoch arbeitslos und wurde T.s „Negro“ für den „Abwasch“, das Heizen und das Servieren zu den Mahlzeiten mit weißen Handschuhen.

Ende Oktober 1992 zog er in die Wohnung G. um, weil die Tür der bisherigen Wohnung von Neo-Nazis eingetreten worden war und er sich dort nicht mehr sicher fühlte. Im Übrigen hatte Canga auch für Ärger gesorgt: Er hatte in der Nachbarschaft einer älteren Frau aus „aufenthaltsrechtlichen Gründen“ einen Heiratsantrag gemacht. In der Hauptverhandlung vom 2. bis zum 11. November 1994, in der der Angolaner Nebenkläger und Zeuge war, bestätigte sich der Vorwurf der Staatsanwaltschaft, dass sich T. und G. bis zum 24. Dezember 1992 nicht wie Glaubensbrüder, sondern wie die einstigen Sklavenhalter in den amerikanischen Südstaaten verhalten hätten und ein 20-jähriger „Ex-Skin“ Aufseher war. Um „seine Haut zu retten,“ stellte dieser sich der Staatsanwaltschaft als Kronzeuge zur Verfügung. Die Jugendkammer traf in der Hauptverhandlung am 2., 7. und 11. November 1994 unter anderem folgende Feststellungen:

Mitte August 1992 filzten T. und G. die Hosentasche von Canga und fanden eine von T. vermisste Goldmünze. Sie unterstellten ihm, ein Dieb zu sein. Nachdem sie auf ihn eingeprügelt hatten, zwangen sie ihn, sich auszuziehen und rasierten ihm die Kopf - und Schamhaare. Und zur Strafe musste er die Nacht mit gefesselten Füßen auf dem Fußboden verbringen. Am nächsten Morgen zwangen sie ihn, die Mülltonne mit einer Drahtbürste blank zu polieren. In der folgenden Zeit musste er auch die Schuhe geladener Gäste putzen. Um sicherzustellen, dass die Schuhe zur Zufriedenheit der Gäste geputzt wurden, wurde er vom Mitangeklagten Sch. im Outfit eines Skins überwacht.

Ende November 1992 zwangen ihn die bisexuell veranlagten Glaubensbrüder, sie mit der Hand zu befriedigen. Seinen Hinweis „Sie mögen sich dafür doch bitte eine Frau suchen“ nahmen sie lediglich zur Kenntnis und forderten ihn auf, weiterzumachen. Der Nebenkläger konnte sich in Potsdam nicht aus dieser Zwangslage befreien, er wurde ständig überwacht. Hinzukam, dass er über kein Geld verfügte. T. und G. hatten für ihn zwar Sozialhilfe beantragt. Die monatlich gezahlten 900,- DM wurden aber auf das Konto T.s überwiesen.

Die Möglichkeit, seinen Peinigern zu entkommen, ergab sich erst in einem anderen Bundesland: Am 22. Dezember 1992 fuhren die Angeklagte und ein gesondert verfolgter Glaubensbruder mit ihm nach Wickersdorf/Thüringen. Sie wollten dort in einem gemieteten Bungalow Weihnachten feiern. Am 24. Dezember erlaubten sie sich einen besonderen Spaß: Sie stellten eine Szene nach, in der ein Skinhead dem „in gebückter Haltung am Boden verharrendem Angolaner“ eine Pistole an die Schläfe hält. T. und G. fotografierten die Szene und stellten das Polaroidfoto Sch. zur Verfügung. Es stand im Zusammenhang mit seinem späteren Geständnis als Beweismittel zur Verfügung.

Im weiteren Verlauf des Tages planten die späteren Angeklagten einen Spaziergang und befahlen ihrem Sklaven die Schuhe zu putzen. Vorübergehend ohne Aufsicht, nutzte er die Gelegenheit und floh in die naheliegende Ortschaft. In einem Wohnhaus bat er die spätere Zeugin Gräf und ihren Sohn mit den Worten, „er sei in Lebensgefahr“, um Hilfe. Frau Gräf bat ihn ins Haus und informierte die Polizei.

Die Bewohner des Bungalows hatten sein Verschwinden inzwischen bemerkt und sich auf die Suche begeben. Sch. fuhr mit dem PKW in den Ort und als er das Haus der Zeugin passierte, sah er ihren Sohn, der vor dem Haus sein Auto reparierte. Sch.s Frage, ob er „einen Neger“ gesehen habe, verneinte er. Als die Polizisten eintrafen, hockte Canga verängstig in eine Ecke des Flurs. Die Bewohner des Bungalows wurden am Morgen des 25. Dezember 1994 festgenommen.

Während die Angeklagten G. und der „Kronzeuge“ Sch. am 11.November 1994 zu Freiheitsstrafen verurteilt wurden, musste das Verfahren gegen Andreas T. wegen eines „Prozesshindernisses“ eingestellt werden: Vor Beginn des 2. Verhandlungstages, am 7. November 1994, hatte mich der Leiter der zuständigen Justizvollzugsanstalt gegen 8:00 Uhr angerufen. Er teilte mir mit, dass sich der angeklagte Untersuchungshäftling Andreas T. nach vorheriger Vergiftung in seiner Zelle erhängt und in einen Abschiedsbrief seine Unschuld beteuert habe. Ihn hätte außerdem die „Presseberichterstattung gestört“.

Es ist Strafrichtern nicht fremd, dass inhaftierte Beschuldigte sich der irdischen Gerechtigkeit verweigern. Sie wählen den Freitod und weisen „Anderen“ die Schuld zu. Mitglieder der Neuapostolischen Kirche und der Verteidiger des Verstorbenen hatten den Hauptschuldigen schnell gefunden: Es war der Vorsitzende, der „die Neuapostolische Gemeinde herabgesetzt und den unschuldigen Andreas in den Tod getrieben hatte". Heute weiß ich zu meiner Entlastung, dass auch der Freitod in einem Schutzraum – einer Justizvollzugsanstalt – dem grundrechtlichen Schutz untersteht und deshalb für Schuldzuweisungen kein Raum ist. Seit dem Urteil des Bundesverfassungsgerichts vom 26. Februar 2020 zur Verfassungswidrigkeit des § 217 StGB ist anerkannt, dass das allgemeine Persönlichkeitsrecht, Art. 2 Abs. 1 GG, in Verbindung mit der Menschenwürdegarantie, Art 1 Abs.1 GG, als Ausdruck persönlicher Autonomie ein Recht auf selbstbestimmtes Sterben umfasst und nicht auf besondere Lebens- und Krankheitsphasen beschränkt ist; es ist als Akt autonomer Selbstbestimmung auch von einem Strafverteidiger bzw. einer Glaubensgemeinschaft zu respektieren. Aber es bleibt immer eine menschliche Tragödie.

Aus der Zuschrift der Glaubensschwester Aucke Bless aus Berlin vom 18. November 1994, „Angolaner war kein Sklave,“ war im Übrigen folgendes zu entnehmen:

> Aus dem Freundeskreis der Angeklagten habe ich erfahren, dass dort des Öfteren ein festliches Essen stattfand mit Gästen. Alles lief ab, wie in einem Bühnenstück, mit Frack und Zylinder. Wen wundert's, dass der Angolaner durch Handreichungen, Öffnen der Tür u.ä. in dieses Stück eingearbeitet erschien?

Sie war darüber hinaus der Meinung, dass vier Jahre Haft, die dem unbescholtenen und Orgel spielenden Angeklagten G. „aufgebrummt“ worden seien, im Vergleich zu der glimpflichen Strafe für den „Mann fürs Grobe“ Ingo Sch. zu viel gewesen sei. Auf die Revision hoffte sie vergeblich: Das Urteil wurde vom BGH bestätigt, und ich konnte der Neuapostolischen Gemeinde nun erwidern, dass zwei ihrer Glaubensbrüder Rassisten waren, welche einen Glaubensbruder aus Angola versklavt haben.

Ein Klassenzimmer, das nicht geschwiegen hat

Die 16jährige Madeleine war das jüngste von 4 Kindern. Sie wuchs mit ihren älteren Geschwistern, einer Schwester und 2 Brüdern, in geordneten Verhältnissen auf. Sie wurde altersgerecht eingeschult und hatte eine Lese-Schreibschwäche; ihre Intelligenz war im unteren Bereich angesiedelt. Ab der 8. Klasse der Hauptschule akzeptierte sie keine der selbstverständlichen Schulregeln: Sie rauchte auf dem Schulgelände, kam verspätet zum Unterricht und verweigerte die Hausaufgaben. Für die berechtigten Verweise und Aussprachen beim Direktor der Schule machte sie ihre Klassenlehrerin Frau Gensch verantwortlich. Diese war streng, reagierte auf Regelverstöße rigide und war deswegen unbeliebt. Obwohl sie alle Schüler gleichermaßen behandelte, fühlte sich Madeleine von ihr „ständig angegriffen, zurückgesetzt und schikaniert".

Mit dem Wechsel in die 9. Klasse verstärkten sich ihre schulischen Probleme: Die in Schicht arbeitenden Eltern – die Mutter war Verkäuferin, der Vater Angestellter eines Wachdienstes – hatten den Einfluss auf ihre Tochter verloren; sie mutierte immer mehr zur Einzelgängerin und verweigerte sich ihrer Umwelt. Verstöße gegen soziale Regeln und gesellschaftliche Normen wurden für sie Ausdruck ihrer Eigenständigkeit. Da sie von ihren Eltern kein Taschengeld erhielt, begann sie, in Kaufhäusern u.a. Zigaretten, Alkohol und Tampons zu stehlen. Sie erschien darüber hinaus bekifft und angetrunken zum Unterricht; Wortwahl und Tonfall wurden – so berichtete die Klassenlehrerin später – immer obszöner und aggressiver.

Am 1. Juli 2003 entwendete sie im Kaufhaus *Netto* in Potsdam Schulzubehör und wurde vom Kaufhausdetektiv beobachtet. Weil er bei der Durchsuchung ihres Rucksacks neben dem Diebesgut auch ein feststehendes Messer fand, rief er die Polizei. Auf das Messer angesprochen, erfand sie eine Erklärung, welche die Beamten akzeptierten: „Sie habe das Messer von einem Freund geschenkt bekommen und im Rucksack vergessen“. Sie verschwieg, was sie später als Angeklagte einräumen wird, dass ihr „nach dem Ereignis auf dem Erfurter Gymnasium der Gedanke gekommen sei, ihrer verhassten Klassenlehrerin etwas anzutun“.

Am 26. April 2002 hatte ein „Ehemaliger“ des Erfurter Gutenberg-Gymnasiums 16 Menschen – 11 Lehrer, 2 Schüler, eine Referendarin und einen Polizisten – erschossen. Der 19Jährige war wegen Fälschung ärztlicher Atteste ohne Schulabschluss der Schule verwiesen worden; er brachte sich nach dem Amoklauf um. Aggressive Erregungszustände gehen solchen Taten voraus und das auslösende Moment kam vorliegend immer näher: Ihr drohte wegen schlechter Noten in allen Hauptfächern und einer 6 im von Frau Gensch unterrichteten Fach Englisch der „Nichtabschluss“ der 10. Klasse. Und als sie von der Klassenlehrerin wegen eines Regelverstoßes erneut zum Direktor geschickt wurde, beschloss sie, ihr Angst einzujagen: Sie schrieb an die Tür der Schultoilette „Gensch ist bald tot“. Als diese nicht reagierte, beschloss Madeleine, die Polizei anzurufen und anzukündigen, dass Frau Gensch bald sterben werde: Sie benutzte das Handy ihrer Mutter und sprach mit verstellter Stimme „Theodor-Fontane-Schule 51-15 Minuten – Lehrerin tot". Sie wurde als Anruferin ermittelt und erklärte gegenüber der Polizei, ein Junge ihrer Klasse habe ihr Handy entwendet, sie habe mit dem anonymen Anruf nichts zu tun.

Da es wieder nicht geklappt hatte, der Klassenlehrerin Angst einzujagen, beschloss sie nach 6 Stunden Aufenthalt im Polizeipräsidium, sie am nächsten Tag im Englischunterricht im Computerkabinett in der 6. Stunde mit einem Messer zu töten. Am 22. Januar 2004 ging sie wie gewohnt zur Schule und in der Mittagspause wie geplant nach Hause. Dort entnahm sie der Küche ein Küchenmesser mit einer ca. 20 cm langen Klinge und steckte es in ihrer Jackentasche. Und sie steckte auch ihren Reisepass ein, den sie brauchte, um Alkohol zu kaufen und sich Mut anzutrinken. Auf dem Schulhof trank sie eine 0,5 Literflasche Bier-Cola. Weil sie 5 Minuten zu spät zum Unterricht kam, schickte Frau Gensch sie zum Direktor. Dort musste sie warten, weil er die Jungen aus ihrer Klasse wegen des Drohanrufs zu einer Aussprache zu sich gebeten hatte.

Nach dem Vorhalt des Direktors, sie habe einmal mehr gegen die Schulordnung verstoßen, kehrte sie in die Klasse zurück. Ihrem Sitznachbarn Klaus fiel auf, dass sie „innerlich erregt und blass war und dass sie zitterte“. Er fragte sie, was los sei und sie antwortete, dass sie ein Messer bei sich habe, um die Klassenlehrerin abzustechen. Klaus nahm die Ankündigung ernst und informierte einige Mitschüler. Und er redete bis zur Pause auf sie ein, es nicht zu tun. Als es zur Pause klingelte, stand Madeleine mit der Hand am Messergriff auf, um die Klassenlehrerin zu töten. Ein von Klaus informierter Mitschüler überholte sie aber und stellte sich schützend vor Frau Gensch. Mit weiteren Mitschülern wurde sie aus dem Klassenraum gedrängt. Immer noch erregt, wollte sie ins Klassenzimmer zurückkehren. Sie redeten auf sie ein, und als Madeleines Wut nachließ, begleiteten sie sie zu Direktorenzimmer. Sie trafen dort – der Direktor war nicht im Hause – seine Sekretärin; ihr gegenüber erklärte sie, dass sie hinter dem Drohanruf gesteckt habe.

Frau Gensch hatte von Madeleines Absicht, sie zu töten, nichts mitbekommen. Madeleine ging danach nach Hause und legte das Messer in der Küche zurück. Am nächsten Morgen, dem 23. Januar. steckte sie es wieder in ihren Rucksack. Für den Fall, dass die Klassenlehrerin wieder „nerven“ sollte, hatte sie immer noch die Absicht, sie zu töten; sie befand sich immer noch im Tunnel. Zwei Mitschülerinnen, Josephine und Vivien begleiteten sie schließlich zum Direktor. Er informierte die Polizei. Sie fand das Messer und beschlagnahmte es.

Am 24. Januar wurde sie aufgrund eines Unterbringungsbefehls gem. § 71 Abs.2 des Jugendgerichtsgesetze (JGG) in der Jugendhilfeeinrichtung Frostenwalde untergebracht. Dort hielt sie sich lediglich in der „Eingewöhnungsphase“ an die Regeln der Einrichtung: Weil sie sich für unbelehrbar hielt und nicht bereit war, sich anzupassen, wurde sie von der Gruppe abgelehnt; auch der bevorstehende Strafprozess änderte an ihrer ablehnenden Haltung nichts. Immerhin schaffte sie mit Hilfe und erheblichen Aufwand der Einrichtung den Abschluss der 10. Klasse der Gesamtschule

Die Jugendkammer verurteilte sie am 1. Dezember 2004 wegen Vortäuschung einer Straftat und versuchten Totschlags zu einer Jugendstrafe von 2 Jahren. In der Hoffnung, dass sich nach dem Schulabschluss ihre positive Entwicklung – die Hoffnung stirbt bekanntlich zuletzt – fortsetzt, blieb die Entscheidung, ob die Jugendstrafe zur Bewährung ausgesetzt oder vollstreckt wird, gem. § 57 JGG einem Beschlussverfahren vorhalten. Im Rahmen einer sogenannten Vorbewährung wurde ihr aufgegeben, eine Berufsausbildung zu beginnen und zu lernen, sich in der Gemeinschaft an Regeln zu halten.

Ps.: Die Jugendstrafe musste nicht vollstreckt werden. Sie wurde nach dem Schulabschluss auszubildende Malerin.

Selbstjustiz mit tödlichen Folgen

Der Investor St. erwarb im April 1994 das Gelände des zu DDR-Zeiten beliebten Ferienlagers „Am See“ in Pätz, Fernstraße 18, für 3 Millionen DM, um es als Hotel weiter zu betreiben. Ab 1997 vermietete er die eingerichteten Hotelzimmer an Sozialschwache und verpachte die Gaststätte. Pächter waren die symbiotisch miteinander verbundenen und psychisch auffälligen späteren Angeklagten L. und S. Sie hatten neben der Gaststätte auch Wohn- und Büroraum gepachtet und eine Marketing-Firma aufgebaut. Die Firma vertrieb Blindenprodukte aus Blindenwerkstätten. Bei dieser Geschäftsidee stand nicht das Philanthropische im Vordergrund. Da Mängel auftraten und angeblich die Renovierung betreffende Zusagen des Verpächters nicht eingehalten wurden, kam es zu massiven Streitigkeiten bis hin zu körperlichen Auseinandersetzungen: Die streitenden Parteien belegten sich wechselseitig mit Strafanzeigen.

Nach der Kündigung des Pachtvertrags machte der Verpächter von seinem Vermieterpfandrecht Gebrauch und beauftragte die „Creditreform“ mit dem Eintreiben rückständiger Pachtzinsen.

Die diesbezüglich gewechselten Schriftsätze waren in einem Stil abgefasst, der ein einverständliches Ende des Konflikts ausschloss. Sie waren im Gegenteil ursächlich für einen Plan, einen Brandanschlag mit erschreckenden Folgen: Der frühere Pächter und spätere Angeklagte S. hatte anlässlich einer Feier in seiner Wohnung plötzlich die Idee, St. „eins auszuwischen“. Und sie nahm mit der Äußerung, „Man müsste ihm die Bude abfackeln, dafür brauche ich Sprit“ Gestalt an. S. skizzierte einen Brandanschlag mit sogenannten Molotow-Cocktails, und drei Erwachsene und ein 19Jähriger – er begründete die Zuständigkeit der Jugendkammer des Landgerichts Potsdam – machten sich arbeitsteilig an die Arbeit:

Während zwei der Täter mit Hilfe eines Duschschlauchs aus dem Tank eines „Trabis“ das Benzingemisch in einen Eimer absaugten, besorgten die anderen Flaschen aus einem Altglas-Container. Sie bastelten aus Cola-Flaschen aus Kunststoff Trichter und benutzten als Lunte Fetzen einer Küchenschürze und aus alten Socken und füllten fünf Flaschen. Außerdem sammelten sie faustgroße Steine, mit denen sie Steinhoffs Bürofenster einschlagen wollten. Zum Plan gehörten auch dunkle Kleidung und ein Anschlag außerhalb des Publikumsverkehrs in der Gaststätte.

Sie begaben sich gegen 23:42 Uhr zu den auf der rückwärtigen Seite des Hotels gelegenen Büros. F. und der 19jährige K. trugen die Steine. Sie weigerten sich, Brandflasche zu werfen, L. musste deshalb zwei und S. drei Flaschen tragen. K. und F. warfen, wie geplant, mit den Steinen das rechte Bürofenster ein und rannten in Richtung See davon. L. und S. warfen je zwei Brand-Flaschen mit brennender Lunte ins Büro und rannte ebenfalls zum See. Was sie nicht wussten, aber auch nicht ausschließen konnten: St. schlief zu diesem Zeitpunkt auf dem Sofa seines Büros. Er wurde wach, riss das Fenster auf und schrie, für L. und S. hörbar, „Ihr Schweine!"

Das Feuer breitete sich durch die geöffnete Bürotür in den Flur des Hotels aus. Dort bildeten sich infolge der Kunststoffverkleidung neben Kohlenmonoxyd andere giftige Gase, die sich im Hotel ausbreiteten. Im Zeitpunkt des Brandanschlags hielten sich im Hotel 24 Personen auf.

Die Feuerwehr traf gegen 23:59 Uhr ein. Sie konnte 22 Bewohner mithilfe von Strickleitern und Fangleinen retten. Für zwei Bewohner kam jede Hilfe zu spät. Sie konnten von der Feuerwehr nur noch tot aus ihren Zimmern geborgen werden. Todesursache war eine Rauchvergiftung. Sie konnten sich nicht selbst retten, weil sie zur Tatzeit sehr stark alkoholisiert waren. Ein älteres Ehepaar und ihr Enkelkind konnten zwar gerettet werden, die Ehefrau verstarb jedoch am 14. Februar 1999 im Krankenhaus infolge einer Rauchvergiftung.

Einen im Schlussplädoyer gestellten Antrag der Strafverteidiger, die Alkoholisierung der Opfer zugunsten Ihrer Mandanten strafmildernd zu berücksichtigen, nahm die Strafkammer kopfschüttend zur Kenntnis; sie wurde Bestandteil der Urteilbegründung wegen eines besonders schweren Falles der Brandstiftung mit Todesfolge:

> Lassen sie mich in diesem Zusammenhang vorwegnehmen, dass die Kammer nicht bereit war, die „Lebensführungsschuld" der Tatopfer zugunsten der Angeklagten zu bewerten: Jeder darf sich – sicherlich für jeden der Prozessbeteiligten nachvollziehbar – in seinen eigenen vier Wänden betrinken. Er muss nicht damit rechnen, dass sein Haus bzw. seine Wohnung in Brand gesteckt wird.

Damit stellte die Strafkammer klar, dass nicht nur „vernünftige" Menschen im Sinne Kants, sondern auch prekäre Leben unter dem Schutz der Menschenwürde nach Art. 1 GG stehen und kein Anlass besteht, deshalb die Strafe zu mildern.

Mauerschützen

Der erste Mauerschützenprozess am Bezirksgericht Potsdam – eine Hinrichtung

Mit dem Bau der Berliner Mauer am 13.August 1961 war für Bürger der Deutschen Demokratischen Republik die Möglichkeit, über Westberlin in die Bundesrepublik Deutschland zu flüchten, verschlossen. Die Grenzanlagen zu überwinden war nur noch unter Einsatz des Lebens möglich. Für diejenigen, welche den Auftrag hatten, die Grenze zu schützen, wurde es ein „Kampfauftrag" und die „Republikflüchtlinge" wurden zu „Staatsfeinden".

Einer der Grenzschützer hatte den Auftrag missverstanden und einen Flüchtling regelrecht hingerichtet. Dieser exzessive Grenzzwischenfall, mit dem ich erst im Revisionsverfahren befasst war, hat mich nie „losgelassen". Es war unter dem Vorsitz des aus NRW abgeordneten Richters Wolfgang Hansel der erste Mauerschützenprozess am Bezirksgericht Potsdam. Auf die Revision der Staatsanwaltschaft wurde er aber letztlich nicht vom Tatgericht, sondern vom Revisionsgericht entschieden. Er beleuchtete – neben der durch den sogenannten Einigungsvertrag vom 31. August 1990 veränderten Rechtslage – auf erschreckende Weise das an der Berliner Mauer begangene Unrecht.

Tatzeit war der 18. Oktober 1965, und aus der ehemaligen Deutschen Grenzpolizei waren 1961 die Grenztruppen der Nationalen Volksarmee (NVA) geworden. An diesem Tag scheiterte im Grenzabschnitt Kleinmachnow der Fluchtversuch der Freunde Kittel und Krause. Sie wurden mit Sperrfeuer belegt und gestellt. Der 22- jährige NVA-Grenz-Gruppenführer Rolf-Dieter H. wurde informiert und übernahm das Kommando. Er befahl den beiden – sie befanden sich im Panzergraben – „Rauskommen!" Während Kittel sich aus dem Graben erhob und mit erhobenen Händen auf die Grenzposten zuging, rief Krause: „Ich kann nicht, ich bin verletzt". Mit dem Ruf „Ich habe mir geschworen, hier kommt keiner mehr lebend raus" schoss H. das Magazin seiner MP Kalaschnikow leer. Und er schoss so lange, bis Kittel tödlich getroffen umfiel.

H. wusste, dass der Schusswaffengebrauch nur das äußerste Mittel war, um eine Flucht zu verhindern; er wollte aber – im eklatanten Widerspruch zur bestehenden Rechts- und Befehlslage – einen Wehrlosen töten, weil er – von Politoffizieren indoktriniert – davon ausging, dass Flüchtlinge Verbrecher seien, deren Leben nicht verschont werden müsse. Und er wusste auch, dass er für die Tat nicht bestraft werden würde. Der Gruppenführer hätte aber nach dem am 18. Oktober 1965 geltenden Strafrecht der DDR als Mörder verurteilt werden müssen; dass er nicht bestraft, sondern belobigt und befördert wurde, ist „kaum zu fassen".

Die für das Land Brandenburg zuständige Schwerpunktabteilung für „DDR- Justizunrecht" der Staatsanwaltschaft Neuruppin klagte ihn wegen Mordes an, ohne eines der Mordmerkmale zu konkretisieren und beantragte 10 Jahre Freiheitsstrafe. Der Potsdamer Jugendsenat verneinte das Mordmerkmal der „sonst niedrigen Beweggründe“ und verurteilte ihn am 9. Dezember 1991 lediglich wegen Totschlags zu einer Freiheitsstrafe von 6 Jahren. Der *Tagesspiegel* bezeichnete das Mauerschützenurteil zu Recht als „das bisher Härteste“; es war jedoch nicht hart genug. Die Staatsanwaltschaft Neuruppin und der Angeklagte legten Revision ein, die Begründungen wurden mir vorgelegt. Aber nur die Revision der Staatsanwaltschaft hatte Erfolg: Das Bezirksgericht hatte bei seiner Entscheidung zwar beachtet, dass durch den Einigungsvertrag auf die vor dem Beitritt am 3. Oktober 1991 in der DDR begangen Straftaten in Abänderung bundesrechtlichen Strafrechts (§ 2 StGB) das „mildere DDR-Strafrecht“ anzuwenden sei; es hatte jedoch keine Feststellungen zum Mordmerkmal „Heimtücke“ getroffen, was der 5. Senat des BGH beanstandete; Verfahrenshindernisse erkannte er nicht. Die Tat war weder verjährt, noch die Strafverfolgung wegen einer in der DDR erlassenen Amnestie ausgeschlossen, und bei der Strafzumessung wurde der im Einigungsvertrag verhandelte Vorbehalt, gemäß § 2 Abs. 3 StGB das mildeste Gesetz anzuwenden, relevant.

Zwischen der Tat am 18.Oktober 1965 bis zur Verurteilung durch das Bezirksgericht am 9. Dezember 1991 gab es im DDR-Strafrecht für Mord vier verschieden Strafandrohungen: § 211 StGB sah in der 1965 in der DDR geltenden Fassung für Mord Zuchthaus oder die zu diesem Zeitpunkt noch nicht abgeschaffte Todesstrafe vor. Und seit dem 4. Strafrechtsänderungsgesetz der DDR vom 18. Dezember 1987 bis zur Einigung Deutschlands drohte einem Mörder eine Freiheitsstrafe „nicht unter 10 Jahren oder lebenslänglich“. Der 5. Senat des BGH änderte daher in Übereinstimmung mit dem Antrag des Generalbundesanwalts und dem Revisionsantrag der Staatsanwaltschaft Neuruppin den Schuldvorwurf und erkannte wegen Mordes gemäß § 354 Abs.1 StPO „im Durchgriff“ auf die gesetzlich niedrigste Strafe nach DDR-Strafrecht, auf eine Freiheitsstrafe von 10 Jahren.

Die Jugendkammer verhandelte in der Zeit vom 1. Januar 1992 bis 1998 unter meinem Vorsitz 16 Mauerschützenprozesse. Mit den Vorgaben des 5. Senats zur Verjährung und in der DDR erlassenen Amnestien konnte die wegen des Alters der Posten bzw. Postenführer zu den Tatzeiten (18 bis 20 Jahre) zuständige Jugendkammer die Einstellungsanträge der Verteidiger parieren und hatte bezüglich der Rechtswidrigkeit des Schusswaffengebrauchs der Posten und Postenführer eine Orientierung:

Die Verjährungsfrist war „für das Verbrechen der vorsätzlichen Tötung eines Menschen“, welches nach DDR- Recht als Mord bezeichnet wurde, am 1. Juli 1968 auf 25 Jahre verlängert worden. Im Übrigen ruhte die Verjährung in der DDR nach einer Senatsentscheidung vom 12. April 1994 wegen eines „quasigesetzlichen Verfolgungshindernisses“, weil Schusswaffengebrauch der Grenzsoldaten, der eine Flucht über den Grenzzaun verhinderte, aber zumeist junge Menschen das Leben kostete, strafrechtlich nicht als Unrecht verfolgt wurde. Die Posten, Postenführer und ihre vorgesetzten Offiziere wurden im Gegenteil ausgezeichnet, befördert und für die Erfüllung ihres „Kampfauftrages“ belobigt. Deshalb bestand auch für den zur Amnestie befugten Staatsrat kein Regelungsgrund: „Was außerhalb der Verfolgung stand, bedurfte keiner Amnestie“. Außerdem waren „Mord und Gewaltverbrechen“, worauf der 5. Senat des BGH in seiner Entscheidung vom 20. Oktober 1993 hinwies, per Beschluss des Staatsrates vom 6. Oktober 1972 von Amnestien ausgenommen. Und zur Rechtswidrigkeit des Schusswaffengebrauchs der Grenzsoldaten mit tödlichem Ausgang konnte die Jugendkammer der Verteidigung entgegenhalten, dass die von den Grenzsoldaten befolgten Befehle gegen die Verfassung der DDR vom 7. Oktober 1949, insbesondere gegen die in Art. 10 Abs. 3 verbriefte Ausreisefreiheit verstießen und es bezüglich der den Verfahren zugrundliegenden Tatzeiten bis zum Erlass des Grenzgesetzes am 25. März 1982 keine gesetzliche Grundlage gab: Der Schusswaffengebrauch war lediglich durch eine „Vorschrift über die Organisation und Führung der Grenzsicherung in der Grenzkompanie“ vom 8.März 1964 – D V-30/10- geregelt.

Wegen der durch die Staatspraxis der DDR bestehende Rechtfertigung der Todesschüsse waren die Gerichte in Berlin, Neuruppin und Potsdam auch mit der Rechtsfrage befasst, ob der befohlene Schusswaffengebrauch als Rechtfertigungsgrund im Interesse der Durchsetzung des Verbots, die DDR zu verlassen, als unerträglicher Verstoß gegen Menschenrechte unbeachtlich sei; immerhin verfolgte er das Ziel, das Lebensrecht unbewaffneter Republikflüchtlinge einzuschränken und ihre vorsätzliche Tötung zu gestatten. Außerdem war zu bedenken, ob das Rückwirkungsverbot gem. Art. 103 Art. 2 GG – „Eine Tat kann nur bestraft werden, wenn die Strafbarkeit gesetzlich bestimmt war, bevor die Tat gegangen wurde“ – einer gerichtlichen Aufarbeitung entgegenstand.

Argumentative Hilfe, mit einer menschenrechtskonformen Auslegung der Dienstvorschriften und Befehle im Umgang mit der Schusswaffe sich über das rückwirkende Verbot von Strafgesetzen hinwegzusetzen, bot ein während der Weimarer Zeit hochgeachteter Jurist mit einem Rechtssatz, der sogenannten *Radbruch'schen Formel* an.

1946 veröffentlichte Prof. Gustav Radbruch (1887 bis 1949) unter dem Eindruck nationalsozialistischen Unrechts in der Süddeutschen Juristenzeitung (S.105-108) einen Aufsatz mit dem Titel „Gesetzliches Unrecht und übergesetzliches Recht“. Er gehört zu den „berühmtesten juristischen Schriften des 20. Jahrhunderts“, trug noch zu Radbruchs Lebzeiten zur Verurteilung eines ebenfalls untergegangenen Staates wegen seiner Verbrechen gegen die Menschheit durch den Internationalen Militärgerichtshof am 30. September 1946 in Nürnberg bei und sollte bei der gerichtlichen Aufarbeitung des in der DDR begangenen Unrechts posthum ebenfalls eine entscheidende Rolle spielen. Seine These von der Unverbindlichkeit „unerträglichen gesetzlichen Unrechts“ ist zum juristischen Gemeingut geworden. Sie lautet unter anderem wie folgt:

> Der Konflikt zwischen der Gerechtigkeit und der Rechtssicherheit dürfte dahin zu lösen sein, dass das positive , durch Satzung und Macht gesicherte Recht auch dann den Vorrang hat, wenn es ungerecht und unzweckmäßig ist, es sei denn, dass der Widerspruch des positiven Rechts zur Gerechtigkeit ein so unerträgliches Maß erreicht, dass das Gesetz als „unrichtiges Gesetz" der Gerechtigkeit zu weichen hat.

Vierzehn Jahre vorher hatte er allerdings als Positivist Gegenteiliges geschrieben:

> Wir verachten den Pfarrer, der gegen seine Überzeugung predigt, aber wir verehren den Richter, der sich durch sein widerstreitenden Rechtsgefühl in seiner Gesetzestreue nicht beirren lässt"

und hatte damit den „furchtbaren Juristen" in der Nachkriegszeit eine „Brücke gebaut".

Wegen der „beispiellosen Perfektion" des Grenzregimes und des an der Grenze praktizierten „rücksichtslos angewandten Schusswaffengebrauchs" auf der einen, und der „prinzipiellen Versagung" der Ausreisebefugnis, die nur zum gesichtswahrenden Schein in die Verfassung der DDR aufgenommen worden war, auf der anderen Seite, hat der 5. Senat des BGH unter Bezugnahme auf die Radbruch'sche „Unerträglichkeitsformel" für die Schwurgerichte bindend entschieden, dass trotz des unbestreitbaren Unterschieds zum Nazi-Unrecht „Rechtfertigungsgründe des DDR-Rechts als unerträgliches gesetzliches Unrecht der Gerechtigkeit weichen müssen" und deshalb unbeachtlich bleiben.

Die Unerträglichkeit hatte sich den mit Mauerschützenprozessen befassten Richtern bereits durch einen dokumentierten Zwischenfall, der ihre richterliche Unabhängigkeit strapazierte, aufgedrängt: Es ist das bekannte Bild des am 17. August 1962 um Hilfe bettelnden 18 jährigen Peter Fechter. Die FAZ veröffentlichte das Bild, welches Reporter Wolfgang Bera aus Westberlin „geschossen" hatte und das zum Politikum werden sollte. Es zeigt das Elend und die Menschenverachtung eines Grenzregimes, welches den Ruf eines Menschen „So helft mir doch" ignoriert und ihn fast eine Stunde sterben lässt. Die Ikonographie des Bildes fasst zusammen, worum es den überforderten DDR-Polizisten beim Bergen eines Sterbenden ging: Nicht um erste Hilfe bzw. das würdige Sterben eines tödlich Verletzten, sondern um Vertuschung und Geheimhaltung und darum, aus dem Focus der Fotografen und der „Mörder, Mörder" rufenden Berliner zu verschwinden. Es provozierte aber auch die Frage, warum die amerikanischen Besatzungssoldaten nicht eingegriffen und das Leben von Peter Fechter gerettet haben. Sebastian Haffner prangerte das Ulbricht-Regime mit dem Vorwurf, „auch den unschädlich gemachten Feind nicht zu schonen", an. Bemerkenswert ist der Nachruf der für den Tod von Peter Fechter zuständige IV. Grenzabteilung: „Durch vorbildliches Verhalten und gute Feuerdisziplin konnte ein Bandit daran gehindert werden, die Staatsgrenze nach Westberlin zu durchbrechen, indem er durch Anwendung der Schusswaffe tödlich verletzt wurde". Dass Erich Honecker dafür und für die schon 1974 erhobene Forderung, „ein einwandfreies Schussfeld zu schaffen und von der Schusswaffe rücksichtslos Gebrauch zu machen", aus gesundheitlichen Gründen nicht zur Verantwortung gezogen wurde und aus humanitären Gründen ausreisen durfte, war für die Angehörigen der „Mauertoten" nur schwer nachzuvollziehen.

Die juristische Aufarbeitung wurde im Übrigen von titelschweren und durch DDR-Unrecht belasteten Diplomjuristen, die wegen „ihrer Belastung“ nicht in den Richterdienst übernommen werden konnten, erschwert. Sie waren in der Ägide der von Hans Modrow bis 1990 geführten DDR-Regierung ungefiltert als Rechtsanwälte zugelassen worden und verteidigten die „Gesetzmäßigkeit der DDR“ mehr als ihre Mandanten. Und sie sprachen nicht von Opfern, sondern von „Grenzverletzern“ und stellten die richterliche Unabhängigkeit der gesetzlichen Richter in Frage. Ihnen konnten die Richter aus dem Westen unter anderem mit dem Beweis einer Doppelstrategie zu Lasten der Grenzsoldaten, die nicht nur Täter, sondern auch Opfer des DDR-Grenzregimes und der staatlichen Indoktrination waren, begegnen. Nach der bereits erwähnten DV 30/10 war der Gebrauch der Schusswaffe lediglich die äußerste Maßnahme der Gewaltanwendung gegenüber Personen und nur zulässig, wenn andere Maßnahmen erfolglos geblieben sind. Sie wurde den Grenzsoldaten im Politunterricht jedoch nur auszugsweise und lediglich mündlich vermittelt; im Zentrum des Unterrichts stand, dass Ausreisewillige und Flüchtende Verbrecher seien. Und sie wurden vor Dienstantritt vom Stellvertreter des Zugführers wie folgt „vergattert“:

> Der ... Zug, eingesetzt für die Zeit von ... bis ..., sichert die Staatsgrenze der Deutschen Demokratischen Republik im Abschnitt der ... Grenzkompanie mit der Aufgabe, Grenzdurchbrüche nicht zuzulassen, Grenzverletzer vorläufig festzunehmen oder zu vernichten und den Schutz der Staatsgrenze unter allen Bedingungen zu gewährleisten.

An den Wortlaut dieser Vergatterung konnten sich die dafür Verantwortlichen später als Zeugen vor Gericht nicht mehr erinnern.

Soweit die Angeklagten von der Jugendkammer nicht freigesprochen wurden, wandte sie zugunsten der zur Tatzeit noch nicht 21 Jahre alten Posten bzw. Postenführer ohne Prüfung des zu Teil 35 Jahre zurückliegenden Entwicklungsstatus gem. § 105 des Jugendgerichtsgesetzes (JGG) Jugendstrafrecht an. Und unter der Voraussetzung, dass es keine „Exzesstat“ war, wurde die Tat als „Totschlag im minderschweren Fall“ und damit gem. § 213 Abs.2 StGB als milderes Gesetz bewertet; in der Schlussberatung war zentral, ob der Schütze nach seiner Einlassung vorsätzlich oder lediglich grob fahrlässig gehandelt hatte. Denn wegen Totschlags konnte nur verurteilt werden, wer den Tod eines Flüchtlings zumindest in Kauf genommen, d.h. mit bedingtem Vorsatz gehandelt hat. Wer nach den Vorgaben des 5. Senats des BGH in Kenntnis des auch mir bekannten Schussverhaltens der russischen Maschinenpistole Modell Kalaschnikow als schlechter Schütze Sperr- oder Dauerfeuer in Richtung des Flüchtenden schoss, musste eher mit einer Verurteilung wegen Totschlags rechnen als der nachweislich gute Schütze, der mit Einzelfeuer auf das Knie gezielt, aber den Kopf getroffen hatte. Darüber, dass es für diese Grenzsoldaten eine „lebenslange moralische Last“ war, einen Menschen getötet zu haben, halfen Auszeichnungen und „ein kaltes Buffet und die Gratulation von Kessler“ nicht hinweg. Und sie mussten schweigen und glauben, dass sie einen Beitrag „zur Verhinderung eines 3. Weltkriegs geleistet hatten“.

Bei der Strafzumessung waren den Schwurgerichtskammern bezüglich der sonst geltenden Strafzumessungsgesichtspunkte Grenzen gesetzt, weil das Tötungsdelikt von Befehlsempfängern begangen wurde, die sich staatlicher Indoktrination kaum entziehen konnten. Soweit die zu ihrer Entlastung geladenen Vorgesetzten und Politoffiziere, die nach der Belehrung, sich nicht selbst belasten zu müssen, als Zeugen nicht von ihrem Auskunftsverweigerungsrecht Gebrauch machten und bekundeten, dass es keinen Schießbefehl und vor Dienstantritt auch keine menschenfeindliche Vergatterung gegeben habe, glaubten die sich im Rentenalter befindlichen Angeklagten, sich verhört zu haben und brachen mitunter in Tränen aus. Die Jugendkammer des LG Potsdam setzte als Schwurgericht daher die Vollstreckung der verhängten Jugend- bzw. Freiheitsstrafen außerhalb der klassischen Kriterien von „zu Gunsten“ und „zu Lasten“ regelmäßig zur Bewährung aus.

Der 10. Mauerschützenprozess – Die verspätete Rückkehr

Grundlage aller Mauerschützen-Prozesse war das bei einer Behörde in Salzgitter erfasste Beweismaterial. Wie die Behörde zustande gekommen ist, sollte ich erst anlässlich des 10. Mauerschützenprozesses erfahren.

Am 29. August 1961, 16 Tage nach dem Mauerbau, wurde der 27jährige Roland Hoff aus Hannover im Teltowkanal zwischen Kleinmachnow und Berlin-Lichterfelde erschossen. Er war wegen einer Trunkenheitsfahrt 1961 „in den Osten“ geflohen, wollte wieder zurück und versuchte – inzwischen war der Weg zurück durch die sogenannte Friedensmauer versperrt – schwimmend Westberlin zu erreichen. Die Grenzsoldaten gaben Warnschüsse ab und eröffneten auf Befehl des Zugführers schließlich gezieltes Dauerfeuer, obwohl er, seine Aktentasche über den Kopf haltend, „Bitte nicht schießen“ gerufen hatte. Eine Kugel traf ihn an der linken Kopfhälfte tödlich. Wer den tödlichen Schuss abgegeben hatte – wahrscheinlich war es der damalige Postenführer und Oberfeldwebel – konnte mit der erforderlichen Sicherheit nicht festgestellt werden.

Die Anklage wegen gemeinschaftlichen Totschlags gegen den Oberfeldwebel, einen Gefreiten und einen einfachen 18jährigen Soldaten konnte schließlich nur deshalb erhoben werden, weil sie von einem wenige Tage vorher geflüchteten Grenzsoldaten als Schützen namentlich benannt worden waren.

Zu den Beweismitteln der Staatsanwaltschaft gehörte eine von einer Behörde in Salzgitter übermittelter Steckbrief mit einem Foto. Abgebildet war ein Mann mit altmodischer militärischer Schirmmütze, der mit vorgehaltenem Karabiner aus dem Gebüsch auf die vor ihm liegende Wasserfläche zeigt. Unter dem Foto war zu lesen: „Wer kennt den Mörder? – 10.000 DM/West Belohnung“.

Es war die Behörde, die „der Pfahl im Fleisch“ der SED-Diktatur werden sollte: Bereits am 1. September 1961 hatte der durch die Presse informierte Hamburger CDU-Vorsitzende Eric

Blumenfeld eine „zentrale Staatsanwaltschaft" verlangt, mit dem Ziel, nach dem Vorbild der Ludwigsburger Zentralstelle zur Aufklärung von NS-Verbrechen DDR-Rechtsverstöße zu registrieren. Willi Brandt griff als Regierender Bürgermeister von Berlin in seiner Rundfunkrede vom 3. September 1961 den Vorschlag auf und schlug den Ministerpräsidenten der Länder vor, „zur Aufklärung von Gewaltaktionen durch das SED-Regime" eine Behörde einzurichten. Sie wurde am 29.November 1961 als „Zentrale Erfassungsstelle der Landesjustizverwaltungen" in Salzgitter eröffnet.

In der Beweisaufnahme wurde ein 60-jähriger Zeuge mit dem Steckbrief und der Frage „Erkennen Sie sich wieder?" konfrontiert. Er erkannte sich wieder und räumte freimütig ein, als Mitglied der SED-Kampftruppen ebenfalls, aber nicht gezielt, auf den schwimmenden Flüchtling geschossen zu haben. Die Verteidiger stellten im Übrigen den Antrag, das Verfahren einzustellen. Aber nicht der Antrag, sondern seine Begründung überraschte: „Ihre Mandanten hätten als Grenzsoldaten nach DDR-Recht hoheitliche Handlungen der Grenzkontrolle ausgeübt und dürften deshalb von bundesdeutschen Gerichten nicht bestraft werden". Meine Bemerkung, dass sich die Angeklagten, die nicht bestraft, sondern belobigt worden seien, vielleicht auch nach DDR-Recht strafbar gemacht haben könnten, weil sie auf einen wehrlos Schwimmenden und Unbewaffneten geschossen hätten, löste eine Kontroverse über die Gesetzmäßigkeit der früheren DDR und meine Unzuständigkeit als Teil der bundesdeutschen „Siegerjustiz" aus. Sie endete mit meinem zornigen Hinweis, dass ich die Polemik einer angeblichen Siegerjustiz in diesem Gerichtssaal nicht dulde; ich konnte den „Kampfbegriff" so nicht stehenlassen:

Während Kurt Biedenkopf, Bernhard Vogel, Erwin Sellering und Lothar Späth, als westdeutsche Ministerpräsidenten in den ostdeutschen Bundesländern hochgeschätzt, konsequent für Übernahme des bundesdeutschen Grundgesetzes gem. Artikel 23 plädierten und damit bei zunehmender Bereitschaft der Menschen in Ihrem neuen Bundesland für zunehmendes Vertrauen in die Justiz sorgten, machte in Brandenburg die Parole „Artikel 23: kein Anschluss unter dieser Nummer" und der mich und abgeordnete Kollegen betreffende Vorwurf der „Siegerjustiz" während der Regierungszeit Manfred Stolpes von 1990 bis 2002 die Runde. Stolpe war zu dieser Zeit noch mit dem Vorwurf belastet, „IM Sekretär" gewesen zu sein.

War den Absendern – ausgemusterten SED-Parteigängern und verträumten Bürgerrechtlern – eigentlich bewusst, was sie mit der Propaganda einer aus dem Westen importierten „Siegerjustiz" angerichtet haben oder hatten sie vergessen, dass mit den Strafverfahren wegen DDR-Unrechts nach dem Beitritt lediglich etwas fortgeführt worden ist, was mit der Verhaftung von Honecker, Mielke, Mittag & Co noch zu DDR-Zeiten durch Rechtspflegeorgane der DDR begonnen hatte?

Bis zur Exekution am 16.Oktober 1946 der wegen Verbrechen gegen die Menschlichkeit in Nürnberg verurteilten Hauptkriegsverbrecher bestand in der vom Kriegsgeschehen noch traumatisierten Bevölkerung weitgehend Konsens, dass das von den vier Siegermächten besetzte Tribunal ein gerechtes Urteil gesprochen hatte. Aber als in den 6 Jahre andauernden Folgeprozessen unter anderen gegen „die Schreibtischtäter aus der Wilhelmstraße" die Verstrickung vieler inzwischen zu ehrenwerten Bürgern Mutierter in das untergegangene Regime und damit ihre Mitschuld öffentlich wurde, begann der Klerus „Gnade vor Recht" zu predigen. Er generierte damit die Idee einer „Siegerjustiz", welche 1952 immer noch auf ein besiegtes Volk einschlägt und befeuerte die politischen Forderungen nach einer Amnestie. Und plötzlich war auch nicht mehr vom deutschen Tätervolk die Rede, sondern die vom Nationalsozialismus verführten unschuldigen Deutschen wieder in aller Munde.

Zwei Mauerschützenprozesse, aber keine Republikflucht

1. Warum hat er nicht auf seinen Cousin gehört?

Lothar H. war 19 Jahre alt und absolvierte im Grenzgebiet von Sacrow als Postenführer seine Wehrpflicht. Sarcrow ist ein Ortsteil von Potsdam. Am Havelufer steht die Heilands-Kirche; die Sperranlagen der DDR entlang der sogenannten Friedensgrenze verliefen über das Kirchengelände. Die inzwischen zum Weltkulturerbe gehörende Kirche wurde nach dem Bau der Berliner Mauer in Richtung Westberlin „Niemandsland". Nach dem letzten Gottesdienst am Heiligen Abend 1961 verwüsteten Mitarbeiter des Ministeriums für Staatssicherheit den Altarraum der von Ludwig Persius erbauten Kirche; Ziel der Verwüstung war, Fluchtversuche über die Havel und nach Westberlin zu verhindern.

Postenführer Olaf. L hatte bereits acht Stunden auf einem Wachturm hinter sich, als ihn der Marschbefehl erreichte, mit seinem Posten im Grenzgebiet von Sacrow zu erscheinen. Dort tötete er in der Nacht des 3. November 1975 den 21jährigen Lothar H. durch einen Schuss in den Rücken. Im Gerichtssaal des Landgerichts Potsdam wurde öffentlich, dass Täter und Tatopfer deckungsgleich sozialisiert waren: Beide waren aktive „FDJler" und Informelle Mitarbeiter der Staatssicherheit.

Was war geschehen? Sowjetische Soldaten waren desertiert und sollten am Grenzdurchbruch gehindert werden. Schwer bewaffnete sowjetische Patrouillen durchkämmten den an Sacrow grenzenden Königswald, im Ort suchten NVA-Soldaten. Sie hatten das Grenzgebiet geschlossen und warnten die Bevölkerung vor den „schwer bewaffneten Russen". Ohne Genehmigung durfte keiner hinein. In dieser Nacht wurde selbst der aus Potsdam kommende Linienbus kontrolliert. Er hatte nur einen Gast: Es war der leicht alkoholisierte Lothar, und der Busfahrer war sein Cousin. Lothar hatte seinen Job als Disc-Jockey in Potsdam hinter sich und wollte nach Hause. Sein Cousin schilderte ihm die angespannte Situation im Grenzgebiet, warnte ihn vor den Russen und bat ihn, in Potsdam zu bleiben. Lothar nahm die Warnung nicht ernst und stieg ein. Um die Gefahr zu minimieren, setzte ihn sein Cousin noch vor der Haltestelle in der Nähe des elterlichen Hauses ab. Er verrichtete an einem Baum seine Notdurft und tat das, was er nachts immer tat: Er rannte, ohne sich umzusehen, durchs Dorf nach Hause. Die beiden Grenzposten, die in dieser kalten Novembernacht in einer kleinen Vertiefung saßen, sah er nicht, aber die beiden Grenzer auf Nebelposten sahen ihn: Sie waren ca. 70 m von ihm entfernt, und die Dorfstraße war hell erleuchtet.

Olaf L., einer der Nebelposten, musste sich als Angeklagter vor der Jugendkammer des Landgerichts Potsdam verantworten und ließ sich zum Vorwurf des Totschlags ein:

> Er habe den Davonlaufenden zugerufen, stehenzubleiben. Warum es nicht stehengblieben sei, sei ihm bis heute ein Rätsel. Als er auch auf einen Warnschuss nicht reagiert habe, habe er sich niedergekniet und auf die Beine geschossen. Von einem Schuss/Fehlschuss im oberen Rücken getroffen, sei er schreiend zu Boden gestürzt. Er und sein Posten hätten den tragischen Fehler sofort erkannt und ihn bis zum Eintreffen des Arztes notdürftig versorgt.

Lothar verstarb auf dem Weg ins Krankenhaus. Der Zwischenfall löste im Dorf große Empörung aus. Sie wurde vom Grenzregime und den für den Einsatz in Sacrow Verantwortlichen nicht geteilt: Sie ließen die Angehörigen und Bewohner wissen, dass Lothar H. seinen Tod selbst verschuldet habe.

Die Jugendkammer verurteilte den zur Tatzeit 19Jährigen 21 Jahre später, am 1. Juli 1996, wegen Körperverletzung mit Todesfolge zu einer bewährungsfähigen Jugendstrafe. Seinem Schlusswort „Ich habe mich geirrt" musste ich nach der Verkündung des Urteils widersprechen:

> Sie haben sich nicht geirrt, sondern sich falsch verhalten und den Tod eines Menschen, von dem ersichtlich keine Gefahr ausging, billigend in Kauf genommen. Er war kein Grenzverletzer bzw. bewaffneter Deserteur der Sowjetarmee, sondern ein unbewaffneter junger Mann, der sich über eine hellerleuchtete Dorfstraße nicht auf die Grenzanlagen zu, sondern von ihnen wegbewegt hat.

2. Ein Irrtum und wie die Stasi darauf reagierte

Die Feststellung, welche die Jugendkammer in einem besonders tragischen Mauerschützenverfahren traf und im Urteil vom 13. Oktober 1997 festschrieb, ist verstörend: Ein 19jähriger und überforderter Posten aus Schwarzenberg/Sachsen hatte irrtümlich einen Bewohner des Sperrgebiets erschossen. Die Urne der sterblichen Überreste des Opfers, der kein Republikflüchtling war, wurden der Ehefrau des Opfer von einem Stasi-Mitarbeiter auf dem Friedhof mit der Bemerkung, „Schweigen Sie und verlassen Sie das Dorf sobald wie möglich" übergeben.

Und wie ist die DDR mit denjenigen umgegangen, deren Flucht scheiterte und die zum Teil schwer verletzt wurden? Sie wurden wegen versuchten ungesetzlichen Grenzübertritts zu zum Teil hohen Zuchthaus- bzw. Freiheitsstrafen verurteilt, die in Strafvollzugseinrichtungen z.B. in Brandenburg, Bautzen, Görlitz oder Zeithain vollstreckt wurden. Obwohl nach dem Strafvollzugsgesetz der DDR vom 14.April 1977 „nach Inhalt und Gestaltung des Vollzugs der Strafen durch das humane Wesen des sozialistischen Staates bestimmt waren" und das Gesetz „die Rolle der sozialistischen Gesellschaft und der Charakter des Staates als wesentlich in den Vordergrund rücken sollte", war der Vollzug für Grenzverletzer und Fahnenflüchtige der NVA alles andere als human. So wurden sie z.B. in Brandenburg von „einem Meister des Strafvollzugs" mit dem vollzugswidrigen Tremolo „Jetzt hat sich's ausgeflüchtet" schikaniert und mit Schlüsselknochen körperlich misshandelt. Entgegen den gesetzlichen Vorgaben wurden Körperverletzungen und Misshandlungen durch Strafvollzugsbedienstete in der DDR zwar auf Anordnung des MfS protokolliert, aber nach den Willen der Staats- und Parteiführung strafrechtlich nicht verfolgt, weil es sich bei den Betroffenen um Staatsfeinde handelte. Hinzu kam, dass nicht Wenige Angst hatten, nach Verbüßung der Strafe nicht in die BRD ausgeliefert zu werden und sie deshalb die Misshandlungen verschwiegen.

NS-Unrecht: Der „Alt-Fall“ Stanislav Steins alias Alexander Schrams

Als ich kurz vor Weihnachten 1992 einen Anruf erhielt und gefragt wurde, ob mit der Entlassung des unschuldig inhaftierten Vaters bis zu den Feiertagen zu rechnen sei, „die Mutter, er und die Geschwister seien voller Erwartung“, konnte ich erst auf Nachfrage eine Verbindung zu einem dem Senat vorliegenden Beschwerdeverfahren herstellen. Es handelte sich um die Aussetzung einer lebenslangen Freiheitsstrafe in sogenannten „Altfällen“ gemäß § 57a StGB:

Der Verurteilte war am 22. September 1977 als Untersuchungshäftling in die Untersuchungshaftanstalt des Ministerium des für Sicherheit in Potsdam eingeliefert worden und hatte am 22. September 1992 15 Jahre Freiheitsstrafe verbüßt. Die in § 57a StGB vorgesehene Mindestverbüßungszeit von 15 Jahren konnte aber nur dann als ausreichend angesehen werden, wenn keine über die Schwere der Schuld hinausgehenden „schuldsteigernden Umstände“ vorlagen. Der 76Jährige beantragte, die Restfreiheitsstrafe zur Bewährung auszusetzen und ihn zu entlassen.

Die Justizvollzugsanstalt Brandenburg befürwortete die vorzeitige Entlassung. Sie bestätigte eine einwandfreie Führung und betonte die regelmäßigen Kontakte zu seiner Ehefrau während des Vollzugs. „Es sei zu erwarten, dass der Verurteilte außerhalb des Strafvollzugs ein geordnetes Leben führen könne, es sei bei den Vollzugslockerungen zu keinerlei Beanstandungen gekommen“. Die Stellungnahme wurde vom Amtsarzt dadurch unterstützt, dass er ihm wegen einer „chronisch-ischämischen Herzkrankheit und peripherer arterieller Durchblutungsstörungen“ eine beschränkte Lebenszeit attestierte.

Die Vollstreckungskammer des Kreisgerichts Brandenburg lehnte den Antrag auf Entlassung auf Grundlage einer Entscheidung des Obersten Gerichts der DDR und unter Berücksichtigung der vom Bundesverfassungsgericht am 3. Juni 1992 beschlossenen Grundsätze ab. Sie sah die „schuldsteigernden Umstände“ in seiner Mitwirkung an der Ermordung von mindestes 7.000 und der eigenhändigen Erschießung von 54 Menschen. Der verurteilte Vater legte gegen den ablehnenden Beschluss sofortige Beschwerde ein, für die das Bezirksgericht Potsdam zuständig war.

Das Oberste Gericht der DDR hatte den Dolmetscher Stanislavs St. am 7. Dezember 1979 auf die Berufung gegen das Urteil des Bezirksgerichts Potsdam vom 1. Oktober 1979 am 7. Dezember 1979 wegen „mehrfacher, gemeinschaftlich begangener Verbrechen gegen die Menschlichkeit“ zu einer lebenslänglichen Freiheitsstrafe verurteilt und ihm die staatsbürgerlichen Rechte „für dauernd“ aberkannt. Nach den „Richtlinien zur Frage der gerichtlichen Beweisaufnahme und Wahrheitsfindung im sozialistischen Strafprozess“ traf das Gericht unter anderem folgende Feststellungen:

Stanislavs St. wurde am 27. Januar 1916 in Rogali in der Lettischen SSR geboren. Er absolvierte seinen Wehrdienst in der bürgerlichen lettischen Armee. Nach seiner Entlassung nahm er als Reserveoffizier das Studium der Philologie auf. Der im Juli 1940 in Lettland wiedererrichteten Sowjetunion stand er ablehnend gegenüber. Er begrüßte deshalb Hitlers Überfall in der Hoffnung, dass die bürgerliche Ordnung in Lettland wiederhergestellt werden würde. Infolge der von der deutschen Faschisten-SS betriebenen Reorganisation der nationalistischen lettischen Verbände wurde der 25 jährige Angeklagte Anfang Juli 1941 Angehöriger der lettischen Sicherheitspolizei von Riga unter Leitung Viktor Arajs. Diese Einheit wurde 1943 zum „Handlanger" der faschistischen Okkupanten bei der Verfolgung und Ermordung tausender sowjetischer Bürger; sie war wegen ihres grausamen Vorgehens in der Bevölkerung berüchtigt. Nach Übernahme der lettischen Freiwilligenverbände gehörte er ab 1944 der Waffen-SS im Range eines Untersturmführers an.

Als die faschistische Wehrmacht am 1. Juli 1941 Riga besetzte, folgte er dem Aufruf an lettische Nationalisten zur Registrierung: Er meldete sich bei dem als Vorläufer der geplanten nationalen Selbstverwaltung gebildeten „Zentrum der Organisation des befreiten Lettlands". Damit gehörte er dem lettischen Selbstschutz an.

Am 2. Juli 1941 denunzierte St. bei seiner Registrierung im „Zentrum der Organisation des befreiten Lettlands" die Studenten Anton Bruwers, Janis Login, Felix Judin und Viktor Varnags wegen ihrer politischen Tätigkeit. Anton Bruwers wurde im August 1941 von lettischen Faschisten erschossen. Felix Judin wurde in ein Konzentrationslager verschleppt und 1943 ermordet. Anfang Juli 1941 war St. als Kollaborateur an der Bewachung von ca. 80 jüdischen Bürgern beteiligt. Sie wurden aus ihren Wohnungen geholt und mit Fußtritten zu Aufräumarbeiten getrieben. Er wirkte etwa Mitte Juli 1941 auch an der Beschlagnahme jüdischen Vermögens und an 156 Festnahmen von Sowjetbürgern mit.

Im Zeitraum Juli 1941 bis 1943 wurden in dem an das Stadtgebiet grenzenden „Bikerni-Wald" durch den Sicherheitsdienst der SS und seine lettischen Helfer „zehntausende Sowjetbürger jüdischer Nationalität und sowjetische Funktionäre" ermordet. Sie wurden nachts mit LKWs bzw. Bussen von Rigaer Gefängnissen zum Wald gefahren, dort zu bereits ausgehobenen Gruben getrieben und von hinten erschossen. Das Erschießungskommando bestand aus jeweils 20 Angehörigen der lettischen Sicherheitshilfspolizei. Der Angeklagte nahm während seiner Angehörigkeit zum Arajs-Kommando an vier Aktionen gegen sowjetische Funktionäre und 10 Massakern an sowjetischen Juden teil und erschoss Funktionäre und 40 Juden eigenhändig.

Ende 1941 ordnete der für Riga zuständige SS- und Polizeiführer die Ermordung jüdischer Bürger aus dem Rigaer Getto an. Im außerhalb von Riga gelegenen Wald von Rumbula wurden am 30. November und am 8.Dezember 27.000 Juden von „deutschen Faschisten und lettischen Kollaborateuren" erschossen. Stanislavs St. war als

Mitglied des Rigaer Ordnungsdienstes an den Massakern beteiligt. Er hatte sich als Bewacher und Zutreiber freiwillig gemeldet. Der Angeklagte zwang jüdische Mitbürger, Frauen und Greise, durch Schläge zum schnelleren Laufen zum Ort ihrer Erschießung; zehn von ihnen brachen erschöpft zusammen und wurden von ihm erschossen.

Im April 1945 nutzte er eine günstige Gelegenheit und verließ seine Einheit. Weil er fürchtete, als Stanislavs Steins wegen seiner Kollaboration zur Verantwortung gezogen zu werden, ließ er sich im September 1945 in Riga einen Ausweis auf den Namen „Alexander Schrams“ fälschen. Er schloss sich einer Flüchtlingsfamilie an, verbrannte Uniform und Soldbuch und gab sich mittels des gefälschten Ausweises als Ehemann der flüchtenden Frau Blosat aus. Und im Sommer 1945 erhielt er nach Vorlage des gefälschten Ausweises in der sowjetisch besetzten Zone in Potsdam eine Kennkarte und später einen Personalausweis auf den Namen Alexander Schrams. Unter diesem Namen schloss er 1950 eine Ehe. Nach Kriegsende hatte er sich zunächst als Russisch-Lehrer verdingt. 1965 absolvierte er eine Fremdsprachenausbildung und wurde Chefdolmetscher im „VEB Spezialbau Potsdam“.

Die sofortige Beschwerde des Verurteilten hatte keinen Erfolg und wurde aus den zutreffenden Gründen der Entscheidung der Strafvollstreckungskammer zurückgewiesen. Wegen „der besonderen Schwere der Schuld“ des Verurteilten und des Ausmaßes der Leiden der Getöteten vor ihrer Massenerschießung war die Vollstreckung über 15 Jahre hinaus geboten. Das Leid der Opfer, seine Menschenverachtung und sein mitleidloses Töten ließ im Übrigen keine andere Entscheidung zu: Nach Abgabe der Todesschüsse wurden die nächsten 10 Opfer an die Mordstätte getrieben. Es spielten sich dabei erschütternde Szenen ab, da viele Opfer angesichts ihres Todes ihre Mörder um Gnade anflehten, andere sie aber verfluchten.

Ps.: Auffallend an den beiden Urteilen – dem erstinstanzlichen des Bezirksgerichts Potsdam vom 24. September 1979 und dem des Obersten Gerichts der DDR vom 7. Dezember 1979 – war, dass Opfer der Massenerschießungen ausschließlich „Sowjetbürger, sowjetische Funktionäre und Sowjetbürger jüdischer Nationalität“ waren. Dass auch Zigeuner und nach Riga deportierte deutsche Juden massakriert wurden, unterschlugen sie: Es war mit der Staatsräson der DDR und ihrer offiziell gepredigten „Deutsch-Sowjetischen Freundschaft“ nicht kompatibel. Und für die SED-Richter waren die Täter nicht „Hitlers Schutzstaffel, die SS und die deutsche Wehrmacht“, sondern „Faschisten“, die nach der Gründung der Deutschen Demokratischen Republik im anderen Teil Deutschlands, der BRD, ihre Heimat gefunden hatten.

Braune Brandanschläge

Wie ein „normales Dorf" Chiffre für eine verfehlte Landespolitik und die Bewohner „Komplizen" eines Brandanschlags wurden

Theodor Fontane attestierte auf seiner „Wanderung durch die Mark Brandenburg" den Dolgenbrodtern selbstgenügsame Einsamkeit: „Das Sammeln des Honigs, das Mähen der Wiese, das Fischen im Fluss, in so engem Kreislauf vollendet sich tagtäglich ihre Welt". Diese Beschreibung änderte sich mit einer Entscheidung des Landratsamtes Königs Wusterhausen. Das frühere Ferienlager „Heinrich Rau" der „Berliner Vergaser- und Filterwerke" sollte eine Unterkunft für 85 afrikanische Asylbewerber werden. Die Entscheidung war dem massiven Anstieg von Asylbewerbern geschuldet. 1992 stieg die Zahl auf 440.000 und überforderte insbesondere die Kommunen in den neuen Bundesländern.

Warum die Unterkunft ausgerechnet in einem Umfeld errichtet werden musste, in dem der Baseballschläger als Symbol rechtsradikaler Allmachtsphantasien in den Köpfen junger und gewaltbereiter Menschen die Bewohner bedrohte und wo nach der Wende im November 1989 an den Wochenenden zum Teil engstirnige und auf Sicherheit bedachte frühere Stasi- und SED-Funktionär in Ihren Datschen als Rentner ihren „unverdienten" Ruhestand verbrachten und der DDR nachtrauerten, ist nicht überliefert.

Zwei Bürgerversammlungen im Saal der Gaststätte „Kober" waren als Informationsveranstaltungen geplant, gerieten aber zu Foren des örtlichen Widerstands. Auf einer Bürgerversammlung wurde die Frage gestellt: „Wollt ihr ein zweites Rostock?" Und ein Zwischenrufer hatte die Antwort parat: „Am besten, das Ding brennt". Damit war das Menetekel eines Brandanschlags durch die rechtsorientierte Jugendszene im Umlauf. Die 250 Einwohner und die Benutzer der Freizeiteinrichtungen wollten ihre Ruhe und nichts mit Ausländern zu tun haben. Sie hatten andere Pläne. Das idyllische, am Ufer der „Dahme" gelegene Angerdorf war wegen seiner Nähe zum Dolgen- und Langensee bei Berlinern beliebt. Aus dem Heim sollte deshalb, um den Tourismus zu beleben, ein Hotel werden. Eine eigens zur Umwandlung gegründete Bürgerinitiative scheiterte jedoch am Widerstand der Treuhand.

Am 31. Oktober 1992 war das ehemalige Kinderferienheim mit auf dem Boden ausgelegten Stacheldraht, einem sogenannten NATO-Zaun, gesichert und für die Aufnahme der Asylbewerber am 2. November bereit. Da ein „brauner Mob" unter dem Beifall von „Normalbürgern" ein Jahr vorher Asylbewerber aus dem sächsischen Hoyerswerda vertrieben hatte, war das auch für die Neo-Nazi-Szene und die Wutbürger in dieser märkischen Gegend Motivation, sich gegen die Entscheidung des Kreises Königs Wusterhausen zur Wehr und das noch unbewohnte Asylbewerberheim in Brand zu setzen. Das Klima für eine Brandstiftung war vorbereitet; es fehlte nur noch die Vollstreckung:

In den Mittagsstunden des 31. November traf der 19-jährige Berufsschüler Silvio J. aus Königs Wusterhausen auf dem Tankstellengelände in Friedersdorf einen Bekannten, der Flaschen entsorgen wollte. Ihm gegenüber äußerte er, er benötige Flaschen aus dünnem Glas, um Molotowcocktails herzustellen; der spätere Zeuge Trunec überließ ihm „fünf braune Bierflaschen". Gegen 22:00 Uhr erschienen er und mehrere Skinheads aus dem nahen Friedersdorf mit zwei Mopeds am Außendorf des Geländes und riefen „Deutschland den Deutschen" und „Heil Hitler". Sie wurden anschließend in der Gaststätte „Kober" von anwesenden älteren Gästen mit den Worten „Wurde auch Zeit, dass ihr kommt, wann brennt es endlich?" empfangen und mit Bier und „Kümmerling" freigehalten. Die Freigiebigkeit der Gäste wurde belohnt: In der Nacht vom 31.Oktober auf den 1. November 1992 wurde der einstöckige Flachbau durch zwei Molotowcocktails in Brand gesetzt und brannte bis auf die Grundmauern nieder.

Der zum Schutz des Gebäudes beauftragte Wachdienst war nicht vor Ort: Entgegen der vertraglichen Absprache, das „Objekt" in der Nacht zum 1 November „von zwei ständig anwesenden Kräften" bewachen zu lassen, fuhr der später vernommene Zeuge W. als Beauftragter des Wachdienstes lediglich Streife. Er bemerkte anlässlich seiner Streifenfahrt gegen 2:30 Uhr einen Feuerschein und meldete den Brand über Funk bei der Zentrale seines Wachschutzunternehmens. Um den Schein vertragsgemäßer Bewachung zu wahren, wurde ein zweiter Wachmann zum brennenden Objekt beordert und um 2:43 Uhr die Freiwilligen Feuerwehren in Friedersdorf und Dolgenbrodt verständigt.

Gegen 2:50 Uhr traf der Wehrleiter der Freiwilligen Feuerwehr Dolgenbrodt am Brandort ein, um sich zu überzeugen, „ob es tatsächlich brennt"; die Brandmeldung hatte er noch nicht weitergeleitet. Nachdem er die Feuersirene ausgelöst hatte, erschien um 3:07 Uhr ein Kommissar des Polizeirevieres an der Brandstelle. Zu diesem Zeitpunkt schlugen die Flammen bereits aus dem Dach des Asylbewerberheims, das erste Löschfahrzeug traf gegen 3:15 Uhr ein. Und von den 15 aktiven Mitgliedern der Freiwilligen Feuerwehr Dolgenbrodt erschienen nur fünf. „Ein Schelm, der bei diesem Prozedere der Brandbekämpfung Böses denkt".

Am Vormittag des 1. November 1992 bat Silvio J. einen Mitschüler seiner Berufsschule, ihn an die Brandstelle in Dolgenbrodt zu fahren. Er hatte zwar einen Pkw, aber keine Fahrerlaubnis und war zuletzt am 23. Oktober 1992 anlässlich seines Besuchs einer Bürgerversammlung in Dolgenbrodt wegen Fahrens ohne Fahrerlaubnis aus dem Verkehr gezogen worden. Auf der Fahrt dorthin äußerte er gegenüber seinem Mitschüler, er habe den Brand gelegt, und zeigte ihm am Brandort die Stelle, an der er den NATO-Draht überwunden habe. Außerdem konnten sie die Tatortarbeit der Polizei beobachten.

Da Silvio als Aufschneider bekannt war und unter einem Aufmerksamkeitssyndrom litt, glaubte der Mitschüler ihm nicht, berichtete aber am nächsten Tag, dem 2. November, seinen Mitschülern, was Silvio ihm gegenüber eingestanden habe; es wurde Klassengespräch. Auf Nachfrage eines Mitschülers wiederholte er sein Geständnis. Sie, die Mitschüler, glaubten ihm kein Wort und baten die Klassenlehrerin, dem Gespräch beizuwohnen. Um seine Glaubwürdigkeit zu unterstreichen, schilderte er die angebliche Tat im Detail:

> Er habe Benzin aus einem Eimer in das Zimmer geschüttet. Da es ihm nicht gelungen sei, den Brandbeschleuniger zu entzünden, sei er nach Hause gefahren, um eine Signalpistole zu holen. Damit habe er in den Raum geschossen und das Feuer entfacht.

Auch die Lehrerin schenkte ihm keinen Glauben und das zu Recht: Bei den Löscharbeiten war zwar ein Eimer sichergestellt worden; es konnte darin jedoch kein Brandbeschleuniger festgestellt werden. Und die in der Asche gefundenen Flaschenreste waren nicht braun, sondern grün.

Im Frühjahr 1993 führte der Fernsehsender ORB mit Silvio ein Interview. Zur Frage seiner Täterschaft äußerte er: „Ich sage nicht, dass ich es war, ich sage aber auch nicht, dass ich es nicht war“. Auf die Frage, ob er mit dieser Antwort die Öffentlichkeit nur verwirren wolle oder dahinter ein System bestehe, antwortete er: „Naja, bisschen überlegt ist es schon". Nachgefragt, inwiefern da ein System bestehe, entgegnete er: „Vermeiden, den Täter zu finden“. Noch einmal nachgefragt, „Entweder, wenn sie den Täter kennen oder selbst der Täter wären also“, antwortete er ausweichend „oder so“.

Am 16. Mai 1993 wurde er festgenommen, und vom Kreisgericht Königs Wusterhausen wurde Untersuchungshaft angeordnet. Anlässlich seiner verantwortlichen Vernehmung als Beschuldigter bestritt er jegliche Tatbeteiligung, erklärte jedoch, die wahren Täter zu kennen und benannte Renato P. und einen gewissen „Schmutz“ aus Berlin.

Obwohl Silvios Mutter im Rahmen eines Erziehungsgesprächs mit der Richterin Frau Haase äußerte, „sie wisse, dass ihr Sohn der Täter des Brandanschlags sei“, wurde er am 16. Juli1993 aus der Untersuchungshaft entlassen. Nach seiner Entlassung schilderte er einem für das Nachrichtenmagazin *Focus* tätigen freien Journalisten gegen ein Honorar von 300,-- DM in der Ichform die Tatbegehung und legte das von ihm und dem Vernehmungsbeamten unterschriebene Protokoll seiner Beschuldigtenvernehmung vor; Silvios Verteidiger hatte ihm eine Kopie zum Zweck der Stellungnahme mit dem Vermerk „Lügner“ überlassen. Die Staatsanwaltschaft Potsdam ging den Hinweisen der *taz*, dass Einwohner „die Brandstifter“ angestiftet und dafür 2.000 DM gezahlt hätten, nicht nach und klagte ihn als „Einzeltäter“ an.

Die Jugendkammer konnte sich nach neun Verhandlungstagen in der Schlussberatung nicht mit der für eine Verurteilung erforderlichen Sicherheit davon überzeugen, dass er der Brandstifter, insbesondere der alleinige Täter war, und verurteilte den jugendlichen Silvio J. am 22. Juni 1994 nach 10 Monaten Untersuchungshaft lediglich wegen fortgesetzten Fahrens ohne Führerschein und eines Vergehens nach dem Waffengesetz zu einem Dauerarrest von 4 Wochen und sprach ihn wegen vernünftiger Zweifel vom Vorwurf der Brandstiftung frei.

Der Angeklagte hatte in der Hauptverhandlung von seinem Schweigerecht Gebrauch gemacht und ließ sich zuletzt dahin ein, mit dem Anschlag nichts zu tun zu haben:

> Die braunen Flaschen habe er sich von dem Zeugen T. geben lassen, weil er im Zusammenhang mit sogenannten Gotcha-Spielen Brandflaschen auf ausgediente Bunkeranlagen werfen wollte. Davon, dass der seit längerem kursierende Plan, das ehemalige Kinderferienheim in Dolgenbrodt anzuzünden, ausgeführt worden sei, habe er erst am Morgen des 1. November 1992 über den Rundfunk erfahren. Er habe zwei Gründe gehabt, sich dem Mitschüler St. gegenüber wahrheitswidrig zu beschuldigen, der Brandstifter zu sein. Zum einen habe er sich mit dieser Selbstbezichtigung interessant machen wollen. Er habe gewusst, dass der Täter dieses Brandanschlags in der Jugendszene als Held gefeiert werden würde; niemand habe die Einrichtung eines Asylbewerberheims gutgeheißen. Im Übrigen sei ihm klar gewesen, dass St. seine Behauptung in der Berufsschule sofort „breittreten" werde und er der Held sein würde. Der Mitschüler habe die in ihn gesetzte Erwartung auch prompt erfüllt. In der Diskothek „Progress" in Königs Wusterhausen habe er am Abend des 1. November von Eric O. und Renato P. – sie waren an dem Überfall auf den „grünen Baum" in Wolzig beteiligt – erfahren, dass sie gemeinsam mit Marco S. den Brandanschlag verübt hätten und von Einwohnern des Dorfes dafür bezahlt worden seien. Diese falschen und frei erfundenen Informationen habe er für sich verwendet, um seine Täterschaft gegenüber der örtlichen Jugendszene zu untermauern. Im Interview des ORB habe er sich lediglich interessant machen wollen, beim Interview für das Magazin *Focus* sei es ihm nur ums Geld gegangen.

In einem späteren Strafprozess vor dem Landgericht Frankfurt/Oder wird sich herausstellen, dass diese angeblich falschen und frei erfundenen Informationen nicht falsch waren.

Vor dem Hintergrund der von gesteigerter Geltungssucht geprägten Persönlichkeit des Angeklagten und der schlampigen Arbeit der Ermittlungsbehörde konnten die Einlassungen nach dem Ergebnis der Beweisaufnahme in der Schlussberatung nicht widerlegt werden. Da versäumt worden war, einen Brandsachverständigen zu beauftragen, konnte zum Beispiel die eigentliche Brandursache nicht mit letzter Sicherheit geklärt werden. Angesichts der vorgefundenen Spuren sprach eine hohe Wahrscheinlichkeit für einen Brandanschlag mittels Brandsätzen und/oder Brandbeschleunigern. Nähere Hinweise auf die Art der Brandbeschleuniger standen der Kammer nicht zur Verfügung, da geeignete Substanzen an den sichergestellten Spuren, grünen und nicht braunen Flaschenresten und einem Eimer, nicht mehr nachgewiesen werden konnten.

Die vom Angeklagten als Brandstifter benannten Renato P. und Marco Sch. wiesen als Zeugen die Beschuldigung zurück, es waren keine lupenreinen Zeugen: Renato P.

war wegen des ausländerfeindlichen Überfalls auf den „Grünen Baum“ in Wolzig inzwischen rechtskräftig verurteilt, Marco Sch. hatte 1992 hatte auf dem Grundstück seines Vaters mit 800 gleichgesinnten Neo-Nazis eine sogenannte „Sonnenwendfeier“ veranstaltet. Und der ebenfalls von ihm als Täter benannte Eric O. war als dringend Verdächtiger des Überfalls auf den „Grünen Baum“ auf der Flucht.

Auch die von Silvio namentlich benannten Bewohner konnten die Strafkammer nicht davon überzeugen, keine Geldzahlungen an die Brandstifter gezahlt zu haben; es gab einfach zu viele Personen, die daran interessiert waren, dass das Asylbewerberheim nicht bewohnt wird. Die Mutter des Angeklagten, die angeblich die Täter kannte, machte als Zeugin von ihrem Zeugnisverweigerungsrecht Gebrauch. Die als Zeugen gehörten Mitschüler und ihre Lehrerin bestätigten, dass der Angeklagte ein „Prahlhans“ war, und der vermeintliche Einzeltäter wurde vom psychiatrischen Sachverständigen als „hysterische Persönlichkeit mit übertriebenem Geltungsbedürfnis“ eingeschätzt.

Die zum Freispruch vorgetragene Gründe waren von der Überzeugung getragen, dass der Angeklagte Nebelkerzen gezündet hatte, um als allein handelnder Held wahrgenommen zu werden; dass er Einzeltäter war – dessen hatte er sich berühmt – schloss die Strafkammer in der Schlussberatung jedoch aus. Die Aufgabe des Gerichts war es, aus dem „Inbegriff der Hauptverhandlung“ über persönliche Schuld bzw. unter besonderer Beachtung des Zweifelsatzes über die Unschuld eines Angeklagten zu entscheiden, zu seinen Aufgaben gehörte nicht, aus einer Vielzahl verdächtiger Zeugen die Täter herauszufinden.

Als die *taz* im August veröffentlichte, das Dorf habe für die Brandstiftung 2.000 DM gesammelt und im Wirtshaus den Sieg gefeiert, belagerten Zeitungs-, Funk- und Fernsehreporter das Dorf. Linksradikale reagierten mit der auf die Ortsschilder gesprühten Parole „Rassistisches Dorf Deutschlands“, die „Rechten“ hielten dagegen, und eine vom Presserummel „angefressene“ Dorfbewohnerin rief: „Was wollen Sie bloß von uns? Wir sind doch ein ganz normales Dorf“. Andere verwiesen auf die „Schwierigkeiten nach der Wende“, den Anstieg rechtsradikaler Gewalt und die das Dorf belastenden Restitutionsansprüche der nach Bodenreform und Flucht enteigneten Alteigentümer. Und einige wiesen den Vorwurf der Fremdenfeindlichkeit mit dem erstaunlichen Argument zurück, „Wenn wir fremdenfeindlich wären, hätten die Täter noch gewartet, bis das Heim voll war“. Wollten sie damit andeuten, dass sie die Brandstifter kannten?

Der untaugliche Versuch, die Bewohner zu exkulpieren, wurde prominent begleitet: Ministerpräsident Manfred Stolpe warnte vor „Vorverurteilungen“, und die Bürgermeisterin Ute Preisler räumte den Widerstand gegen das Heim ein, war jedoch von der Unschuld des Dorfes überzeugt. Gegenüber dem Reporter der *Welt* bestätigte sie am 25 August 1993: „Wir waren nicht sehr traurig, dass damit das Problem zunächst gelöst war“. Damit äußerte sie sich als

Kommunalpolitikerin diametral entgegengesetzt zu „Anderen“, denn für den Brandenburgischen Landtag war der Brandanschlag „ein nicht wiedergutzumachender Schaden für das Ansehen des Landes“ und Ignatz Bubis und der SPD-Abgeordnete Wolfgang Thierse waren entsetzt. Den ungeschützten Kommentaren der Einwohner und ihrer Bürgermeisterin war jedoch kein Entsetzen, sondern eher Solidarität mit den Brandstiftern zu entnehmen. Und Ute Preisler konnte oder wollte, allen Gerüchten zuwider, nicht glauben, dass Einwohner den Brand in Auftrag gegeben hatten.

Die auf den Freispruch beschränkte Revision der Staatsanwaltschaft hatte Erfolg. Der Bundesgerichtshof (BGH) hob das Urteil insoweit auf und verwies die Sache an die Jugendkammer des Landgerichts Frankfurt/Oder. Auch dort bestritt er jegliche Tatbeteiligung. Aber die von ihm in Potsdam zu seiner Entlastung als Täter benannten Marco S., Eric O. und Renato P. drehten den Spieß jetzt um: Sie belasteten ihn zeugenschaftlich als Alleintäter. Nachdem der psychiatrische Sachverständige ihm eine schuldmindernde „unreife Persönlichkeit“ bescheinigt hatte, wurde Silvio J. vier Jahre nach der Tat zu einer 2jährigen Jugendstrafe verurteilt, deren Vollstreckung die Jugendkammer zur Bewährung aussetzte. Nach erfolgloser Revision zum BGH wurde das Urteil rechtskräftig und Silvio doch noch zum – allerdings – tragischen Helden und Kronzeugen der Anklagebehörde: Nachermittlungen ergaben einen dringenden Tatverdacht gegen die von ihm vor der Jugendkammer des Landgerichts Potsdam als Mittäter benannten Marco S., Eric O. und Renato P. und auch, dass der Blumenhändler die jugendlichen Brandstifter angestiftet und mit von Bewohnern des Ortes gesammelten Geld entlohnt hatte. Er war schon früh wegen „handfester ökonomischer Interessen“ in den Focus staatsanwaltschaftlicher Ermittlungen geraten; sein Anwesen grenzte nämlich unmittelbar an das geplante Asylbewerberheim.

Im diesbezüglichen Strafprozess wurde Silvio als Zeuge der Anklage geladen und folgte dem Rat seines beigeordneten Rechtsanwalts Karsten Beckmann: Er machte ihm fürsorglich klar, dass er nach Rechtskraft des Urteils des Landgerichts Frankfurt/Oder den Status eines Angeklagten, der ungestraft schweigen und lügen darf, verloren habe und als Zeuge nunmehr die Wahrheit sagen müsse. Er folgte seinem Rat und sagte folgenreich aus:

> Inspiriert von der Bürgerversammlung und der kollektiven Ablehnung eines zukünftigen Asylbewerberheims in Dolgenbrodt hätten er und Marco S. mit dem 42jährigen Blumenhändler Thomas O. für die Brandstiftung 2.500,- DM ausgehandelt. Den Brand hätten der aus der Untersuchungshaft vorgeführte Eric O. und Renato P. gelegt. Er habe zugeschaut und später die vereinbarten 2.500,-DM und ein Schweigegeld in Höhe von 10.000,-DM kassiert.

Eric O. und Renato P. wurden als Brandstifter verurteilt, der Blumenhändler als Anstifter und die spendablen Bewohner als Gehilfen. Silvios Verteidiger und späterer Zeugenbeistand, der wegen angeblich „nunmehr erwiesener Unschuld“ seines Mandanten als Brandstifter erwogen hatte, einen Antrag auf Wiederaufnahme zu stellen, konnte nach der Aussage seines Mandanten entgegenhalten werden, dass er wegen des Aushandelns des Brandstifterlohns und des Kassierens von Schweigegeld auch ohne „Tatherrschaft“ wohl zu Recht wegen Brandstiftung verurteilt worden sei. Und den von der Unschuld der Bewohner überzeugten Politikern und dem Vorsitzenden des Zentralrats der Juden in Deutschland konnte man entgegenhalten, dass sie sich geirrt hatten.

Ketzin und das Aufmerksamkeitssyndrom des Brandstifters

Ein weiterer Brandanschlag wurde zeitnah, am 2. September 1992 in Ketzin begangen; weil das Asylbewerberheim bereits bewohnt war, sind die Brandstifter diesmal wegen schwerer Brandstiftung in Tateinheit mit versuchtem Mord zu hohen Jugend- bzw. Freiheitsstrafen verurteilt worden.

Norman S. war zur Tatzeit 20 Jahre alt. Er besaß den Abschluss der Polytechnischen Oberschule und absolvierte erfolgreich eine Lehre als Zimmermann, sein Ausbildungsbetrieb wurde 1990 aufgelöst. 1991 fand er in einem Westberliner Betrieb eine Beschäftigung als Zimmermann. Da er bei seinen Eltern wohnte, hatte er sein monatliches Nettoeinkommen von 2.500 - 3.000 DM zur freien Verfügung. Im Februar 1992 wurde ihm wegen eines Rückenleidens – der Scheuermannschen Krankheit – gekündigt. Die anschließende Arbeitslosigkeit zerschlug seine Wünsche und verstärkte seine finanziellen Schwierigkeiten; die Raten seines Neuwagens konnte er nicht mehr aufbringen. Da er sich inzwischen die fachlichen Kenntnisse eines Automechanikers angeeignet hatte, machte er sein Hobby zum illegalen Beruf; er reparierte für Freunde und Bekannte PKWs. Von dieser steuerfreien Schwarzarbeit konnte er bis zu seiner späteren Verhaftung gut leben.

Ingo D. war zur Tatzeit 21 Jahre alt. Er wuchs ohne Vater auf und wurde aus der 8. Klasse der Sonderschule entlassen. Während seiner „Teillehre“ als Maurer begann er massiv zu trinken und fiel durch aggressives Verhalten auf. Nach einer Auseinandersetzung mit seinem Vorgesetzten wurde er entlassen. Von Juli 1989 bis April 1990 verbüßte er eine Haftstrafe in der Strafvollzugseinrichtung Cottbus. Nach seiner Haftentlassung fand er Arbeit als Betriebsmaurer; sie wurde ihm wegen schlechter Arbeitslage im Juni 1991 gekündigt. Bis zu seiner späteren Verhaftung lebte er von Arbeitslosengeld.

Die Festnahmen erfolgten am 2. September 1992. Das Kreisgericht Nauen ordnete Untersuchungshaft an; sie hatten am Vortag das Asylbewerberheim in Ketzin „abgefackelt“. Der 3. Strafsenat des Bezirksgericht Potsdam verurteilte Ingo D. und Norman S. am 4. November 1992 wegen schwerer Brandstiftung zu 7 Jahren Freiheitsstrafe bzw. 4 Jahren Jugendstrafe. Auf die Revision der Staatsanwaltschaft Potsdam hob der Bundesgerichtshof das Urteil auf und verwies die Sache – mit Ausnahme des äußeren Tatgeschehens – zur neuen Entscheidung an einen anderen für Jugendsachen zuständigen Senat des Bezirksgerichts zurück.

Als Mordmerkmal wurde die versuchte Tötung von Menschen mit „gemeingefährlichen Mitteln“, dem Einsatz von Molotowcocktails, und aus „niedrigen Beweggründen“ angemahnt. Der BGH beanstandete, dass – entgegen den Feststellungen „einer Gefährdung von Heimbewohnern, namentlich Kindern“ – ein bedingter Tötungsvorsatz überhaupt nicht in Erwägung gezogen worden sei. Das neue Verfahren vor der nunmehr zuständige Jugendkammer – das Bezirksgericht war nach dem 1. Dezember 1993 aufgelöst – begann unter Bezugnahme auf die Entscheidung des 5. Senats des BGH mit dem rechtlichen Hinweis, dass neben der schweren Brandstiftung auch eine Verurteilung wegen versuchten Mordes in Betracht komme.

Die Beweisaufnahme wurde vom Frust eines Dorfes in der Prignitz dominiert: In Ketzin herrschte zur Tatzeit eine latente Ausländerfeindlichkeit. Die Zahl der Arbeitslosen im idyllischen Ort an der Havel war hoch, und die ländliche Bevölkerung war durch den Ausländerzustrom überfordert. Hinzu kam, dass die Erwartungen, die durch die Wiedervereinigung entstanden waren, sich bisher nicht erfüllt hatten.

Die Angeklagten kannten sich aus Gaststättenbesuchen. Dort fanden die zuvor erfolgten Ereignisse von Rostock-Lichtenhagen bei vielen Besuchern Zustimmung. Und dass das Brennen von Asylbewerberheimen in der Bevölkerung begrüßt wurde, weckte bei Ingo D., dessen Selbstwertgefühl nicht ausgeprägt war, den Wunsch, einmal im Leben Aufmerksamkeit auf sich zu lenken: Als er in „Silkes Ratskeller“ Norman S. am 1. September 1992 in Gegenwart anderer Gäste fragte, ob er mitkommen wolle, war dieser nicht begeistert. Aber als ein Gast und später vernommener Zeuge äußerte, er habe „sowieso Angst“, wollte er kein Feigling sein. Sie bastelten Molotowcocktails, verdeckten Normanns PKW-Kennzeichen mit einem Lappen und fuhren zum Asylbewerberheim. Obwohl sie hinter erleuchteten Fenstern Menschen wahrnahmen, warfen sie zwei Brandflaschen. Schon die erste setzte das Gebäude in Brand, die zweite entflammte ein Bett im Kinderschlafzimmer. Es entstand hoher Sach- aber kein Personenschaden.

Danach fuhren sie zurück in "Silkes Ratskeller". Dort prahlten sie mit dem Brandanschlag und wurden am folgenden Tag festgenommen. Sie wurden am 15. April 1994 wegen gemeinschaftlichen versuchten Mordes mit gemeingefährlichen Mitteln in Tateinheit mit schwerer Brandstiftung verurteilt.

Die „Backofenaffäre" und eine rechtsmissbräuchliche Strafverteidigung

Mit dem Strafverfahren gegen einen Ex-Minister des Landes Brandenburg zeichnete sich der Anfang von Ende meiner Tätigkeit für dieses Bundesland ab.

Am 22. Februar 2003 sprach die Wirtschaftsstrafkammer des Landgerichts Potsdam den Minister für Ernährung, Landwirtschaft und Forsten (MELF) Edwin Zimmermann, den Leiter des Referats für die Förderpolitik Dr. D. und das Vorstandsmitglied des Fördervereins Dahme/Mark e.V. Sch. nach 29 Verhandlungstagen vom Vorwurf der Untreue und des Betruges zum Nachteil des Landeshaushalts frei. Der vierte Angeklagte, Vorstandsmitglied Wolfgang S., hatte sich wenige Stunden vor Beginn der Hauptverhandlung vor der 4. Strafkammer des Landgerichts umgebracht.

Am 8. April 2003 hob der 5. Senat des BGH auf die Revision der Staatsanwaltschaft das Urteil der Wirtschaftsstrafkammer mit den Feststellungen auf, soweit es die freigesprochenen Angeklagten Zimmermann und Dr. D. betraf, und wies die Sache zur erneuten Verhandlung und Entscheidung an eine andere Wirtschaftsstrafkammer des Landgerichts zurück. Zuständig war nach der Geschäftsverteilung nunmehr die Jugendkammer als „andere Wirtschaftsstrafkammer".

Edwin Zimmermann war eine der zahlreichen Fehlbesetzungen am Potsdamer Kabinettstisch. Er war als Arbeitsloser 1989 dem ostdeutschen Pendant der SPD beigetreten, gründete mehrere Ortsvereine und wurde im November 1990 Minister für Ernährung, Landwirtschaft und Forsten, außerdem von 1999 bis zum 13. Dezember 2003 Präsident des Landessportbundes. Am 14. November 1997 trat er von seinem Ministeramt wegen des Vorwurfs der Untreue und des Betruges zu Lasten des Landeshaushalts zurück. Er hatte die Vorstandsmitglieder eines Fördervereins veranlasst, einen Formularantrag auf Gewährung einer Zuwendung des Landes Brandenburg zur Förderung des ländlichen Raums *blanco* zu unterschreiben. Ziel des Antrags war aber nicht die Unterstützung des ländlichen Raums, sondern die finanzielle Unterstützung der „Schaubäckerei" seiner Familie in Schöna/Kolpien. Das Projekt durfte schon deshalb nicht gefördert werden, weil Maßnahmen, die schon begonnen hatten, nach der Landeshaushaltsordnung des Landes Brandenburg nicht gefördert werden durften. Und weil die Maßnahme schon begonnen hatte, musste der Antrag daher – strafrechtlich relevant – zurückdatiert werden; diese „Drecksarbeit" erledigte sein Freund und Referatsleiter für ihn.

Um eine unnötig lange Beweisaufnahme angesichts der politischen Brisanz des Verfahrens zu vermeiden, führte ich ein Vorgespräch, obwohl mir der frühere Minister als „verhandlungsresistent" beschrieben worden war. An dem Vorgespräch nahmen der Sitzungsvertreter der Staatsanwaltschaft und die Verteidiger teil. Verteidiger des

Angeklagten Zimmermann war Rechtsanwalt Graefe, ein früherer Staatsanwalt. Dr. D. wurde von der Fachanwältin für Straf- und Verwaltungsrecht Frau Dr. Sandkuhl vertreten. Sie war mir bekannt, weil ich sie nach 1992 auf die Bitte des Seniorchefs einer Potsdamer Anwaltskanzlei wiederholt als Pflichtverteidigerin berücksichtigt hatte.

Das Gespräch fasste ich am ersten Verhandlungstag, dem 3. Dezember 2003, wie folgt zusammen:

> Es hat ein Vorgespräch stattgefunden, an dem die Sitzungsvertreter der Staatsanwaltschaft, die Verteidiger und die zuständigen Berufsrichter teilgenommen haben. Dieses Gespräch war veranlasst durch die Entscheidung des Bundesgerichtshofs. Ziel des Vorgesprächs war u.a., den Umfang der bevorstehenden neuen Beweisaufnahme „auszuloten“. Der BGH hat die Beweiswürdigung der 4. Großen Strafkammer gerügt, insbesondere, dass sie an ihre Überzeugungsbildung zu hohe bzw. falsche Maßstäbe gesetzt hat. Die Wirtschaftsstrafkammer hat aus – möglicherweise – richtigen Feststellungen die falschen Schlüsse gezogen. Deshalb haben wir – die Berufsrichter – den Verteidigern aus Gründen der Prozessökonomie empfohlen, das von der 4. Strafkammer festgestellte äußere Tatgeschehen, welches sich weitgehend mit dem Ermittlungsergebnis deckt, einzuräumen. Unter der Voraussetzung, dass sich daraus ein straffällig relevantes Verhalten ableiten lässt, wird unter besonderer Berücksichtigung des Geständnisses eine schuldangemessene Strafe in Aussicht gestellt. Lassen Sie mich dazu – ihre Verteidiger haben mir das „offene Wort“ gestattet – Folgendes bemerken:
>
> Ich weiß, wie schwer es fällt, Fehlverhalten einzuräumen, insbesondere, wenn man ein hohes öffentliches Amt bekleidet und Vertrauen in Anspruch genommen hat. Ich weiß aus meiner Erfahrung auch, dass nach einem „mea culpa“ die Unschuldslegende nicht mehr aufrechterhalten werden kann. Die Wahrheit zu sagen, ist schmerzhaft, aber auch ehrenhaft. Und mit der Wahrheit kann man besser leben, mit Legenden täuscht man lediglich sich und andere.
>
> Ich erwarte von Ihnen, dass Sie angesichts der Revisionsentscheidung meinen Rat ernst nehmen und uns nicht zu einer – überlangen – Beweisaufnahme zwingen; sie ist nach meiner Auffassung von der 4. Strafkammer sehr sorgfältig durchgeführt worden. Ich erwarte von Ihnen auch, dass Sie ihre früheren Mitarbeiter und Weggefährten durch Ihre Aussage schützen. Schützen Sie insbesondere Ihren Freund und Mitarbeiter, den Mitangeklagten Herrn Dr. D.
>
> Ersparen Sie sich peinliche, aber unvermeidbare Vorhalte (z.B. Ihre Beschuldigtenvernehmung, diverse Einlassungen gegenüber den früheren Staatssekretären Dr. Faubel und Müller, dem Landesrechnungshof und dem Landesvater).
>
> Bei Ihnen, Herr Dr. D., sehe ich das Dilemma, dass Sie Ihr Verteidigungsverhalten nach dem Verteidigungsverhalten Ihres Freundes und früheren Vorgesetzten ausrichten. Bitte bedenken Sie, dass es hier um ihre persönliche Schuld geht; es sollte Ihnen – sprichwörtlich – „das Hemd näher sein als die Hose“.
>
> Sollten Sie, Herr Zimmermann, sich anders entscheiden, wird die Kammer an geeigneter Stelle klarstellen, dass sie sich an dieses Gespräch und die damit verbundene Abrede nicht

> mehr gebunden fühlt. Und beachten Sie, dass Ihrer „Aussagefreiheit" das Recht der Strafkammer gegenübersteht, Ihnen nicht alles zu glauben. Springen Sie über Ihren Schatten und weisen Sie nicht anderen unnötigerweise Schuld zu.

Meine Ansprache missfiel dem Ex-Minister, der wegen des erneuten Strafverfahrens auf die erneute Kandidatur als Präsident des Landessportbundes verzichten musste, sie hatte auch nicht die erhoffte Wirkung: Er räumte zwar die von ihm veranlasste Rückdatierung ein, bestritt aber, was bereits bewiesen war, dass nämlich das zu fördernde Projekt bereits begonnen hatte. Hinzu kam, dass er zu Beginn des 3. Sitzungstages seinen Verzicht auf seine Kandidatur als Präsident des Brandenburgischen Sportbundes erläuterte und der Strafkammer diesbezüglich Schuld zuwies. Er warf dem Gericht im Übrigen „fehlende Objektivität" vor und wütete über einen „schmutzigen Prozess". Mit meinem Hinweis, dass eine „solche Einstellung gegenüber dem erkennenden Gericht keine Grundlage für eine das Verfahren abkürzende Abrede sein könne", war der wohlgemeinte Deal obsolet.

Zum Zeitpunkt der Absprache war ein sogenannter Deal Vertrauenssache; er trat, höchst umstritten, erst 2009 gesetzlich in Kraft: Die Regelung sollte die überlastete Strafjustiz zu Lasten der Gerechtigkeit und Gleichbehandlung vor Gericht und des Prinzips der Öffentlichkeit entlasten. Das Verfassungsgericht segnete diese „Praxis des Geständnishandels" am 19. März 2013 ab. Und Thomas Fischer kommentierte die Entscheidung in der Wochenschrift *Die Zeit* vom 27. März 2013 drastisch: „Damit geht Macht vor Gesetz".

Nach dem Motto „Gut gemeint, ist nicht immer gut", sollte es das erste und letzte Mal gewesen sein, dass ich das Schuldstrafrecht durch einen sogenannten Deal in Frage gestellt habe.

Dass aber das neue Verfahren in anderer Besetzung und nach den Vorgaben des BGH nicht so gut ausgehen würde wie das erste, orakelte schon die *Mittelbrandenburgische Zeitung* (MAZ) am 4. Dezember 2003 so: „Er könnte diesmal verlieren". Und die *Potsdamer Neuen Nachrichten* (PNN) kommentierten seine Justizschelte mit „Unbelehrbar und nicht zu entschuldigen, weil das Vertrauen in den jungen Rechtsstaat nicht sonderlich ausgeprägt ist".

Die Verteidiger sorgten im Übrigen dafür, dass die vom 3. Dezember 2003 bis 18. Februar 2004 andauernde Verhandlung einen zum Teil unwürdigen Verlauf nahm: Am 17. Dezember 2003 veröffentlichte Volker Oelschläger in der *MAZ* einen nicht autorisierten Artikel mit der Überschrift „Fragen zu Nebeneinkünften eines Richters"; die zeitliche Veröffentlichung war kein Zufall und vergiftete die Verhandlungsatmosphäre:

Unter explizierter Bezugnahme auf das laufende Verfahren veröffentlichte er abwertend meine private und nebenberufliche Tätigkeit im Verein „Neue Sozialarbeit" (Neso e.V.), einem Straffälligen-Verein, dessen Vorsitz ich nach Verurteilung der früheren Vorsitzenden wegen Betrugs und Untreue auf die Bitte des Justizministeriums übernommen hatte. Obwohl ich ihn schon im Februar 2003 anlässlich eines ungebetenen Anrufs über mein Handy gebeten hatte, mich mit Rücksicht auf meine richterliche Tätigkeit in Ruhe zu lassen und nichts zu veröffentlichen, weil es für ihn als Journalisten nichts zu enthüllen gebe, berichtete er über ein „offenkundiges Problem des Ministeriums bei der Bewertung“ meiner Nebentätigkeit.

Rechtsanwalt Gräfe konnte seiner fragwürdigen Kompetenz und seinen Honoraransprüchen gegenüber seinem Mandanten dadurch gerecht werden, dass er den lancierten und mein Ansehen verletzenden Bericht über meine Nebentätigkeit im Verein missbrauchte, um mich im Namen seines Mandanten Edwin Zimmermann mit Hilfe eines Befangenheitsantrags als gesetzlichen Richter „loszuwerden.“ Und er war sich nicht zu schade, dem Antrag einen von einem Bewährungshelfer vorformulierten Leserbrief seines Probanden Marko Z. mit der Überschrift „Italienische Verhältnisse“ beizufügen. Meine Recherche ergab, dass der „Briefschreiber“ unter meinem Vorsitz wegen im Potsdamer Rotlichtmilieu begangener schwerer Straftaten, unter anderem schwerer räuberischer Erpressung, am 23.September 1996 zu einer Jugendstrafe von 5 Jahren und 6 Monaten verurteilt worden war und als Sonderschüler nicht in der Lage war, diesen Artikel zu verfassen: Es war sein Bewährungshelfer und Fan der damaligen Partei des Demokratischen Sozialismus (PDS) und einer meiner Widersacher, welcher meinen „Weggang“ aus Potsdam beschleunigte.

Am 5. und 6. Verhandlungstag verlor Zimmermanns Verteidiger schließlich die Kontrolle: Er schrie die Prozessbeteiligten an und beschuldigte mich eines „tendenziellen Prozesses“. Und Volker Oelschläger legte nach dem 3. Verhandlungstag nach: Am 9. Januar 2004 berichtete er unter der Head-Line „Zur Stelle, wenn er gerufen wird“ über den vom Verteidiger des angeklagten Ex-Landwirtschaftsminister gestellten Befangenheitsantrag und dem zu seiner Begründung vorgetragenen Junktim zwischen dem Prozess und meiner „persönlichen gewinnbringenden Tätigkeit im Straffälligenhilfe-Verein“.

Den Verein gab es nicht mehr. Er war zu diesem Zeitpunkt schon längst aufgelöst und wurde unter meinem Vorsitz ohne „gewinnbringende Tätigkeit“ als „Neso e.V.“ fortgeführt. Die Fortführung unter einem anderen Label hatte ich dem Präsidenten des Landgerichts bereits am 3. Februar 2003 mitgeteilt und zu meinen Personalakten angezeigt, dass ich für „Beratungs- und Vortragstätigkeit zu den Themen Jugendgerichtshilfe und Diversionsstrategien“ eine Aufwandsentschädigung in Höhe von 255,- € erhalte.

Oelschläger kommentierte auch den inzwischen ausgebrochenen Richtungsstreit in Verein, der „mit Hilfe des Richters inzwischen entschieden“ sei. Der Artikel bestätigte seinen kritiklosen Umgang mit seiner Quelle: Es waren zwei Bewährungshelfer und ehemalige Mitglieder des Vereins und ein Projektleiter einer gemeinnützigen Einrichtung, die wegen meines Abstimmungsverhaltens den Verein verlassen und mir, von einem unwürdigen Rechtsanwalt beraten, angedroht hatten, meine Tätigkeit nunmehr „öffentlich wirksam zu begleiten“. Es war der Anfang einer Kampagne, gegen die ich mich später strafrechtlich als Beschuldigter und presserechtlich als Kläger zu Wehr setzen musste. Und sie war der Anfang vom Ende meiner beruflichen Tätigkeit für das Land Brandenburg.

Ich bat die Justizministerin des Landes Frau Riechstein noch, die Quelle des Reporters „zurückzupfeifen“. Der Dame von der CDU fiel in Ihrer Rückantwort jedoch nichts Besseres ein als „Es tut mir leid, dass es zu unerfreulichen Auseinandersetzungen mit den Bewährungshelfern gekommen ist“.

Am 4. Februar, dem 12. Sitzungstag erschien, wie „Phönix aus der Asche“, Rechtsanwalt Prof. Dr. Dombert, ebenfalls Fachanwalt für Verwaltungsrecht. Er war im ersten Verfahrensdurchgang auf Anregung der Wahlverteidigerin, die auch seine Lebensgefährtin war, „zur Sicherung des 26 Verhandlungstage andauernden Strafprozesses als Pflichtverteidiger bestellt worden. Er erschien jedoch lediglich am 19. Verhandlungstag, um zu diesem Termin geladenen Zeugen aus dem Landwirtschaftsministerium Fragen zu stellen. Weiteren Terminen, zu den er geladen worden war, blieb er fern.

Zu Beginn des zweiten Verfahrens hatte ich eine erneute Pflichtverteidigerbestellung abgelehnt, weil die Wahlverteidigerin alle vorgesehenen Verhandlungstermine zugesagt und die Kammer vorbehaltlich der Zustimmung der Staatsanwaltschaft in Aussicht gestellt hatte, das Verfahren gegen den Referatsleiter „wegen seiner untergeordneten Beteiligung an den Straftaten des Ministers“ gem. § 153a StPO gegen Auflagen vorläufig einzustellen. Das Verfahren gegen den Referatsleiter nahm jedoch seinen Fortgang, weil die Staatsanwaltschaft einer vorläufigen Einstellung nicht zustimmte. Ich hatte aber übersehen, dass er im ersten Verfahrensdurchgang nicht entpflichtet worden war; der Fehler hatte turbulente Folgen, weil er formaliter noch Pflichtverteidiger war.

Der anwaltliche Professor machte am 12. Sitzungstag den Sitzungssaal zur Umkleidekabine: Er nahm neben seinem Mandanten und seiner Lebensgefährtin Platz. Sie zog ihre Robe aus, er zog sie an und stellte – als Vorbereitung einer Verfahrensrüge im Revisionsverfahren – einen Aussetzungsantrag, den er zum Erstaunen des Gerichts mit einer fehlerhaften Besetzung des Gerichts und der Rüge begründete, nicht geladen worden zu sein. Von mir zur Rede gestellt, dass er als Sicherungsverteidiger zwar nicht geladen, aber sein Mandant Dr. D. von seiner Lebensgefährtin doch ordnungsgemäß vertreten worden sei, replizierte Prof. Dr. Dombert als Lebenspartner der Verteidigerin mit „Ich habe von dem Prozess nichts gewusst“. Anschließend verließ er – er hatte die Robe wieder ausgezogen – unter Hinweis auf „andere Verpflichtungen“

den Sitzungssaal. Das Revisionsgericht wird später genüsslich feststellen, dass er „bereits im ersten Verfahrensdurchgang lediglich an einem von 26 Verhandlungstagen ungeladen erschienen sei“.

Die Strafkammer lehnte seinen Antrag als rechtsmissbräuchlich ab. Auf die die Aussetzung betreffende und zurückgewiesene Entscheidung ihres Lebensgefährten reagierte die promovierte Fachanwältin mit einem nur mich betreffenden Ablehnungsgesuch wegen Besorgnis der Befangenheit; sie hatte dabei übersehen, dass es ein Kammerbeschluss war, aber sie wollte mich „loswerden“. Die Strafkammer musste ihr in diesem Zusammenhang beibringen, dass eine ihr nicht genehme Entscheidung des Gerichts kein Grund ist, den Vorsitzenden abzulehnen.

Beide stellten sich anschließend der Presse, die, wie zum Beispiel die *Rundschau* vom 10. Februar 2004, von einer „turbulenten Verhandlung mit possenhaften Zügen“ berichtete und sich nicht verkneifen konnte zu erwähnen, dass Herr Prof. Dr. Dombert auch ehrenamtlicher Verfassungsrichter am Landesverfassungsgericht sei. Rechtsanwältin Dr. Sandkuhl bezeichnete meine unterlassene Ladung eines Pflichtverteidigers gegenüber der Presse als „Anfängerfehler" und der professorale Pflichtverteidiger rechtfertigte seinen bühnenreifen Auftritt unter anderem mit „Ich hätte Parteiverrat begangen, wenn ich den Antrag nicht gestellt hätte“. Er meinte wohl Anwaltsverschulden, weil es nichts zu verraten gab. Dass der 5. Senat des BGH beide „eines Besseren“ belehren würde, stand ihnen noch bevor. Im Übrigen entpflichtete ich den ehrenwerten Herrn Rechtsanwalt Prof. Dr. Dombert sofort. Das OLG Brandenburg hob meine Anordnung auf seine Beschwerde hin auf, so dass er weiterhin „Sicherungsverteidiger“ war, obwohl es nichts mehr zu sichern gab.

Das Beschwerdegericht wusste nicht, was es tat, und bescherte ihm, neben einem Honoraranspruch für seinen Kurzauftritt, auch noch das Recht, zu Lasten der Landeskasse eine im Ergebnis erfolglose Revision einzulegen.

Nach dem rechtlichen Hinweis, dass neben der Haushaltsuntreue auch eine Bestrafung wegen tateinheitlich begangenem Subventionsbetrugs in Betracht komme, wurden die Angeklagten entsprechend dem Hinweis schuldig gesprochen:

Der Angeklagte Ex-Minister wurde zu einer Freiheitsstrafe von 11 Monaten verurteilt, deren Vollstreckung zur Bewährung ausgesetzt wurde, und ihm wurde aufgegeben, 5.000 € an eine gemeinnützige Einrichtung zu zahlen. Sein Referatsleiter wurde zu einer Geldstrafe von 100 Tagessätzen zu je 70 € verurteilt.

Die Verteidiger einschließlich des Pflichtverteidigers des Angeklagten Dr. D. legten erwartungsgemäß Revision ein. Während die Revision des Ex-Ministers durch Beschluss verworfen wurde, hatte die Justizposse des „Pärchens“ vor dem BGH ihre Fortsetzung:

Mit Urteil vom 16. Juni 2005 erkannte der 5. Senat des BGH für Recht, dass „die Revision des Angeklagten Dr. D., vertreten durch die Rechtsanwälte Frau Dr. Sandkuhl und Herrn Prof. Dr. D. auf Kosten des Beschwerdeführers zu verwerfen sei, „weil die mit der Sachrüge und mehreren Verfahrensrügen geführte Revision keine Rechtsfehler nachweist". Die unter der neuen Vorsitzenden Frau Harms getroffene Entscheidung war Balsam für meine Seele. Sie bestätigte nicht nur den Schuldspruch bezüglich des Referatsleiters, untergeordneter Mittäter gewesen zu sein, sondern auch, dass die „auf Anregung von Frau Dr. Sandkuhl angeordnete Bestellung ihres Lebensgefährten Prof Dr. Dombert als Pflichtverteidiger für einen Verhandlungstag im ersten Verfahrensdurchgang „unsachgemäß" war. Der 5. Senat führte unter anderem aus:

> Vornehmlich sachgerecht wäre gewesen, von einer Bestellung zur Sicherung des Verfahrens neben einer im Straf- und Verwaltungsrecht erfahrenen Wahlverteidigerin, die alle Hauptverhandlungstermine unproblematisch wahrnehmen konnte, von Anfang an abzusehen, jedenfalls aber die unnötige Bestellung so bald wie möglich zurückzunehmen. Einer erneuten Ladung von Rechtsanwalt Prof. Dr. Dombert zu allen Terminen der neuen Hauptverhandlung bedurfte es angesichts seines vorangegangenen Verhaltens nicht.

Mit der lesenswerten BGH- Entscheidung 5 StR 440/04 verhängte der 5. Senat im Übrigen mit dem Vorwurf des Missbrauchs des Revisionsrechts und der Verwirkung einer Verfahrensrüge gegen beide Rechtsanwälte die „Höchststrafe".

Als Richter gehörte es zu meinem Habitus, unwürdiges Verhalten von Strafverteidigern öffentlichkeitswirksam selbst dann nicht zu kritisieren, wenn sie mir persönlich zu nahe getreten waren. Aber als Richter a.D. erlaube ich mir an dieser Stelle auszusprechen, dass ich während meiner Tätigkeit hochqualifizierte, wissende und höfliche Strafverteidiger kennengelernt habe, aber Besserwissende und Arrogante nicht ausstehen konnte.

Wie mich die Vergangenheit einholte

Am 27. Januar 2020 veröffentlichte die Wochenzeitung *DIE ZEIT* in ihrem ZEIT-Dossier unter dem Titel „Diese 182 Menschen starben seit der deutschen Einheit durch rechtsextreme Gewalt", einen Beitrag; benannt waren unter anderem

Rolf Schulze, 52, verstorben am 7.November 1992 in Lehnin,

Sven Beuter, 23, verstorben am 15. Februar 1996 in Brandenburg an der Havel,

Antonio Melis, 37, verstorben am 13. Februar 1997 in Caputh,

Augustin Blontzki, 59, verstorben am 8.Mai 1997 in Königs Wusterhausen,

Dieter Manzke, 61, verstorben am 9. August 2001 in Dahlewitz,

Günther Morawski, verstorben am 11.Juli 1998 in Wusterwitz,

Werner Schütze, 49, verstorben am 30.11.1999 im Luna-Park in Dahme, und

Manfred Liebnitz, verstorben am 1. August 2000 im Obdachlosenheim Nauen.

Diese mir bekannten Opfer sinnloser Gewalt gehörten – mit Ausnahme des ermordeten Antonio Melis – zur Opfergruppe sogenannter Asozialer. Sie mussten sterben, weil sie nicht in ein diffuses Weltbild passten.

Der Beitrag weckte schmerzhafte Erinnerungen an meine berufliche Tätigkeit am Landgericht Potsdam und einen unseligen Streit mit dem Landeskriminalamt des neuen Bundeslandes Brandenburg: „Müssen Tötungsverbrechen, die sich gegen den Status eines Menschen richten, als politisch motivierte und damit auch statistisch als rechtradikale Taten erfasst werden"?

Frank Jansen vom *Tagesspiegel* – er hat seine journalistische Tätigkeit dem Kampf gegen rechte Gewalt verschrieben – beanstandete schon 1996, dass unter dem damaligen Innenminister Ziel das Verharmlosen und Vertuschen rechter Gewalt in Brandenburg zur Staatsräson der von der SPD geführten Landesregierung gehörte. Er attackierte den unsensiblen Umgang der „Ordnungshüter" mit den Opfern und die heimliche Sympathie mit den Tätern. Und er kritisierte am 16. September 1996 mit der Überschrift „Verschwundene Opfer", dass Polizei und Justiz seit der Wiedervereinigung viele rechte Tötungsverbrechen als unpolitisch gewertet hätten.

Die Täter der in Brandenburg verübten Tötungsverbrechen waren in der während der Regentschaft Dr. Stolpes nicht wirklich untergegangenen DDR aufgewachsen. Sie sind trotz des von der SED verbreiteten antifaschistischen Mantras, dass es Nazis nur im Westen gibt, nach der Wende naziverherrlichende Skinheads geblieben bzw. – wie zum Beispiel die „Rathenower Kinderglatzen" – nach der Wende Skinheads geworden.

Sie konnten sich – vor der Wende vom Staatssicherheitsdienst verfolgt und von der Strafjustiz der DDR verurteilt – nach der Wende als amnestierte „Helden" fühlen, weil die Grenzziehung zu Rechtsextremismus, Antisemitismus, Rassismus und Nationalismus noch nicht zur Agenda des „Ossis“ Dr. Manfred Stolpe gehörte. Der Landesvater des Bundeslandes Brandenburg ist während seiner Amtszeit dieser linkspopulistischen Agitation der Partei des demokratischen Sozialismus (PDS) und ihrer inzwischen legendär gewordenen Geschichtsvergesslichkeit nicht entgegengetreten: Ihre pauschalierte These, dass die Ostdeutschen die Verlierer der Wende seien, inspirierte die „Dumpfbacken“ aus der rechten Szene, auch einmal die Gewinner zu sein.

Stolpe war in der untergegangenen DDR Konsistorialpräsident der Evangelischen Kirche in Berlin-Brandenburg. In dieser Eigenschaft unterhielt er Kontakte zu hauptamtlichen Mitarbeitern des Ministeriums für Sicherheit (MfS) und wurde in der Hauptabteilung XX/4 – Staatsapparat, Kunst, Kultur, Untergrund – in der Zeit von 1969 bis 1989 unter Führung des Majors Roßberg mit dem Decknahmen „Sekretär“ als informeller Mitarbeiter (IM) geführt. 1978 wurde ihm die „Verdienstmedaille der Deutschen Demokratischen Republik“ verliehen; die Auszeichnung wurde nach einem Rechercheberich des Bundesbeauftragten für die Unterlagen der ehemaligen DDR unter anderem mit „großen Verdiensten, hoher persönlicher Einsatzbereitschaft und exakter Durchführung übertragener Aufgaben zur Sicherung unseres sozialistischen Vaterlandes vor feindlichen Anschlägen und zur Erhaltung des Friedens“ begründet

Obwohl ein Untersuchungsausschuss des Brandenburger Landtages in seinem Bericht vom 29. April 1994 zu dem Ergebnis kam, dass eine Verpflichtung zur Mitarbeit beim MfS nicht bewiesen sei, gab der CDU-Politiker Rechtsanwalt Dr. Uwe Lehmans-Brauns im Vorfeld der Diskussion über die Vereinigung der Bundesländer Berlin und Brandenburg folgende Erklärung ab:

> Die Tatsache, dass Herr Stolpe , wie wir alle wissen, IM Sekretär, über 20 Jahre im Dienst des Staatssicherheitsdienstes tätig war, dass er die Chance erhält, 1999 hier in Berlin, auch über Berlin Ministerpräsident zu werden, d.h. dass ich sein Landeskind werde, zusammen mit anderen, das verursacht mir doch erhebliche Kopfschmerzen.

Manfred Stolpes dagegen erhobene Unterlassungsklage wurde am 14. November 1996 durch das *Landgericht* (LG) Potsdam abgewiesen. Seine Berufung zum *Oberlandesgericht* (OLG) hatte „erwartungsgemäß“ einen „temporären“ Erfolg: Der *Bundesgerichtshof* (BGH) bestätigte auf die Revision des zur Unterlassung verurteilten Rechtsanwaltes die Entscheidung des LG Potsdam wegen „Eindeutigkeit“ seiner Meinungsäußerung. Aber zur allgemeinen Überraschung rehabilitierte das *Bundesverfassungsgericht* (BVerfG) den Ministerpräsidenten dadurch, dass es mit Beschluss vom 25. Oktober 2005(BvR 1696/98) die BGH- Entscheidung wegen „Mehrdeutigkeit der Meinungsäußerung“ und deshalb das Persönlichkeitsrecht Manfred Stolpes verletzend, aufhob und verbot, ihn als Stasi-Mitarbeiter zu bezeichnen. Dass er, der in einem Nachruf als „Glücksfall für das ostdeutsche Bundesland Brandenburg“ gewürdigt wurde, im Alter von 83 Jahren nach schwerer Krankheit verstarb, habe ich bedauert. Aber meine Zweifel, dass er trotz seiner Nähe zum MfS „ein Mann der Kirche“ geblieben sei, ergaben sich 1991 aus dem mir von Pfarrer Peter Freimark zur Verfügung gestellten Unterlagen der „Gauck-Behörde“ und aus dem Treffbericht der Quelle IM „Sekretär“ vom 27. Juli 1979; sie – die Quelle – berichtete unter anderem konspirativ über den nicht konformen inneren Zirkel der evangelischen Kirche und ihre nicht konformen Pfarrer.

Chiffre für seine verfehlte Landespolitik in Brandenburg waren Brandanschläge auf Asylbewerberheime und fremdenfeindliche Ausschreitungen der Neo-Nazis unter anderem in Machlow und Trebbin. Und es war die Zeit, in der das „Neue Deutschlandlied“ – „Deutschland, Deutschland über alles, über alles in der Welt. Polen, Türken, die Perser, Jugoslawen, auch die Schwarzen noch dazu. Deutschland, Deutschland über alles, denn du bist die beste Kuh“ – als Brandbeschleuniger die Runde machte und der Baseballschläger zum *modus operandi* jugendlicher Täter gehörte.

Als ein „brauner Mob“ unter dem Beifall von „Normalbürgern“ 1991 Asylbewerber aus dem sächsischen Hoyerswerda vertrieb, war das auch für die Neo-Nazi-Szene in Brandenburg Motivation: Jugendliche Täter wurden wegen Mordes alkoholkranker Menschen, dunkelfarbiger Ausländer und wegen Brandstiftung von Asylbewerberheimen nach 1991 vom Jugendsenat und nach Übernahme der Gerichtsverfassung der Bundesrepublik Deutschland (BRD) am 1.Dezember 1993 von der Jugendkammer des LG Potsdam verurteilt. Sie übernahmen folgerichtig vor Gericht keine Verantwortung, weil Asozialität zu DDR-Zeiten bestraft wurde und Fremdenfeindlichkeit nach der Wende „anschlussfähig“ war. Und sie hatten lediglich vollstreckt, was „in der Mitte der Gesellschaft“ vorformuliert worden war: Dort war Konsens, zwischen Asylanten und „Scheinasylanten“ zu unterscheiden und Arbeitslosigkeit in den „neuen Bundesländern“ ausschließlich der „Treuhand“ anzulasten; dass eine Innenministerin in Thüringen immer noch behauptet, die „Demütigungen der Ostdeutschen durch die Treuhand“ seien der Grund für ostdeutsche Ausländerfeindlichkeit, ist nicht nachzuvollziehen.

Die Treuhand, die am 3. Oktober 1990 zeitgleich mit dem Beitritt als öffentliche Anstalt mit der Privatisierung und markwirtschaftlichen Umgestaltung volkseigener Betriebe der vergangenen DDR beauftragt worden war, wurde als Symbol eines westdeutschen „Eroberungsfeldzuges“ für die inzwischen abgekühlte Begeisterung der Einigung verantwortlich gemacht. Der Mord am Präsidenten Detlev Rohwedder durch die linksextremistische RAF löste daher im Osten weniger Trauer aus als im Westen. Dass sich alte, aus SED-Funktionären bestehende Seilschaften als Mitarbeiter der noch vor der freien Volkskammerwahl am 18. März 1990 ins Leben gerufenen „Ur-Treuhand“ bis zum Beitritt schamlos bereichert hatten und deshalb am 3. Oktober durch „Westdeutsche“ ersetzt worden sind, war noch nicht allgemein bekannt.

Diejenigen, die nach der Wende die sogenannten Asozialen der früheren DDR jagten und totschlugen , sind mit ihren Legenden, die Opfer seien „Kinderficker“ gewesen oder hätten ihre Freundinnen „angemacht“, in ihrem Umfeld gehört worden. So wurde die Gesinnung von „unwerten“ sozial schwachen Menschen, die schon zu DDR-Zeiten den Kollektiven zur Last gefallen seien und es „nicht anders verdient hatten“, transportiert. Und so konnte passieren, dass „diese Penner" nicht nur schikaniert, sondern unter Beifall jugendlicher und gleichgesinnter Cliquen gequält und totgeschlagen wurden.

Auffallend war, dass die Gewaltexzesse viele Brandenburger kalt ließen. Sie schauten auch deshalb weg, weil Landespolitiker und Polizeibehörden nicht betonten, wer das Gewaltmonopol innehat und damit die Gewalt gegen die Schwächsten der Gesellschaft verharmlosten. Erst 1998 veröffentlichte die Landesregierung unter Manfred Stolpe mit dem anspruchsvollen Titel „*Tolerantes Brandenburg*" ein Handlungskonzept gegen Gewalt, Rechtsextremismus und Fremdenfeindlichkeit.

Meine durch den Beitrag der *ZEIT* angestoßenen Reise in die Vergangenheit beginnt mit

Rolf Schulze

Am 8.November 1993 berichtete W. Paukert in der *Morgenpost* über ein Urteil der Jugendkammer des LG Potsdam vom Vortag. Die Überschrift: „Junge Neo-Nazis vor Gericht – Stadtstreicher starb qualvoll – Mann erschlagen, ertränkt und verbrannt" erzählt die Prozessgeschichte: Am 7.Novenber 1992 entdeckten Jugendliche den zerlumpten und betrunkenen 52jährigen Rolf Schulze nach Mitternacht schlafend auf einer Bank; er gehörte neben Ausländern und Homosexuellen zur klassischen Zielgruppe rechter Gewalt.

Sie weckten ihn, lockten ihn mit einem gestohlenen PKW an den in der Nähe von Lehnin liegenden Kölpinsee und skandierten unterwegs „wir fahren in den Wald und machen den Assi-Schulze kalt". Nachdem sie sich darüber einig geworden waren, wer zuerst treten durfte, traten sie den am Boden Liegenden je zwanzigmal mit Springerstiefeln in den Körper. Anschließend verletzten sie ihn mit einer Propangasflasche tödlich und ertränkten ihn im See. Im Finale der Gewaltorgie übergossen sie den leblosen Körper mit Benzin und verbrannte ihn. Marco W. war 16, Daniel K. 17 und Thomas S. 18 Jahre alt. Sie waren Mitglieder der am 26. November 1992 verbotenen faschistischen Nationalistischen Front und der „Schöneberger Sturmtruppen", einer Skinhead-Gruppe in Berlin-Schönefeld, Thomas S. war ihr Sympathisant.

Rolf Schulze musste sterben, weil er „als Asi, Penner und Kinderficker" angeblich kein Recht hatte, in „ihrer Volksgemeinschaft" zu leben. Zu den Urteilsfeststellungen gehörte unter anderem, dass die Mutter des 17jährigen Daniel zu DDR-Zeiten zweimal wegen „Trunkenheit und krimineller Asozialität" zu Haftstrafen verurteilt worden war, was mich zu dem Hinweis veranlasste, dass so sozialisierte Gewalttäter gegen frühkindliche Erfahrungen rebellieren und stellvertretend das zerstören, was sie zerstört hat.

Weil Daniel K. und Thomas S. mit der Tat geprahlt hatten, wurden sie verhaftet. Dass die Staatsanwaltschaft Potsdam Daniel K. und Thomas S. gesondert anklagen musste und der Jugendsenat zu ein und demselben Tatgeschehen zweimal – am 1. bis 8. Juli und vom 7. bis 9. Juli 1993 – verhandeln musste, gehört zu den besonderen Erfahrungen „meiner“ Wendezeit: Marco W. stellte sich nach der Verhaftung seiner Mittäter dem Kreisgericht Potsdam. Der zuständige Haftrichter, ein Richter auf Probe, lehnte – inspiriert von einem „übernommenen“ Militärstaatsanwalt – die Verhaftung unter Hinweis auf seine Unzuständigkeit und die Zuständigkeit des Bezirksgerichts ab und schickte ihn nach Hause.

Marco W. wurde erst 6 Wochen später verhaftet. Gegenüber der Vernehmungsbeamtin äußerte er: „Und das alles wegen einer Stunde Übermut“.

Dass ich den jungen Kollegen außerhalb des Dienstweges kopfschüttend auf seine „Allzuständigkeit“ als Haftrichter ansprach und ihm vorwarf, einen Mörder nach Hause geschickt zu haben, führte im Übrigen über den amtierenden Präsidenten des Bezirksgerichts bis ins Justizministerium zu Turbulenzen.

Augustin Blotzki

Warum Augustin Blotzki sterben musste, ergibt sich aus der Vorbemerkung der mündlichen Urteilsbegründung vom 11.Februar 1996:

> Einmal mehr ist die Jugendkammer mit dem Phänomen unprovozierter Gewalt gegenüber einem sozialschwachen Mitglied dieser Gesellschaft befasst; der alkoholkranke Sozialhilfeempfänger August Blotzki musste sterben, weil eine emotional verelendete Jugendclique einfach nur Spaß haben wollte.

Der 21jährige Angeklagte Sven W. hatte am Vorabend des Himmelfahrtstages 1997 die Idee, bei „August nebenan“ Geld zu holen und Spaß zu haben. Die 16jährigen Manuel G. und Jens L. begleiteten ihn. Manuel trat die Tür ein. Und obwohl der mittellose August beteuerte, kein Geld zu haben, schlugen sie auf ihn ein und durchwühlten die Wohnung. Sie fanden weder Geld noch Wertgegenständen, nahmen aber den Wohnungsschlüssel mit.

Am 8. Mai – Vatertag – kehrten sie mit dem 19jährigen Sven M. gegen 5:30 Uhr zurück. Sie forderten erneut Geld und begannen mit den Fäusten und einem Stuhlbein auf ihn einzuschlagen. Die Gewalt eskalierte, als Jens L. begann, ihn mit „Bulgarenschwein“, „Ausländersau“ und „Pennersau“ zu beschimpfen. Obwohl August beteuerte, trotz des Namens doch Deutscher zu sein, schlug ihm Jens seinen Motorradhelm zweimal über den Kopf.

Die 15jährige Tamara W. wäre gern dabei gewesen. Sie durfte aber nicht dabei sein, weil das „nichts für Mädchen“ sei. Ihr blieb aber ein Tatbeitrag vorbehalten, der wegen Körperverletzung mit Todesfolge mit einer Jugendstrafe von 4 Jahren geahndet wurde: Als die Clique gegen 8:30 Uhr erneut die verwüstete Wohnung betrat, war auch Tamara dabei. Sie ließ sich eine Porzellanvase reichen und zerschlug sie auf den Kopf des noch Röchelnden. August Blotzki verstarb am Vormittag des Vatertages an einem traumatischen Wundschock.

Um den Verdacht auf „die linken Zecken“ zu lenken, besprühten sie Türen und die Wohnungseinrichtung mit dem „Anarchozeichen“. In der Szene prahlten sie, August totgeprügelt zu haben. Alle vier wiesen gebrochene Biografien auf, waren bereits strafrechtlich in Erscheinung getreten und hatten ein Alkoholproblem.

Die Jugendkammer verurteilte die Angeklagten Manuel G., Sven M. und Sven W. unter anderem wegen Mordes und versuchten schweren Raubes. Den zur Tatzeit schon 21 Jahre alten Sven W. traf die Härte des Schuldstrafrechts. Sven L. wurde lediglich der fahrlässigen Körperverletzung mit Todesfolge und versuchtem schweren Raub schuldig gesprochen. Gegen Ihn wurde eine etwas mildere Jugendstrafe verhängt, weil geringere Schuld und ein geringerer Erziehungsbedarf dies zuließen: Ihm hielt das Gericht zugute, dass er die tödliche Gefahr erkannt hatte und immer wieder mäßigend – aber immer vergeblich – eingriff, um Augusts schreckliches Schicksal abzuwenden. Sein Tremolo „Hört auf, sonst schlagt ihr ihn noch tot“ wurde von den Mördern mit „Egal, das ist nur eine Pennersau“ quittiert.

Günther Murawski

war ein 66 Jahre alter Mann von schmächtigem Körperbau. Er war alkoholkrank und homosexuell veranlagt. Sein Mörder Moreno L. war 19 Jahre alt. Er verließ mit 13 Jahren sein Elternhaus und zog zu einer neun Jahre älteren Frau in der Nachbarschaft. Mit ihr lebte er von 1992 bis 1997 zusammen. Er hatte keinen Schulabschluss, ging keiner Beschäftigung nach, häufte aber Schulden in Höhe von 80.000,- DM an. Im Zeitpunkt der Tat, dem 11. Juli 1998, hatte er keinen festen Wohnsitz und lebte vom Kindergeld, das er sich von seinen Eltern monatlich abholte.

Zusammen mit einem noch nicht Strafmündigen hatte er sein Opfer bereits am 24. Mai und am Pfingstsonntag, dem 31.Mai 1998 beraubt: Sie fesselten ihn, stahlen ihm eine Armbanduhr, einen Videorecorder und 350,- DM Bargeld. Mit der erbeuteten EC-Karte konnten sie nichts anfangen – sie kannten die Geheimnummer nicht – und warfen sie wieder in seinen Briefkasten ein. Wegen des „Misserfolgs“ äußerte der wegen Mordes Verurteilte gegenüber einer späteren Zeugin: „Die Geheimnummer krieg ich, und wenn er dabei draufgeht“. Er ließ diesen Worten die Tat folgen und suchte ihn am 11.Juli 1998 zum letzten Mal auf.

Günther Murawski verweigerte die Geheimzahl und wehrte sich. Die vom Gerichtmediziner festgestellte Todesursache war eine „instabile Brust“; Augusts Mörder hatte ihm mindestes zehnmal gegen den Oberkörper getreten.

Aufgrund der ihm von seinem Opfer zugefügten Kratzspuren konnte Moreno L. als Täter überführt werden.

Sven Beuter

Er wurde am 15.Februar 1996 in Brandenburg vom 20jährigen Sascha L. zu Tode getrampelt, weil der alkoholisierte Sascha, 100 kg schwer und 1,82 groß, etwas gegen Linke, Autonome und Punker hatte. Sein Opfer war weder das „Eine" noch das „Andere", sondern 43 kg schwer, 1,65 groß und ein vorgeschädigter Invalide, der seinen linken Arm nicht bewegen konnte. Sein Verhängnis war, dass er eine Armeeweste trug, gefärbte Haare hatte und deshalb fälschlich als „Punk" identifiziert wurde. Sven starb nach fünf Tagen im städtischen Klinikum; der Chefchirurg konnte noch Monate nach seiner Einlieferung sein Entsetzen über seinen zum Torso entstellten Patienten nicht verbergen. Dem damaligen SPD-Innenminister des Landes Alwin Ziel fiel im Angesicht der Tat nichts Besseres ein, als „einen schlimmen Einzelfall" zu erkennen. Es sollten noch viele „Einzelfälle" folgen.

Antonio Melis – ein schmerzliches Dejà vu

Antonio war im Dossier der *ZEIT* falsch zugeordnet. Er starb nicht durch rechtsradikale Gewalt; das die Tat auslösende Motiv wurde erst in der Beweisaufnahme „öffentlich" und erinnerte mich an das, was ich als 17Jähriger auf einer Toilette in Flöha erlebt hatte: Als ich 17 Jahre alt war, begegnete mir ein als gewalttätig bekannter älterer Junge anlässlich eines Landjugendballs in Flöha angetrunken auf der Toilette. Er wohnte mit seinen Brüdern in der Nähe der alten Ziegelei auf der Lichtenwalder Straße und hatte mich als 12jährigen Grundschüler schon einmal verprügelt. Als er mir an den Hals fasste und eine sehr abfällige und schmutzige Bemerkung über meine Mutter machte, hätte ich ihn beinahe totgeschlagen. Ich ließ von ihm ab, als er in der „Pissrinne" lag.

Antonio war Pizzabäcker in einer dem Fährhaus an der Havel gegenüberliegenden Pizzeria. Er galt als „schwarzes Schaf" seiner italienischen Familie. Am 12.Februar 1997 kam es in der Kellerbar des Hotels „Zum Goldenen Anker" in Caputh zu einem verhängnisvollen Zusammentreffen zwischen seinen späteren Mördern und dem stark angetrunkenen Antonio Melis.

Seine Kränkung „Deine Mutter ist eine Hure, die lässt jeden ran", löste bei dem 19jährigen M. eine psychopathologische Gewaltorgie aus, an der sich ein 36jähriger und durch die Kränkung nicht Betroffener beteiligte. Sie wollten Antonio nach Verlassen der Kellerbar gegen 2:00 Uhr einen „Denkzettel" verpassen; sein Versuch, sich in Sicherheit zu bringen, schlug fehl. Sie spürten ihn im Hotel auf und prügelten auf ihn ein. Anschließend schleiften sie den wimmernden Italiener über eine Strecke von ca. 600 m wie einen Sack zur Havel. Auf dem Weg zur Fähre traten sie ihn und schrien immer wieder „Du Schwein".

Der schon lädierte Antonio versuchte vergeblich, seinen Peinigern dadurch zu entkommen, dass er ins Wasser flüchtete: Der 19Jährige zog sich aus und zerrte ihn rücklings aus der Havel. Als sein Versuch, ihn am Ufer mit einem Messer zu töten, misslang, zog er ihn ins Wasser zurück und ertränkte ihn. Er könnte noch leben, wenn wenigsten einer der in der Nähe der Fähre wohnenden Einwohner des Ortes Caputh, der mit der Erinnerung an Albert Einstein verbunden ist, den Notruf betätigt hätte.

Obwohl sich M. nach der Tat – lediglich mit einem T-Shirt und Boxershorts bekleidet – in Sichtweite der Polizei über die Uferpromenade entfernte, konnte er nicht festgenommen werden. Warum er in der Tatnacht nicht festgenommen werden konnte, war Thema der gerichtlichen Beweisaufnahme und meiner Urteilsbegründung: Ein Zeuge berichtete von einem Polizeibeamten, der, anstatt dem Mörder hinterher zu laufen, zu seinem Polizeifahrzeug zurückgekehrt sei.

Meine Anmerkung zum Polizeieinsatz vor Ort und zur fehlgeschlagenen Festnahme veröffentlichten die *Märkische Allgemeine Zeitung* und die *Potsdamer Neusten Nachrichten* am 4. November 1997 als „Richterschelte". Sie veranlasste den Präsidenten des Polizeipräsidiums Dr. D. von Schwerin, sich zum Polizeieinsatz in der Nacht zum 13. Februar zu äußern. Das Ergebnis seiner internen Recherche, warum „es den Polizeibeamten in der Dunkelheit trotz Einsatzes eines Fährtenhundes nicht gelungen sei, eine nur mit einer Unterhose bekleideten Person festzunehmen", übermittelt er mir so:

> Herrn Vorsitzenden Dr. Klaus Przybilla
>
> Mordsache Nachteil Melis am 13.02.1997in Caputh
>
> Hier: Presseveröffentlichungen vom 4. November 1997 in der *MAZ* und in der *PNN*
>
> Die Presseveröffentlichungen, die Sie in Ihrer Urteilsbegründung zitiert haben, habe ich zum Anlass genommen, Ihren gegen die Polizeibeamten erhobenen Vorwürfen nachzugehen. Ich habe sie zu einer schriftlichen Äußerung aufgefordert; einer der Beamten schreibt:
>
> „Dort an der Einmündung angekommen, hörte der Unterzeichner plötzlich Geräusche hinter sich und sah nach dem Umdrehen eine Person in der Auguststraße in Richtung Fr.-Ebert-Straße rennen. Darauf begab ich mich ebenfalls wieder in Richtung Fr.-Ebert-Straße und versuchte die Kollegen auf die Person aufmerksam zu machen, welche sich vor der Gaststätte 'Goldener Anker' befand. Da die anderen Kollegen den Zuruf nicht mitbekamen, flüchtete die Person in Richtung Schule. Eine sofortige Suche ohne Hund wurde erfolglos beendet. Nachdem dann der Diensthund vor Ort war, wurde er nochmals angesetzt, aber ebenfalls ohne Erfolg".

Dr. von Schwerin bat mich, in Zukunft Kritik an der Polizeiarbeit nicht öffentlich zu machen, sondern ihn als Dienstvorgesetzten zu informieren, was ich sofort zusagte. Aber als Vorgesetzter hätte ich den Einsatzbericht des Beamten – er wirft mehr Fragen auf als er beantwortet – nicht weitergeleitet. Im Zentrum meiner Urteilbegründung stand nicht die Kritik an der Polizeiarbeit, sondern die Diensttauglichkeit eines Polizeibeamten: Die Kammer konnte sich nämlich per Augenschein davon überzeugen, dass es dem Zeugen aufgrund seiner Leibesfülle per se nicht möglich war, den Täter zu verfolgen.

Der Leichnam von Antonio wurde 6 Monate später aus der Havel geborgen.

Werner Schütze

Werner Schütze war ein frühpensionierter Alkoholiker und als „Werni" stadtbekannt. Er war auf einer Parkbank mit einer Alkoholkonzentration von 3 ‰ eingeschlafen und musste im Luna-Park in Dahme „stellvertretend" sterben: Ein 20-jähriger konnte seinen Anblick nicht ertragen, weil er ihn an seine alkoholkranken Eltern erinnerte. Er schlug ihn zusammen mit seinem gleichaltrigen Freund – beide waren im Erziehungsheim aufgewachsen – tot.

Ich erinnere mich an das Entsetzen des Gerichtsmediziners, der neben einem subduralen Hämatom als Todesursache unter anderem Brüche der knöchernen Augenhöhlen, ein gebrochenes Zungenbein und den Bruch des Brustbeines feststellte.

Manfred Liebnitz

Er wurde von einem heranwachsenden 20Jährigen und zwei jungen Erwachsenen im Obdachlosenheim in Nauen wegen lumpiger 140 € totgeschlagen.

Dieter Manske

Am 11.April 2002 berichtete Frank Jansen im *Tagesspiegel* mit der Überschrift „Gericht erkennt politische Motive" über ein Urteil der Jugendkammer des Landgerichts Potsdam vom Vortag: „Mord an Dieter Manske: Potsdamer Strafkammer verhängt harte Strafen gegen 5 Angeklagte"; und die *MAZ* veröffentlichte am selben Tag unter der Überschrift „Ein Mord an einem Mittwoch" den Grabstein des am 9. August 2001 Ermordeten mit der Innschrift „Das hat kein Mensch verdient".

Zum von der Jugendkammer festgestellten Tatgeschehen gehörte, dass vier 17 bis 21 Jahre alte und alkoholisierte Angeklagten am 8. August 2001 gegen 22:15 Uhr die Tür zu Manskes angeblich illegaler Behausung eintraten. Sie prügelten ihn bis zum Morgen des 9. August nicht nur tot, sondern entmenschlichten ihn auf bestialische Weise. Bemerkenswert war, dass einer seiner Mörder, der 21jährige Angeklagte Dirk R., vor Gericht seine Tatbeteiligung auf ein gewaltverherrlichendes Lied der zu dieser Zeit beliebten und noch nicht verbotenen Musikgruppe „Böhse Onkelz" zurückführte.

Mit diesem Urteil ging der Streit mit dem Landeskriminalamt, ob auch Taten ohne rechtsradikalen Hintergrund nach den Kriterien des Bundeskriminalamtes zur Kriminalitätserfassung politisch motiviert seien, wenn sie sich „gegen den gesellschaftlichen Status eines Menschen richten" und daher statistisch als solche erfasst werden müssten, zu Ende: Dieter Manske wurde als politisch motiviertes Opfer erfasst und die Polizeistatistik 2001 des Landes nachträglich korrigiert.

Dass lange darüber gestritten wurde, mag auf einen nostalgischen Reflex zurückzuführen sein: In der früheren DDR wurden Kriminalstatistiken unter Verschluss gehalten; Kriminalität und Sozialismus passten nicht zusammen. Die Printmedien berichteten darüber und über meine finale „pessimistische Prognose". Mit einer Vorbemerkung zur Urteilsbegründung hatte ich den Streit und meine in den Reportagen nur sinngemäß wiedergegebene Prognose öffentlich gemacht:

> Einmal mehr ist die Jugendkammer des Landgerichts mit dem Phänomen unprovozierter Gewalt gegenüber einem sozialschwachen Mitglied dieser Gesellschaft befasst; der 61jährige und alkoholkranke Dieter Manske musste sterben, weil er als „Penner" und „Suffi" den in der Nachbarschaft wohnenden Angeklagten R. „störte". Eine emotional verelendete Clique wollte bei der Misshandlung dieses Menschen Frust abbauen und/oder nur Spaß haben. Lassen Sie mich wegen anderslautender Medienberichte klarstellen:
>
> Das Tatgeschehen hat keinen rechtsradikalen Hintergrund. Es ist jedoch – zumindest nach der Einschätzung des Bundeskriminalamtes – politisch motiviert, weil sich die Tat gegen den gesellschaftlichen Status eines Menschen richtete. Ich wage die schreckliche Prognose, dass die Jugendkammer bzw. ein anderes Landgericht in Brandenburg nicht zum letzten Mal mit einem so brutalen Tatgeschehen befasst gewesen ist. Dass gilt insbesondere für den Fall, dass sich die Einstellungsstruktur der – vor allem jungen – Menschen in diesem Lande bezüglich sozial Schwacher nicht ändert, ich lasse mich jedoch gern widerlegen.

Aus den in diesem Abschnitt dargestellten, vor dem Jugendsenat – der späteren Jugendkammer – verhandelten Strafsachen ergibt sich, dass ich – leider – nicht widerlegt worden bin.

DIE ZEIT DANACH

Das Ende meiner richterlichen Tätigkeit

Als Gerd H. aus Hamburg mir unter anderem schrieb, „Man wird den unbequemen Richter Przybilla auf die demokratische Art erledigen", konnte ich mir eine „demokratische Art der Erledigung" nicht vorstellen. Darüber zu sprechen, fällt mir schon deshalb schwer, weil mir eine strafrechtlich relevante Intrige zwei Jahre richterlicher Tätigkeit nahm. Und sie kostete mich bis zu meiner vorzeitigen Pensionierung im Alter von 63 Jahren viel Kraft und beschädigte mein Vertrauen in rechtsstaatliches Handeln einer Behörde. Aber im Alter von 80 Jahren will ich darüber sprechen.

Die Vorgeschichte

Im August 1996 wurde ich nach einem Betrugsverdacht gegen den Vorsitzenden eines Straffälligenhilfe-Vereins (VfG) und seiner rechtskräftigen Verurteilung gebeten, dieses vakante Amt als Vorsitzender des abzuwickelnden VfG und des Vereins Neue Sozialarbeit Brandenburg (NeSo) zu übernehmen. Ich sagte zu und bat das Justizministerium um einen Neuanfang und weitere Förderung. Mit der Aufgabe war ich nicht überfordert, weil Diversionsstrategien (z.B. gemeinnützige Arbeit statt Knast) Thema meiner Lehrtätigkeit an der Wilhelmsuniversität in Münster gewesen waren.

Die Bewährungshelfer der Sozialen Dienste der Brandenburgischen Justiz Mathias R. und Holger G. und der mit ihnen befreundete Gastwirt Kay-Patrick B. entwickelten als Vereinsmitglieder 1997 Projektideen für das damals noch besetzte Haus Dortostraße 5 im Potsdamer Sanierungsgebiet „II. Barocke Stadterweiterung" und machten durch ihre Bemühungen zwischen Hausbesetzern und den Eigentümern des Hauses den Leiter des Jugendamtes und späteren Oberbürgermeister der Stadt Jan Jakobs auf sich aufmerksam, und die Eigentümer „geneigt", zu vermieten. Nach der polizeilichen Räumung nahmen sie Kontakt zu ihnen auf und erfuhren, dass sich „früher" in Dorto 5 das Varieté „Walhalla" befand, in dem unter anderen Charlie Chaplin, Claire Waldoff und Enrico Caruso aufgetreten waren. Sie waren berauscht von der Idee, dort ein internationales Jugendzentrum entstehen zu lassen und äußerten gegenüber der *Märkischen Allgemeinen Zeitung* (MAZ) enthusiastisch: „Als wir erfuhren, dass das hier Potsdams einziges Varietétheater war, ist die Lust hochgekommen, das wiederzubeleben".

Wie die „Lust" bei den beiden Vereinsmitgliedern und dem späteren Projektleiter in vereinsfremde und fiskalische Begehrlichkeiten, die ich nicht mittragen konnte, und in „Frust" umschlug und zu dem von Oelschläger in der *MAZ* berichteten angeblich „von mir entschiedenen Richtungsstreit" geführt hatte, konnte ich anhand aufbewahrter Unterlagen später rekonstruieren.

Das Konzept der beiden Bewährungshelfer und des Gastwirtes sah vor, eine Szene-Kneipe mit Bühnenbetrieb, ein Rucksackhotel und zwei Wohnungen für Wohngemeinschaften einzurichten und mit den Eigentümern einen langfristigen Mietvertrag abzuschließen. Als aber während der Planung wegen der Nutzung des Varietétheaters zwischen den Eigentümern und Kay-Patrick B. Streit ausbrach, entschlossen sie sich, das Objekt zu kaufen und mit Fördermitteln zu sanieren.

Um das Projekt „Walhalla" realisieren zu können, missbrauchten die Bewährungshelfer ihre Stellung als Vorstände der NeSo wie folgt: Auf Drängen der beiden Bewährungshelfer und um ihren Freund Kay-Patrick B., der später ihr ärgster Feind werden sollte, zu beschäftigen, wurde unter seiner Leitung „das Projekt Maulwurf gemeinnützige GmbH" (gGmbH) als Tochtergesellschaft der NeSo und Trägerin des Projekts gegründet. Mathias R. und Holger G. sorgten dafür, dass dem Projekt „Walhalla" jugendliche und heranwachsende Straftäter, die zu gemeinnütziger Arbeit verurteilt worden waren, als Arbeitskräfte zugewiesen wurden. Und um die Vergütung Kay-Patrick B.s und der „Arbeitsanleiter" zu erwirtschaften, wurden sie neben ihrer vom Jugendrichter auferlegten gemeinnützigen Arbeit auch für Lohnaufträge in die Bauwirtschaft vermittelt.

Obwohl das Arbeitsamt und das Land Brandenburg das Projekt mit Fördermitteln unterstützten, verbuchte der Projektleiter von 1997 bis 2000 einen Fehlbetrag i.H.v. 228.000 DM. Wegen der unter seiner Führung aufgetretenen finanziellen Risiken und eines wirtschaftlichen Einbruchs 2001 wurde Uwe Bläsing am 21.06. 2001 zum Einzelvorstand gewählt, die Bewährungshelfer und ich wurden per Gesellschafterbeschluss „Beiratsmitglieder" der „Maulwurf gemeinnützige GmbH". Ihre Aufgabe war es, die weitere Entwicklung des Projekts zu „beeinflussen" und den inzwischen als Geschäftsführer installierten Kay-Uwe zu überwachen: Er war als früherer Mitarbeiter der staatlich gelenkten DDR-Handelsorganisation (HO) und nach meiner Einschätzung als Geschäftsführer fachlich und charakterlich ungeeignet. Er und die Bewährungshelfer wurden jedoch von zwei Adligen unterstützt: Der eine war der Empfänger meines Konzepts, Graf von Bernsdorf; er war Referatsleiter für die Soziales Dienste im Justizministerium und früherer Richter am Landgericht Hannover, der Andere der in der Stadtverwaltung Potsdam für Investitionsvorhaben verantwortliche Graf von Mierbach.

Obwohl der Geschäftsführer der NeSo Uwe Bläsing vor der finanziellen Belastung des Vereins und vor den wirtschaftlichen Risiken eines Hotel- und Gaststättenbetriebes gewarnt hatte und ich den Erhalt der Beschäftigung und die Überführung der prekär Beschäftigten in den „ersten Arbeitsmarkt" favorisierte, stimmte er schließlich am 31. August 2000 dem Beschluss des Vorstandes zu, der Maulwurf gGmbH 782.759 DM zu überweisen, um das im Sanierungsgebiet „Zweite Barocke Stadterweiterung" gelegene Grundstück Dortu 5 zum Preis von 430. 000 DM zuzüglich der Übernahme der schon vom Verkäufer in das Projekt investierten Planungsleistungen von 324.000 DM als Eigentümerin und Bauherrin zu erwerben.

Über den Verein NeSo konnte die Tochtergesellschaft anfänglich die Finanzierung des Projektes darstellen und realisieren: Sie setzte sich aus 1 Million DM aus Stadterneuerungsmitteln des Landes Brandenburg, 1,3 Millionen DM Kreditmitteln sowie 1 Million Eigenkaptal zusammen. Für das inzwischen in das Projekt investierte Eigenkapital bedienten sie sich aus den liquiden Mitteln des Vereins. Dieser führte an verschiedenen Orten des Landes mit bis zu 500 Mitarbeitern öffentlich geförderte Arbeits- und Qualifizierungsprojekte für Sozialhilfeempfänger und Langzeitarbeitslose durch, wofür 9,5 bis 10 Millionen DM öffentliche Mittel zugewendet wurden. Außerdem erwirtschaftete der Verein am Markt jährlich 6 bis 7 Millionen DM durch Arbeitsleistungen der Arbeitslosen- und Sozialhilfeempfänger. Aber sie steuerten die Höhe der Vergütung der Hilfsbedürftigen und die Personalkosten des Anleitungs- und Betreuungspersonals in bedenklicher Weise: Mit den erheblichen Überschüssen wurden zum Beispiel Verluste von Projekten mit Betreuungsaufwand ausgeglichen.

Wegen der in der Maulwurf gGmbH umgesetzten Diversionsstrategie „Arbeit statt Haft", die sich weder die Brandenburger Justiz noch andere Träger der Straffälligenhilfe finanziell leisten konnten, genossen die Akteure folgerichtig die besondere Wertschätzung der Justizministerin und dies, obwohl dafür zweckentfremdend Geld ausgeben wurde, welches eigentlich den Hilfeempfängern in den Arbeits- und Qualifizierungsprojekten zustand. Diese Wertschätzung mag erklären, warum die Justizministerin im Zusammenhang mit dem Strafverfahren gegen den Ex-Landwirtschaftsminister auf meinen „Hilferuf" vom 28. August 2004, die Mitarbeiter der Sozialen Dienste sie „zurückzupfeifen", nicht reagiert hatte und zweckentfremdende Ausgaben akzeptierte.

Als bekannt wurde, dass Kay-Patrick B. zeitgleich ein ihm gemeinsam mit Mathias R. gehörendes Mehrfamilienhaus auf seinem Privatgrundstück sanierte und die mit Bauunternehmern ausgehandelten Preisnachlässen angeblich für private Zwecke abgezweigt hatte, kündigte Geschäftsführer Uwe Bläsing ihm im Januar 2003 wegen des Verdachts, unter anderem Baumittel unterschlagen und „anderweitig" verbaut zu haben, die Projektleitung fristlos; die Bewährungshelfer reagierten mit ihrem Austritt aus dem Verein solidarisch. Erst später erkannten sie, dass das Projekt zum Fiasko wurde, weil sie einem „Rattenfänger“ gefolgt waren, der sie manipuliert und korrumpiert hatte.

Der Verdacht gegen den geschassten Projektleiter verdichtete sich nach einem beim Entwicklungsträger Bornstädter Feld GmbH eingegangenen anonymen Anruf über den Verbleib historischer Bauelemente: Die entwendeten Gegenstände konnten von Uwe Bläsing auf B.s Privatgrundstück in Ihlow sichergestellt werden.

Kay- Uwe B. tat nun das, was „böse Narzissten“ in auswegloser Lage tun: Er versuchte sich in strafrechtlich relevanter Weise aus der Affäre zu ziehen, indem er andere beschuldigte, und richtete am 27. August 2003 ein diskriminierendes Schreiben an die Generalstaatsanwaltschaft und gleichlautend an das Ministerium der Justiz und für Europaangelegenheiten Referat III z.H. Herrn Dr. Lemke:

Im Zentrum des Schreibens stand neben der Selbstdarstellung des Adressaten unter anderem der Vortrag „des Tatbestands der Untreue gegen Uwe Bläsing als Vorstand des Neso e. V.“ Mir unterstellte er, sein Gehilfe zu sein, und beschuldigte mich, der Staatsanwaltschaft bezüglich eines gegen ihn anhängigen Ermittlungsverfahrens (466 Js 4515/03/ Staatanwältin Kumor) „kollegiale Hinweise“ gegeben zu haben. Außerdem hätten er und die Bewährungshelfer R. und G. in Erfahrung gebracht, dass „Herr Dr. Klaus Przybilla im Neso-Verein seit mehr als 5 Jahren 500 DM pro Monat als Aufwandsentschädigung erhalte, ohne dafür eine wirkliche Gegenleistung erbracht zu haben. Gleichzeitig soll er ein Vereinshandy für sich privat nutzen. Den Nebenverdienst habe er seinem Dienstherrn nicht angezeigt“.

Der Inhalt des Schreibens war „erstunken und erlogen“.

Der Präsident des Brandenburgischen Oberlandesgerichts war nicht in der Lage, das Gestörte des Schreibers zu erkennen: Er bat den Präsidenten des Landgerichts Potsdam am 16.September 2003 in rigider Form, den in der „Eingabe des Herrn Patrick Bockhold vom 27.08.2003“ erhobenen Vorwürfen gegen mich „unter allen in Betracht kommenden Gesichtspunkten nachzugehen“.

Im Gegensatz zum Chefpräsidenten stellte mir der Präsidenten des Landgerichts fürsorglich anheim, „mich zu dem in der Eingabe angesprochenen Gesamtkomplex zu äußern, falls dies zum besseren Verständnis der gegen mich erhobenen Vorwürfe erforderlich sein sollte“. Ich hielt es in meiner von Zorn geprägten Verfassung für sehr erforderlich. In meiner umfangreichen Stellungnahme vom 25.November 2003 wies ich die verleumderischen Behauptungen nicht nur zurück, ich konnte für das Gegenteil auch Beweis antreten: So konnte ich zum Beispiel beweisen, dass die Mitgliederversammlung am 28. November 1996 nach Absprache mit einem Steuerbüro und den Stimmen der mit mir in den Vorstand gewählten Bewährungshelfer beschlossen hatte, dass jedem der drei Vorstandsmitglieder „der sächliche und zeitliche Aufwand im

Rahmen pauschalierter geringfügiger Beschäftigungsverhältnisse in Höhe von monatlich 510 DM erstattet wird". Meine Tätigkeit hatte ich zu den Personalakten angezeigt, und ich konnte belegen, dass ich ein Vereinshandy weder besaß noch benutzt hatte. Ich teilte auch mit, dass ich gegen meine Widersacher Strafanzeige erstattet und gegen die im öffentlichen Dienst tätigen Bewährungshelfer darüber hinaus Dienstaufsichtsbeschwerde erhoben hatte, und verwies darauf, dass ich mit dem bereits erwähnten Schreiben vom 22. September 2003 gegenüber der Justizministerin meinem Ärger Luft gemacht und sie - allerdings vergeblich - gebeten hatte, den peinlichen „Kuschelkurs“ gegenüber meinen Widersachern zu beenden.

Der Angriff eines auf Krawall gebürsteten Rechtsanwalts und „Wendegewinners“ auf mich begann schon am 8. Dezember 2003: Nach Abschluss eines Beschwerdeverfahrens stellte er unter dem Aktenzeichen 22 Qs 90/03 der Beschwerdekammer einen völlig überflüssigen Antrag auf „erneute“ Akteneinsicht, weil er vermutete, dass Aktenteile unterdrückt worden seien. Er reklamierte darüber hinaus, dass er „zu keinem Zeitpunkt aufgefordert worden sei, eine Vertretungsvollmacht vorzulegen und begründete seinen Antrag wie folgt:

> Augenscheinlich hat der Vorsitzende nicht einmal im Ansatz geprüft, welche Spuren überhaupt auf dem Handy vorhanden sein sollen. Ist die Justiz nicht gehalten, Spuren sofort zu sichern oder verstaubt das Handy?

Ich hielt einen solchen Unsinn nicht für möglich und leitete den Antrag kommentarlos an den Leitenden Oberstaatsanwalt weiter. Er tat das, was die Potsdamer Staatsanwaltschaft damals gern tat. Ja, was wohl? – Nichts!

Was nun folgte, hatten mir die die Bewährungshelfer und der Projektleiter/ Geschäftsführer des zum Verein gehörenden „Maulwurf g GmbH“ Kay-Patrick B. und der mit ihrer Verteidigung beauftragte Rechtsanwalt Baumgart bereits in strafrechtlich relevanter Form angedroht: In seiner Vertretungsanzeige vom 23. Januar 2004 beschuldigte er mich, als Mitglied des Vereins Neue Sozialarbeit Brandenburg e.V. durch mein Abstimmungsverhalten – dem Geschäftsführer Uwe Bläsing sollte das Misstrauen ausgesprochen und er abgelöst werden – die Förderung des Jugendstraffälligen-Projekts Maulwurf und damit die Beschäftigung der oben Genannten gefährdet zu haben. Er drohte mir für den Fall eines ihm nicht genehmen Abstimmungsverhaltens so: „ Sie können davon ausgehen, dass wir Ihre Rolle bei der Verbreitung unwahrer, nicht bewiesener Vorwürfe öffentlichkeitswirksam verfolgen werden“. Am 6. August 2004 vollstreckte der Reporter Volker Oelschläger im Potsdamer Stadtkurier der MAZ die Drohung seiner Quelle und holte zum entscheidenden Schlag aus:

Er veröffentlichte unter der öffentlichkeitswirksamen Überschrift „Untreueverdacht gegen Richter" einen Artikel, den die Nachrichtenagentur dpa noch am gleichen Tag um 11:04 über den aktuellen Ticker verbreitete und der in „Brandenburg aktuell“ des RBB mit meinem Konterfei gesendet wurde.

> Gegen den Vorsitzenden Richter am Landgericht Potsdam, Klaus Przybilla, ermittelt die Staatsanwaltschaft nach Informationen der „Märkischen Allgemeinen Zeitung“ wegen des Verdachts der Untreue. Przybilla ist in der Vergangenheit durch die Leitung großer Prozesse über Potsdam hinaus bekannt geworden. Es werde seine Rolle als Vorstandsmitglied des Vereins Neue Sozialarbeit beim Kauf eines Grundstücks in der Potsdamer Innenstadt untersucht.
>
> Neben dem vom Sanierungsträger genehmigten Kaufpreis von gut 200.000 Euro sei damals ein zweiter Betrag von mehr als 150.000 Euro an die Grundstücksverkäufer gezahlt worden.
>
> Erst in diesen Jahr brachte Przybilla das Revisionsverfahren gegen den früheren Agrarminister Edwin Zimmermann (SPD) zu einen vorläufigen Abschluss, indem er den Angeklagten zu einer elfmonatigen Freiheitsstrafe auf Bewährung verurteilte. Außerdem hat sich Przybilla in der Vergangenheit mit oft strengen Urteilen in Prozessen gegen rechtsextreme und gewalttätige Jugendliche einen Namen gemacht.

In Anwesenheit meiner Ehefrau und unserer 11jährigen Tochter musste ich zur besten Sendezeit, der Tagesschau um 20:00, hören und wegen meines Portraits auch sehen, dass ich als „über die Landesgrenze hinaus bekannter Richter unter Untreueverdacht“ stehe. Meine Betroffenheit wurde dadurch verstärkt, dass ich unserem Kind erklären musste, dass „Papa kein Verbrecher“ sei.

Noch vor Veröffentlichung des Artikels hatte die Redaktion der *MAZ* die Mitteilung nicht nur an dpa, sondern auch an die Redaktionen der *Lausitzer Rundschau* und den *Oranienburger Generalanzeiger* geschickt, die vom 6. bis 8. August gleichlautend berichteten. Darüber hinaus berichtete der Fernsehsender RBB im Stundentakt über den Verdacht.

Nach den Veröffentlichungen fühlte ich mich wie ein zum Abschuss freigegebener Hirsch, der „nicht durch die Lappen gehen konnte“ und wusste, dass ich – irreparabel beschädigt – meine richterliche Tätigkeit in Brandenburg, die für mich nicht nur Beruf, sondern Berufung war, nicht würde fortsetzen können. Ich bat deshalb Rechtsanwalt Johannes Eisenberg in Berlin, mich presserechtlich mit Hilfe strafbewehrter und kostenpflichtiger Unterlassungsbegehren vor den Printmedien zu schützen. Die Nachrichtenagentur *dpa*, die Redaktionen der *Lausitzer Rundschau* und des *Oranienburger Generalanzeiger* unterschrieben zeitnah strafbewehrte Unterlassungserklärungen. Aber ausgerechnet die *Märkische* die mir den Schlamassel eingebrockt hatte, zierte sich und musste per einstweilige Verfügung gezwungen werden: Ihr gab das Landgericht Berlin am 12.August 2004 auf, „jegliche Berichterstattung über mich aus persönlichkeitsrechtlichen Erwägungen heraus“ zu unterlassen.

Eine eigenartige staatsanwaltschaftlichen Ermittlung

Obwohl es sich eher um eine Schmähschrift einer Person handelte, die, wie sich später herausstellte, zwei Bewährungshelfer als Laufburschen für ihre vereinsfremden Zwecke missbrauchte, legte die Staatsanwaltschaft Potsdam das Schreiben als Strafanzeige aus und leitete wegen des Anfangsverdachts der Untreue pp. schon am 24. September 2003 ein Ermittlungsverfahren gegen mich ein. Als angeblich objektive und unparteiische Behörde ist sie nach der Strafprozessordnung (StPO) verpflichtet, für und gegen einen Beschuldigten zu ermitteln; die Potsdamer Staatanwaltschaft ermittelte aber nur gegen mich und weigerte sich, die zu meiner Entlastung benannten Zeugen zu vernehmen. Und als der Pressesprecher der Staatsanwaltschaft Herr Roggenbuck in seiner Pressemitteilung noch vergaß, mich zu schützen und meinen Namen persönlichkeitsrechtswidrig veröffentlichte, und damit dem medialem Interesse Vorrang einräumte, war das Ende meiner richterlichen Tätigkeit für dieses Bundeslandes besiegelt. Die spätere Einstellung des Ermittlungsverfahrens änderte daran nichts: „Semper aliquid haeret".

Am 3. November 2003, erstattete ich zur Abwehr der frei erfundenen Anschuldigungen meinerseits Strafanzeige gegen Kai- Uwe B. Uwe Bläsing, der mit meinem Einverständnis bereits Strafanzeige gegen Kay-Patrick B. erstattet hatte, erweiterte diese am 13. Januar 2004 auf die beiden Bewährungshelfer: Er verwies noch einmal auf die mephistophelische Rolle des „Herrn B", insbesondere darauf, dass dieser „die Ermittlungen gegen ihn und Herrn Dr. Przybilla ausschließlich zur Vereitelung einer umfassenden Strafverfolgung gegen sich angezettelt habe". Außerdem bestätigte er durch Vorlage des Protokolls der Mitgliederversammlung vom 28. November 1996, dass mich belastende Zeugen gegenüber der Staatsanwaltschaft und dem Landeskriminalamt gelogen hatten. Aus diesem ergab sich, dass die Mitgliederversammlung mit den Stimmen von R. und G. einstimmig beschlossen hatten, „allen Vorstandsmitgliedern im Rahmen einer geringfügigen Beschäftigung pauschal 510 DM zu zahlen." Seiner Strafanzeige unter anderem wegen „falscher uneidlicher Aussagen" war darüber hinaus zu entnehmen, dass beide die Pauschale in Anspruch genommen, den Verein jedoch angewiesen hatten, 1.020 DM an unseren gemeinsamen und damals arbeitslosen Widersacher Kay-Patrick B. auszuzahlen und auch, dass ich nie ein „Vereinshandy" besessen hatte.

Obwohl sich aufdrängte, dass ich „wegen einer narzisstischen Kränkung" denunziert worden war, und inzwischen feststand, dass ich mit dem Kauf des Grundstücks nicht befasst gewesen war, stellte der Sachbearbeiter der Staatsanwaltschaft Potsdam Woitkowiak das Ermittlungsverfahren gegen mich nicht ein, sondern tat das Gegenteil: In Erwartung eines Ermittlungserfolges gegen einen unbequem gewordenen „Westrichter" ermittelte er weiter und beschleunigte damit meinen beruflichen Abschied aus Potsdam.

Nach einer Terminvereinbarung wurde ich am 16. Juni 2004 durch Frau Kriminalkommissarin Eichstädt im Landeskriminalamt (LKA) Brandenburg vernommen. Sie eröffnete mir, was mir die früheren Vorstandsmitglieder des NeSo e.V. ,R. und G. und der frühere Projektleiter des Projekts Maulwurf in einer privaten Anzeige vorwarfen, nämlich „eine pauschale Entschädigung ohne Gegenleistung erhalten und als Vorsitzender ein Diensthandy des Vereins für private Zwecke genutzt zu haben“. Ich trug das, was ich dem Leitenden Oberstaatsanwalts geschrieben hatte, noch einmal vor, stellte einen Anfangsverdacht in Frage und diktierte zu Protokoll, dass ich nie ein Vereinshandy besessen und aufgrund eines Beschlusses des Vereins eine pauschale, meine Kosten deckende Aufwandsentschädigung erhalten hätte. Zu meiner Entlastung überreichte ich insgesamt 40 Belege, unter anderem meinen Vertrag mit der Telekom, Vorträge, Konzepte und meine Stellungnahme gegenüber dem Präsidenten des Brandenburger OLG. Und ich wies sie explizit darauf hin, dass die Strafanzeige missbräuchlich erhoben worden sei, darüber hinaus, dass eine pauschale Entschädigung deshalb pauschal sei, weil sie lediglich „unkostendeckend“ ist und deshalb keine strafrechtliche Relevanz habe. Und ich bat sie abschließend, allerdings vergeblich, den Vorgang im Interesse meiner beruflichen Tätigkeit „schnellstmöglich“ an die Staatsanwaltschaft zurückzusenden.

Die gegen mich ermittelnden Beamten des Landeskriminalamtes waren zum Teil frühere ehemalige Offiziere der DDR-Staatssicherheit. Da das Kabinett unter Manfred Stolpe 1995 die Regelabfrage für den öffentlichen Dienst bei der Gauck-Behörde abgeschafft hatte, schwiegen sie bis zum Ende der juristischen Aufarbeitung am 3. Oktober 2000. Nach einer Recherche des Berliner *Tagesspiegels* waren im Jahr 2009 noch 58 frühere Mitarbeiter der DDR-Staatssicherheit beim LKA Brandenburg beschäftigt und damit Kriminalbeamte einer Gesellschaft, die sie bis zum 9. November 1989 verachtet und bekämpft hatten. Die an der Fachhochschule des MfS in Potsdam-Eiche eingeübte Praxis, alles zu verachten, was „aus dem Westen kommt“, ist über diesen Zeitpunkt hinaus beibehalten worden und damit auch die Verachtung mir gegenüber: *Die im LKA überreichten Unterlagen waren nämlich spurlos verschwunden*!

Anlässlich meiner Vernehmung erfuhr ich, dass der gegen mich ermittelnde Staatsanwalt, ein Diplomjurist und als „unbelastet“ in den öffentlichen Dienst übernommener früherer Militärstaatsanwalt, die Ermittlung gegen mich um ein Steuerdelikt erweitert hatte: KK Ramelow vom LKA hatte herausgefunden, dass wir, meine Familie und ich, inzwischen in der Heimat meiner Frau polizeilich gemeldet waren und sich für ihn der Anfangsverdacht ergab, dass ich die „Zweitwohnungssteuer“ nach dem Kommunalsteuerabgabengesetz nicht entrichtet habe. Ich konnte den Anfangsverdacht leicht widerlegen, da ich keine Zweitwohnung hatte: Wir waren nämlich schon am 6. Juni 2003 in die Heimat meiner Frau umgezogen, um die Einschulung unserer Tochter in ein Stiftsgymnasium zum 1. September 2003 sicherzustellen. Bis zu unserem Umzug hatte sie eine Privatschule am Heiligen See in Potsdam besucht, weil sie in der Grundschule in Potsdam-Eiche von Mitschülern und dem alten System verbundenen Lehrerinnen „als Kind eines Westrichters“ unzumutbar gemobbt worden war.

Wir waren auch deshalb anonymisiert ins Rothaargebirge zurückgekehrt, weil die Zuschriften und das Drohpotential verurteilter Osteuropäer und der Neo-Nazis zugenommen hatte und ich - einen Personenschutz hatte ich abgelehnt - meine Familie in Sicherheit wähnen wollte. Staatsanwalt Woitkowiak und sein eifriger Hilfsbeamter

Kriminalkommissar Ramelow hätten im Übrigen „leicht" erfahren können, dass ich nach unserem Umzug in einer Pension in Bornstadt wohnte.

Mit meinem Schreiben vom 28. Juni 2004 an den Leitenden Oberstaatsanwalt machte ich meinem Ärger Luft. Ich wies ihn auf die brandbeschleunigende Rolle eines unwürdigen Rechtsanwalts hin und bat, ihm Akteneinsicht in meinen Ermittlungsvorgang zu verweigern. Für die Bitte, Rechtsanwalt Baumgart in Zukunft Einsicht zu verweigern, gab es Veranlassung: Er war nicht nur Prozessbevollmächtigter des mich belastenden "Trio Infernale", sondern wegen diverser Strafanzeigen „in meiner Angelegenheit" auch Beschuldigter.

So wurde ihm nach Akteneinsicht zum Beispiel inzwischen bekannt, dass ich nach Vorlage meiner Abrechnungen mit der Deutschen Telekom nie ein Vereinshandy besaß. Er änderte deshalb seine Attacke wie folgt: In einer der zivilrechtlichen Auseinandersetzungen „Bläsing gegen Bockhold" behauptete er nunmehr vorsätzlich falsch, „Dr. Przybilla habe sich seine Handyrechnungen durch den Verein bezahlen lassen" und stellte damit meine Glaubwürdigkeit als Zeuge in Frage.

Dem Antwortschreiben des OStA war die überflüssige Entschuldigung zu entnehmen, „urlaubsbedingt erst jetzt Stellung nehmen zu können". Im Übrigen war es der hilflose Versuch, meinem Hinweis auf einen mangels konkreter Anhaltspunkte ungerechtfertigten Anfangsverdacht zu begegnen. Selbst ein juristischer Laie hätte das mich diskriminierende Schreiben eines psychisch Auffälligen nicht als Strafanzeige ausgelegt.

Erst mein „Hilferuf" an Generalstaatsanwalt Dr. Rautenberg führte zur Ablösung des gegen mich ermittelnden Staatsanwalts Woitkowiak durch den Abteilungsleiter:

> Sehr geehrter Herr Rautenberg,
>
> ich erlaube mir, Ihnen einige Schriftstücke in Kopie zu übersenden, welche inzwischen Bestandteil eines Ermittlungsverfahrens gegen mich sind (Aktenz.: 466 Js 44435/03).
>
> Ich bin überzeugt, dass Rechtsanwalt Jörg Baumgart bei dieser Diffamierungskampagne gegen mich Regie führt; seine früheren Genossen Bockhold, Rump und Gebert liefern lediglich die – zur Ablenkung von eigenem Unrecht – falsche Informationen. Dieser Rechtsanwalt, der nach meinen Informationen nach der Wende als Treuhänder sehr reich geworden und „für jede Schweinerei gut ist", hat inzwischen jeden Respekt mir gegenüber verloren und drohte mir mit öffentlich wirksamen Maßnahmen", wenn ich nicht tue, was er von mir verlangt.
>
> Ich habe zu den Anschuldigungen der Anzeigenerstatter, welche mich als Vorsitzenden der Jugendkammer des Landgerichts sehr belasten, am 21. Juni 2004 im LKA Brandenburg umfassend Stellung genommen und anhand eines Fragenkatalogs zu Händen des leitenden Oberstaatsanwalts, wie aus der Anlage ersichtlich, geäußert. Ich habe mich zu dem Schreiben an Herrn Junker entschlossen, weil ich nicht hinnehmen möchte, dass mich der in dieser Sache ermittelnde Staatanwaltschaft Woitkowiak zum Steuersünder degradiert, gegen mich unter anderem wegen Verstoßes gegen das Brandenburgische Meldegesetz ermittelt und keine Anstrengungen unternimmt, zu meiner Entlastung den für den kriminellen Hintergrund und die Persönlichkeitsstruktur des Anzeigeerstatters

sehr wichtigen Zeugen Oldenburg zu vernehmen. Dieser kann den Vortrag des Geschäftsführers des Vereins „Neue Sozialarbeit", Herrn Bläsing, bestätigen und mich entlasten.

Im Übrigen wünsche ich mir, dass Herr Staatanwalt Woitkowiak mit mir und den jeder Grundlage entbehrenden Anschuldigungen sensibler umgeht; ich lege Ihnen gegenüber Wert auf die Feststellung, dass ich mir noch nie etwas habe zu Schulden kommen lassen und die an mich gezahlte Vergütung von den Mitarbeitern der Sozialen Dienste R. und G. beschlossen wurde. Die Unkostenpauschale ist nicht aus Fördergeldern bezahlt worden, sondern war vom Verein „Neue Sozialarbeit" erwirtschaftetes Geld, welches im Rahmen geringfügiger Tätigkeit auf „Heller und Pfennig" besteuert worden ist, Letzteres habe ich mir heute zum wiederholten Mal von der Verwaltung der Ergokonzept AG bestätigen lassen.

Mit freundlichem Gruß

Da die dem LKA zu meiner Entlastung übergebenen Unterlagen „nie zum Ermittlungsvorgang der Staatsanwaltschaft angekommen waren", fertigte ich auf die Bitte des nunmehr beauftragten Oberstaatsanwalts Neukirchner neue Kopien und nach einem Zeitraum von mehr als einem Jahr und drei Monaten „Spießrutenlaufen" geschah das Wunder: Das Verfahren wurde am 24. November 2004 ohne weitere Ermittlungen aufgrund meiner ursprünglichen Einlassung gem. § 170 Abs. 2 StPO eingestellt.

Aber zum Feiern war mir nicht zumute. Die Motivation, weiterhin das enorme Pensum insbesondere an Haftsachen, die unter dem Druck des Beschleunigungsgebots standen, abzuarbeiten und mit einer Staatsanwaltschaft zusammenzuarbeiten, war nicht mehr vorhanden; sie und die Justizverwaltung hatten mich „im Regen stehengelassen".

Hinzu kam, dass sich die Anträge, mich wegen der Besorgnis der Befangenheit als „gesetzlichen Richter" mit der Begründung „das ist doch der, gegen den wegen... ermittelt wird bzw. wurde", abzulehnen, häuften und sich bisher „handzahme" und respektvolle Verteidiger aus der Deckung wagten. Auf im Ton unangemessene Schriftsätze, auf die ich früher nach dem Motto „was stört es die Eiche, wenn sich die S. … ja, Sie wissen schon wer, an ihr schabt" gelassen weggesteckt hatte, reagierte ich nunmehr dünnhäutig und gestresst. Und den schon länger erwogenen Entschluss, Potsdam zu verlassen und mich vorzeitig pensionieren zu lassen, realisierte ich zeitnah.

Presserechtliche Genugtuung

Nach der Einstellung des Ermittlungsverfahrens beauftragte ich Rechtsanwalt Eisenberg aus Berlin, wegen des meine Persönlichkeitsrechte verletzenden Artikels vom 6. August 2004 die dafür Verantwortlichen, die Märkische Verlags- und Druckgesellschaft mbH und den Journalisten Volker Oelschläger auf Schadensersatz in Anspruch zu nehmen. Zu ihnen gehörte zu dieser Zeit auch der Herausgeber der Tageszeitung Dr. Alexander Gauland, der später als Abgeordneter der Partei „Alternative für Deutschland" (AfD) im Bundestag die Zeit der NS-Herrschaft als „Fliegenschiss" in der deutschen Geschichte bezeichnete.

Mit der am 13. April 2005 erhobenen Klage beantragte Rechtsanwalt Eisenberg, die Beklagten als Gesamtschuldner zu verurteilen, an mich wegen der Veröffentlichung in der Tageszeitung *Märkische Allgemeine* vom 6. August 2004 auf der Titelseite unter der Überschrift „Ermittlung gegen Richter" und auf S. 13 unter der Überschrift „Untreueverdacht gegen Richter – Staatsanwalt ermittelt" erlittenen Persönlichkeitsrechtsverletzungen ein Schmerzensgeld in vom Gericht festzusetzender Höhe zu zahlen und mich wegen meiner presserechtlichen Inanspruchnahme des Rechtsanwalts von ihm geschuldeten Anwaltskosten freizustellen, die Klage hatte Erfolg.

Die 27. Zivilkammer unter dem Vorsitz von Richter Mauk begründete im Urteil vom 25. August 2005, warum die mit der Klage angegriffene Berichterstattung der Beklagten mein Persönlichkeitsrecht „schwerwiegend" verletzt habe und deshalb die dafür Verantwortlichen zum Schadensersatz verpflichtet seien.

Aber die in der mündlichen Verhandlung an die Beklagten gerichtete Schlussbemerkung des Vorsitzenden „Sie müssen begreifen, da Sie den Kläger als Richter verbrannt haben" war für mich wichtiger als die Genugtuung eines fünfstelliges Schmerzensgeldes und die Freistellung von Rechtsverfolgungskosten: Es war die Bestätigung, dass die Entscheidung, meine richterliche Tätigkeit in Brandenburg beendet zu haben, die Richtige war.

Die Justizministerin entließ mich mit Vollendung meines 63. Lebensjahres mit dem Recht auf den Titel eines „Vorsitzenden Richter am Landgericht a.D." und der Anmerkung „Sie haben sich um das Land Brandenburg verdient gemacht" in den vorzeitigen Ruhestand.

Über das vorzeitiges Ende meiner beruflichen Tätigkeit in Brandenburg zu berichten war mit Schmerzen verbunden; es ist geprägt von Respektlosigkeit und Unmoral.

Die Wertschätzung – ein vergiftetes Kompliment

Sie gehörte nicht zur Erwartungshaltung der mir bekannten Strafrichter und ist dem bereits erwähnten Gründungspräsidenten des OLG Brandenburg mir gegenüber misslungen: Dr. Macke wurde mir in einer Verhandlungspause in der Gerichtskantine vom Präsidenten des LG Wend vorgestellt. Er sprach mich auf ein von der Presse beobachtetes Verfahren an und merkte an, dass Ihm die für meine Tätigkeit erforderliche Persönlichkeitsstruktur imponiere und veranlasste mich damit zu einer spontanen und ergänzenden Erwiderung:

> Die Einschätzung der Justizverwaltung, dass man als Zivilrichter ein guter Jurist und als Strafrichter eine Persönlichkeit sein sollte, ist mir bekannt, ich kann Sie beruhigen: Die am hiesigen Landgericht beschäftigten Strafrichter sind durchweg auch gute Juristen.

1997 verweigerte er mir die Bestätigung der bestmöglichen Beurteilung durch den Präsidenten des Landgerichts, „für eine Beförderung zum Vorsitzenden Richter am OLG *hervorragend* geeignet zu sein. Obwohl Art. 33 Abs.2 GG festgeschrieben hat, dass bei der „Bestenauslese" Eignung, Befähigung und fachliche Leistung der alleinige Maßstab sind, steht dem zuständigen OLG- Präsidenten ab der Besoldungsstufe 3 – immer noch, ab 29. April 2023 aber nicht mehr durch Verwaltungsvorschrift, sondern durch Verordnung geregelt – das Recht der „Überbeurteilung" zu. Sie soll bei der Bewerbung auf „gehobene" Posten sicherstellen, dass eine Beurteilung durch den unmittelbaren Vorgesetzten, den Präsidenten des LG, im Sinne der Vergleichbarkeit der Bewerber, abgeändert werden kann. Es ist aber in Richterkreisen allgemein bekannt, dass OLG-Präsidenten ihren eigenen Sprengel, insbesondere fleißige und angepasste Personalrichter, im Rahmen ihres Ermessensspielraums bevorzugen, und Bewerber aus anderen Gerichtsbezirken leer ausgehen. Sie empfinden dies mitunter als ungerecht und erheben Konkurrentenklagen, bei denen im Einzelfall moralische Standards unterschritten werden.

Ich habe mich gegen die angemaßte Fremdeinschätzung des OLG-Präsidenten um meiner selbst willen und im Interesse meiner Kollegen auf dem Dienstweg gewehrt; einem Konkurrentenstreit zu führen, hatte ich schon wegen meines fortgeschrittenen Alters nie im Sinn. Aber ich war wütend, dass er mir mit einer angemaßten Überbeurteilung die bestmögliche Beurteilung verweigert hatte und trug in meiner Replik aus gutem Grund ziemlich „dick" auf; in einem Vorgespräch wollte er mich wegen „meiner einseitigen Prägung als Strafrichter" mit einer Empfehlung zum Bundesrichter des 5. Strafsenats des BGH von einer Bewerbung zum OLG abhalten:

> Sehr geehrter Herr Präsident,
>
> der mir anlässlich unseres Gesprächs am Mittwoch, dem 24. Mai 1997 übergebenen und in Anwesenheit des Vizepräsidenten erörterten Überbewertung trete ich hiermit energisch entgegen, soweit meine Leistung als Vorsitzender der Jugendkammer berührt ist; ich

werde um die Bestätigung der Beurteilung des Präsidenten des Landgerichts Potsdam mit allen Mitteln, die mir das Gesetz mir zur Verfügung stellt, kämpfen, da mich die von Ihnen angeführten Gründe, die zugegebenermaßen in angenehmer Weise vorgetragen worden sind, nicht überzeugt haben. Es sind dies Gründe formalistischer Natur, die dem Einzelfall in keiner Weise gerecht werden und m.E. einer verwaltungsrechtlichen Kontrolle nicht standhalten werden.

Erfreulich an Ihrer Überbeurteilung ist lediglich, dass sie den Einzelfeststellungen des Präsidenten des Landgerichts nicht entgegengetreten sind, aber wie konnten Sie auch?

Das seit 1992 erledigte große Pensum, die Vielzahl umfangreicher Strafverfahren mit großer Auswirkung, die hohe Akzeptanz bei Mitarbeitern, beim Revisionsgericht und bei den Medien ist dokumentiert; die diesbezüglichen Unterlagen standen dem Präsidenten des Landgerichts lückenlos zur Verfügung. Er hat – nicht aus Gefälligkeit, sondern aus der überaus erfolgreichen Arbeit der Kammer unter meinem Vorsitz – den einzig möglichen Schluss gezogen und meine Leistung mit „hervorragend“ beurteilt.

Ich bitte in diesem Zusammenhang zu bedenken, dass die Brandenburgische Justiz mir diese außerordentlich schwierige Aufgabe 1992 übertragen hat, wohlwissend, dass ich als früherer Amtsrichter an einem Oberlandesgericht nicht erprobt worden bin; ich habe mir die Erprobung selbst auferlegt und für den Erfolg sehr hart gearbeitet. Denn nicht nur nach seinem Selbstverständnis muss der Vorsitzende einer Jugendkammer, welche nicht umsonst mit der höchsten Eröffnungskompetenz nach den GVG ausgestattet ist, ein hervorragender Jurist sein, ist sie doch neben den Besonderheiten des JGG auch mit dem Schuld- bzw. Erwachsenenstrafrecht und den Berufungen gegen Urteile der Amtsgerichte-Jugendgerichte, außerdem mit einigungsbedingtem sog. SED-Unrecht befasst. Dass die bisher unter meinem Vorsitz verhandelten 11 Mauerschützenverfahren mit Rechtskraft bestätigt worden sind, rechne ich nicht nur der hervorragenden Arbeit der Kammer, sondern meinem persönlichen Engagement in diesen Verfahren u.a. gegen Posten und Postenführer der früheren Grenzregimes zu.

Vom hohen Standard der Arbeit der Jugendschutzkammer und dem in diesem Zusammenhang praktizierten Opferschutz profitierten die für Jugendschutz zuständigen Amtsrichter und die Staatsanwaltschaft gleichermaßen.

Dieses Ziel, als Vorsitzender eines Jugendsenats und späteren Jugendkammer – meinem Selbstverständnis entsprechend – außergewöhnlich gute Arbeit zu leisten, hatte ich 1992 vor Augen; dass ich dieses Ziel erreicht habe, haben mir nicht nur der Präsident des Landgerichts, sondern auch immer wieder der 5. Senat des BGH bestätigt. Hervorragende Kenntnisse des Verfahrens- bzw. Revisionsrechts und eine konstante, vorhersehbare und richtungsweisende Rechtsprechung unter besonderer Berücksichtigung der Grundsätze eines fairen Verfahrens haben die erfolgreiche Arbeit sichergestellt. Darüber, dass auch ein „im Wesentlichen tatrichterlich geprägter Richter ein hervorragender Richter sein kann, möchte ich daher nicht mit Ihnen streiten.

Wenn Sie, sehr geehrter Herr Präsident, Ihren „Überblick über das landesweite Notengefüge und das Interesse der Vergleichbarkeit der für die Vergabe von Beförderungsämtern heranzuziehenden Beurteilungen“ zitieren, so bedarf dies für die junge Brandenburgische Justiz sicherlich exakter Darlegung: Ich habe in diesem Zusammenhang mit Interesse den juristischen Werdegang von mir sehr geschätzter Kollegen (die z.T. wie ich bis zu ihrer

Abordnung im Jahre 1991 als Amtsrichter tätig waren) verfolgt. Diese beförderten Kollegen sind „im Wesentlichen durch Verwaltungs- bzw. Aufbauarbeit im Ministerium geprägt".

Dass ich vorwiegend in Strafsachen erfahren bin, ist im Übrigen nicht richtig: Als amtierender Direktor des Kreisgerichts Pritzwald habe ich 1991 unter sehr schwierigen Bedingungen auch Verwaltungsaufgaben wahrgenommen.

Lassen Sie mich anschließend darauf hinweisen, dass seit der letzten Beurteilung im Jahre 1992 fünf ereignisreiche Jahre vergangen sind.

Mit vorzüglicher Hochachtung

Dass ich das Beförderungsamt eines Vorsitzender Richters am LG nach der Anmerkung des für die Überbeurteilung zuständigen OLG-Präsidenten Dr. Macke einer Mangelsituation zu verdanken hatte, obwohl auch er nach der Wende aufgrund genau dieser Situation Gründungspräsident geworden ist, war irritierend: Nach 1991 war die Justiz in Brandenburg eine einzige Mangelsituation und er war ein Teil davon. Die mich betreffende Abwertung aus justizpolitischen Gründen habe ich als Makel empfunden, aber auch als Motivation, ihm zu widersprechen und ihn zu bitten, jüngere und außerhalb seines Umfelds agierende und kritische Richter in Zukunft nicht zu demotivieren.

Im Übrigen hatte ich mein Ziel erreicht: Mir wurde berichtet, dass ihm mein Widerspruch nicht gefallen hat.

Mein Exil

Anzeichen eines Burn-out-Syndroms waren bald unverkennbar: Ich wurde dünnheutig, ungeduldig und streitsüchtig und ich fing an, mehr als ein Glas Rotwein zu trinken. Und ich begann, wie in „jungen Jahren“, wieder zu malen. Damit bestätigte sich eine von älteren Kollegen berichtete Erfahrung: Je mehr ein Strafrichter ins Zentrum öffentlichen Interesses gerät, desto mehr zieht er sich in ein Exil zurück.

Ende März 2001 überraschte mich der Gerichtsreporter Wolfgang Paukert von der Berliner Morgenpost bei der Vorbereitung einer am 1. April beginnenden Ausstellung im Hauptgebäude des Krankenhauses Neukölln. In seinem Artikel „Früh Richter, abends Maler“ nahm er Bezug auf den am 2. April terminierten „Bunkermordprozess“ und beschrieb zutreffend die Gefühlslage eines zwischen Elend und Muse eines mit Mord, Totschlag und sexuellen Missbrauch von Kindern befassten Strafrichters.

Ich hatte als Student auf Reisen nach Capri, an den Golf von Salerno und nach Sizilien angefangen zu zeichnen, Farbenlehre zu studieren und französische Impressionisten zu kopieren. Potsdams Park -und Seenlandschaft, Gärten und die Glienicker Brücke, die nach dem Mauerbau Symbol der Trennung zwischen Ost und West und Ort für den Agentenaustausch wurde, waren nun meine bevorzugten Motive, aus denen Ölbilder wurden, die ich nach einer erfolgreichen Ausstellung im Klinikum Neukölln auch im geschichtsträchtigen Cäcilienhof in Potsdam ausstellen durfte und damit sogar das Interesse der Justizverwaltung weckte.

Anmerkungen zur richterlichen Unabhängigkeit

Was Andere über mich dachten, war mir immer ziemlich egal, und wie Strafverteidiger unter anderem aus Potsdam und Berlin mich eingeschätzt haben, erfuhr ich erst nach meiner Pensionierung: Ein Gerichtsreporter der *Süddeutschen Zeitung* war im Zusammenhang mit einem Wiederaufnahmeverfahren am Landgericht Frankfurt/O-der über meinen Namen „gestolpert" und bat um ein Interview; zum Fragekatalog gehörte meine richterliche Unabhängigkeit und dass mich Strafverteidiger nach der Entscheidung des BGH im Fall Sachsenhausen im Gerichtssaal als „Wolf im Schafspelz" erlebt hätten. Die Einschätzung gefiel mir, aber nicht, dass die aus meiner Sicht falsche Entscheidung des 5. Senats angeblich meine Judikatur und richterliche Unabhängigkeit beeinflusst habe.

Und als mein ältester Freund mich aufforderte,

> endlich erwachsen zu werden, nicht mehr infantil nur um mich selbst zu kreisen und nicht immer nur tief zu stapeln, sondern meiner Umwelt zu ermöglichen, mich auf Augenhöhe wahrzunehmen, weil ich allen Grund hätte, voller Stolz auf das zurückzublicken, was aus mir geworden sei,

habe ich ihm die Freundschaft nicht aufgekündigt, sondern über mich nachgedacht:

Mir war es vergönnt, einen Beruf auszuüben, ohne als Kind „den Marschallstab im Tornister" gehabt zu haben. Es war ein Beruf, der mich nach Art. 97 GG geschützt hat. Dass richterliche Unabhängigkeit kein Privileg, sondern justizielle Verpflichtung ist, musste ich lernen. Sie schließt ein, dass jeder Angeklagte unabhängig von „Rasse und Geschlecht" vor Vorverurteilung und gesetzlicher Willkür geschützt werden muss und bis zu seiner rechtskräftigen Verurteilung als unschuldig zu behandeln ist. Und sie verleiht Macht, mit der ein Richter verantwortungsbewusst umzugehen hat: Er ist kein „fehlerfreier Auserwählter", sondern Schutzpatron der Rechtsordnung. Darüber, dass es Richter gibt, die ihre Macht missbrauchen und ihre Unabhängigkeit wie eine Monstranz vor sich hertragen, muss man nicht streiten. Mich quält vielmehr die Frage, wie ich mit ihr umgegangen und ob ich mir selbst gerecht geworden bin, ohne im Schutz einer Richterrobe selbstgerecht gewesen zu sein.

Im Gerichtssaal orchestriert ein Strafrichter unter strenger Aufsicht der Öffentlichkeit und der Prozessbeteiligten nicht nur eine Hauptverhandlung, sondern möchte auch als unabhängig und souverän wahrgenommen werden. Sein Amt verleiht ihm die Macht, über Schuld und Unschuld und über das Maß der persönlichen Schuld eines angeklagten Menschen zu entscheiden. Prozessbeteiligte – Staatsanwälte, Strafverteidiger und Nebenkläger – und die Öffentlichkeit haben ein besonderes Gespür, ob ein Richter über das normale narzisstische Bedürfnis hinaus Macht missbraucht und sich damit als gesetzlicher Richter in Frage stellt. Das ihm verliehene Amt darf ihn nicht dazu verführen, sozialisationsbedingte Ohnmachtserfahrungen im Gerichtssaal auszuleben. Und im Gerichtssaal ist Vertrauen (aber nicht der vertraute Umgang mit Prozessbeteiligten) und Wissen Macht. Die Mahnung des in der Weimarer Zeit berühmten Berliner Strafverteidigers Dr. Max Alsberg an die Strafrichter,

> Sie erwarten nach Aktenlage ein Monster und sind überrascht, dass auf der Anklagebank ein Mensch Platz nimmt

ist auch die Aufforderung, Angeklagte nicht unter dem Vorwand der Wahrheitsfindung abzuwerten, weil Abwertung des Täters als Aufwertung eines selbstgerechten Strafrichters interpretiert werden könnte. Und auch darüber, dass Selbstgerechtigkeit im Gerichtssaal nichts zu suchen hat, sollte man nicht streiten.

Im Übrigen sind Strafrichter, die gelassen zuhören können, ihre prozessualen Grenzen kennen und nicht vor dem Revisionsgericht „einknicken", auch in der Lage, „wild gewordene Verteidiger", die für das Podium und ihre Honorarvereinbarung, aber gegen die Interessen ihrer Mandanten verteidigen, zu zähmen. Inzwischen weiß ich, wie gefährlich es für Menschen sein kann, wenn ein Strafgericht im Zwischenverfahren eine Anklage zulässt und damit die Verantwortung für den Angeklagten und den Umgang mit den von der Staatsanwaltschaft übergebenen Ermittlungsakten übernimmt. Nicht selten, sondern eher häufig sind sie das Ergebnis übereifriger Ermittler, die als Hilfsbeamte der Staatsanwaltschaft das Ende der Ermittlungen anstreben.

Mit der Zulassung der Anklage aufgrund eines „hinreichenden" Tatverdachts strapazieren Strafrichter bereits unbewusst ihre Unabhängigkeit, weil damit die Erwartung prognostiziert wird, dass eine Verurteilung „wahrscheinlich" ist. Wenn die Beweisaufnahme diese „Wahrscheinlichkeit" nicht bestätigt, besteht die Gefahr, dass sich selbstgerechte Strafrichter, insbesondere in Strafsachen mit medialer Aufmerksamkeit, regelwidrig auf die Suche nach Gerechtigkeit und der „wirklichen" Wahrheit begeben und damit sich und die Strafjustiz beschädigen. Und so werden „im Namen des Volkes" verkündete Urteile in Einzelfällen, wie z.B. in der tragischen Causa des Biologielehrers Arnhold, der von einer verhaltensauffälligen Kollegin vorsätzlich falsch einer Vergewaltigung beschuldigt wurde, als „Urteile im Namen des erstaunten Volkes" wahrgenommen, weil sich im Wideraufnahmeverfahren herausstellt, dass das Grundurteil auf der Basis eines Glaubhaftigkeitsgutachtens und eines auf das Opfer fixierten Gerichts, das Papier nicht wert war, auf dem es geschrieben wurde. Den Vorwurf, mit dem Angeklagten nicht verantwortungsbewusst umgegangen zu sein, müssen sich insbesondere diejenigen Strafrichter gefallen lassen, die sich sachverständig beraten lassen, obwohl z.B. die den Angeklagten belastende Aussage des Opfers in einer Verfahrenssituation „Aussage gegen Aussage" das Normative menschlichen Vorstellungsvermögens übersteigt und sich schon aufgrund der Entstehungsgeschichte der Aussage Zweifel aufdrängen. Sie weichen zur eigenen Entlastung von ihrer in § 244 der Strafprozessordnung festgeschriebenen „originären Pflicht", die

Glaubwürdigkeit eines Zeugen in eigener Sachkunde zu beurteilen, ab. Und sie folgen mangels eigener Sachkunde unkritisch dem Votum des Sachverständigen und beachten nicht, dass er lediglich „Gehilfe" des Gerichts ist und nicht beauftragt, eine Lücke in der Beweisführung, für die das Gericht zuständig ist, zu schließen. Früher waren sich erfahrene Strafrichter ihrer originären Pflicht bewusst, die Glaubwürdigkeit von Zeugen aufgrund eigener Sachkunde zu beurteilen und nur „ausnahmsweise" einen psychologische bzw. psychiatrischen Sachverständigen zu beauftragen. Nachdem sich in Jugendschutzsachen die einfältige Methode, mit Hilfe „anatomisch korrekter Puppen" und Kinderzeichnungen Phallussymbole zu entdecken und damit die Wahrheit über sexuellen Missbrauch von Kinder zu erkennen, immer häufiger als Falschbegutachtung „egomaner" Sozialpädagogen und Psychologen herausstellte und von Strafrichtern zunehmend abgelehnt wurde, sorgte der BGH 1999 endlich für Mindeststandards der Glaubhaftigkeitsbegutachtung. Aber mit der Entscheidung des BGH vom 30. Juli 1999 (BGH 1 StR 618/98) wurde die Ausnahme immer häufiger zur Regel:

Das LG Arnsberg hatte den Adoptivvater auf der Grundlage einer aussagepsychologischen Begutachtung, die „nicht dem Stand der Wissenschaft" entsprach, wegen sexuellen Missbrauchs seiner 14-jährigen Tochter zu einer Gesamtstrafe von sechs Jahren und sechs Monaten verurteilt und den Beweisantrag, ein weiters, dem wissenschaftlichen Standard entsprechendes psychologisches Sachverständigengutachtens einzuholen, abgelehnt. Die diesbezügliche Verfahrensrüge hatte Erfolg. Der 1. Senat des BGH stellte klar, dass Gegenstand einer aussagepsychologischen Begutachtung nicht die „allgemeine Glaubwürdigkeit" im Sinne einer personalen Eigenschaft ist, sondern die auf das Tatgeschehen bezogene „spezielle Aussage", und nahm damit Bezug auf ein vom BGH beauftragtes Gutachten der Professoren Dr. phil. Fiedler und Steiler; er beendete damit den unwürdigen und oft kindliche Tatopfer belastenden Vortrag unsensibler Strafverteidiger nach dem Motto „Wer einmal lügt, dem glaubt man nicht, auch wenn er jetzt die Wahrheit spricht" und etablierte die sogenannte Nullhypothese zum methodischem Grundprinzip der Glaubwürdigkeitsbegutachtung: Der Sachverständige negiert die belastende Aussage so lange, bis diese Negation mit anhand weiterer Hypothesen gesammelten Fakten nicht mehr vereinbar ist. Mit einem „vorbereitenden Gutachten" unter dem Vorbehalt der Beweisaufnahme und der Vernehmung des i.d.R. prominenten und hochdotierten Verfassers ist lediglich die Glaubwürdigkeit des Opfers wahrscheinlich, so dass in der gerichtlichen Beweisaufnahme auch deshalb Vorsicht geboten ist, weil psychisch belastete und persönlichkeitsgestörte Zeugen sehr wohl in der Lage sind, Gutachter und auf Opfer fixierte Gerichte zu täuschen, und die Dunkelziffer verkündeter Fehlurteile im Bereich der Verfahrenssituation „Aussage gegen Aussage" wahrscheinlich höher ist, als vermutet.

Dass diese Urteile mitunter rechtskräftig werden, ist unter anderem dem Umstand geschuldet, dass es nach einer Verurteilung durch eine Strafkammer eines Landgerichts keine zweite Tatsacheninstanz gibt und das Revisionsgericht lediglich überprüft, ob das Urteil rechtsfehlerfrei und fristgerecht zu den Akten gelangt ist. Die stereotype Urteilsbegründung: „Zur Überzeugung des Gerichts steht fest, dass ..." nimmt Bezug auf die im Einzelfall fehlerhafte Beweiswürdigung und wird vom Revisionsgericht nur überprüft, wenn die Überzeugung z.B. auf einer Vermutung beruht. Eine BGH-Entscheidung ist daher nie ein Attest für ein dem wirklichen Tatgeschehen entsprechendes und gerechtes Urteil. Der Psychologe und frühere Lehrstuhlinhaber an der Charité Max Steller hat in seinem Buch „Nichts als die Wahrheit – Warum jeder verurteilt werden kann" die deutsche Justiz eindrucksvoll wegen der Verurteilung Unschuldiger angeklagt und im Wormser Massenmissbrauchsfall dafür gesorgt, dass als „Kinderschänder" Vorverurteilte freigesprochen wurden – und mit einem Kollegen auch dafür, dass mit inhaltlichen Qualitätsmerkmalen von Aussagen, sogenannten Realkennzeichen, deren Wahrheitsgehalt geprüft werden kann. Aber dass Gutachter wie er inzwischen als unfehlbare Doyens ihres Faches „gehandelt" werden, macht mir Angst. Lassen Sie mich daher anhand eines Strafprozesses mein Misstrauen gegenüber einer inzwischen „ausufernden psychologischen Glaubhaftigkeitsbegutachtung" am Beispiel eines Schwurgerichtsverfahrens verdeutlichen, in dem eine Angeklagte nach einer Begutachtung der sie belastenden Zeugin, die ihre Nichte war, „am Abgrund stand" und nur die Aufmerksamkeit des inzwischen leider verstorbenen Vorsitzenden der 5. Großen Strafkammer des Landgerichts Oldenburg Dr. Reuter verhinderte, dass sie nach der Beweisaufnahme „einen Schritt weiter" war:

Am 20. August 1981 wurde der am 12. September 1976 geborene Markus Kern in Oldenburg „in Höhe des Hauses Bahnhofstraße 340 auf dem Bahndamm eines Rangiergleises im Gestrüpp erdrosselt aufgefunden. Das Tatmittel – eine Damenstrumpfhose – war noch um den Hals des Jungen verknotet". 26 Jahre später wurde die Angeklagte von ihrer Nichte belastet, am 19. August 1981 „auf dem Schotterweg, der in Höhe des Hauses Bahnhofstraße 340 auf den Bahndamm führte, ihren aus einer früheren Beziehung stammenden und schwierigen 5-jährigen Sohn Markus mit einer Damenstrumpfhose erdrosselt zu haben". Die Tante bestritt den Vorwurf, und das Ermittlungsverfahren wurde eingestellt, weil der Gerichtsmediziner wegen der bei der Leichenschau unterlassenen Temperaturmessung den Todeszeitpunkt falsch berechnet und die Beschuldigte zu diesem Zeitpunkt ein Alibi hatte. Nach einer Neuberechnung des Todeszeitpunktes wurde sie angeklagt, ihren Sohn ermordet zu haben und befand sich zur Sicherung des Strafverfahrens vom 9. Juli bis zum 9. November 2007 in Untersuchungshaft. Da die Verteidigerin nach der zugelassenen Anklage auf die psychischen Auffälligkeiten der zum Tatzeitpunkt 9-jährigen Belastungszeugin hingewiesen hatte, ließ sich die Strafkammer mit Hilfe eines Glaubhaftigkeitsgutachten vom Psychologen Prof. Max Steller beraten. Nach Aktenstudium und Exploration der

Zeugin hat er nach der – von ihm und von Prof. Köhnken in die forensische Prüfung der Glaubwürdigkeit eingeführten und inzwischen standardisierten – Null-Hypothese, der Annahme, dass das Gesagte unrichtig ist, ihre Angaben aufgrund ihrer Aussagequalität als „erlebnisbasiert“ eingeschätzt. Dass sich die Zeugin anlässlich einer Ortsbesichtigung nach 26 Jahren „ungefragt“ an einen Jungen mit kurzem Haar erinnern konnte, der gegenüber der Einmündung des Schotterwegs gestanden haben soll und ein Zeuge in der Hauptverhandlung bestätigte, dass er sich an eine Frau erinnern könne, die „an jenem Tag um die Mittagszeit mit ihrem Kind auf dem Gepäckträger auf dem Bahndamm gefahren sei, strapazierte zwar die Vorstellungskraft aufgeklärter und unbeteiligter Menschen, war für den aussagepsychologischen Sachverständigen jedoch ein sog. Realkennzeichen, ein Positivmerkmal für die Glaubwürdigkeit der Zeugin. Hinzukam, dass das Umfeld der Zeugin, insbesondere ihre Mutter „von Anfang an“ von der Schuld der Angeklagten überzeugt war, was ihr nicht entgangen sein konnte, weil die Mutter immer wieder „offen“ davon gesprochen hatte. Gleichwohl hatte Prof. Steller eine Wahrscheinlichkeitsprognose aktenkundig gemacht und der Strafkammer „zur weiteren Veranlassung“ die Verantwortung für ihre Entscheidung überlassen, ob die Angeklagte nach der Beweisaufnahme zu ihrer Überzeugung schuldig oder, zweifelnd, unschuldig sei. Den Urteilsfeststellungen ist zu entnehmen, dass sich die Belastungszeugin zunehmend in Widersprüche verwickelt hatte, aber stets in der Lage war, ihre Aussage „nachzubessern.“ Im Zentrum ihrer belastenden Aussage stand unter anderem, dass die Tante nach einem gemeinsamen Einkauf „plötzlich“ mit Markus auf dem Kindersitz auf dem Fahrrad weggefahren sei. Weil sie nicht mitdurfte, sei sie den beiden auf ihrem Kinderfahrrad in Richtung Kreyenzentrum gefolgt. Dort habe sie, während die Tante um das Zentrum herumgefahren sei, eine Abkürzung gewählt und sei mit dem Fahrrad direkt durch die sich öffnenden Glastüren gefahren. Deswegen habe ein Mann mit ihr geschimpft. Die Tante sei dann den Schotterweg ein Stück hochgefahren und dann abgestiegen. Hinter einem Gebüsch versteckt, habe sie beobachtet, dass sie Markus aus dem Kindersitz geholt und geschlagen habe. Jedenfalls habe sie, einen Strumpf oder eine Strumpfhose um Markus Hals gezogen. Es habe so ausgesehen, als wenn dieses von hinten geschehen sei und sie ihn erdrosselt habe, denn die Arme von Markus hätten gezappelt und dann schlaff heruntergehangen. Die Tante habe sie noch vom Tatort wegfahren sehen und ihr später, auch im Keller der Wohnung ihrer Eltern, immer wieder gedroht, das Gesehene nicht preiszugeben.

Da sich die Belastungszeugin in der Hauptverhandlung zunehmend in Widersprüche verwickelte, aber stets in der Lage war, ihre Aussage „nachzubessern“ und auf Nachfrage des Gerichts immer wieder bekundete, bei der Verfolgung der Tante „durch die Glastür des Kreyenzentrum gefahren zu sein“, war die Sternstunde des Vorsitzenden gekommen: Er beauftragte während der laufenden Verhandlung Polizeioberkommissar Kranz mit Nachermittlungen, welche die Wahrscheinlichkeitsprognose des Sachverständigen zur Makulatur verkommen ließ: Das Einkaufszentrum, welches u.a. im Zentrum der Glaubwürdigkeitsbegutachtung stand, gab es nämlich zum Tatzeitpunkt noch nicht; es wurde erst 1983 errichtet. Da inzwischen auch ein Facharzt für Nervenheilkunde eine „emotional instabile Persönlichkeitsstörung des Borderline-Typs" der Zeugin diagnostiziert hatte und Prof. Steller unter den veränderten Vorzeichen auf die Problematik einer sog. Scheinerinnerung hinwies, wurde die Angeklagte am 22. Februar 2008 von der 5. Großen Strafkammer des Landgerichts Oldenburg vom Vorwurfs des Mordes freigesprochen.

Das Verstörende an dieser Strafsache ist, dass die Angeklagte ohne die Nachermittlung wahrscheinlich aufgrund einer fehlerhaften Hypothese eines Sachverständigen verurteilt worden wäre. Sie veranlasst mich, in aller Bescheidenheit darauf hinzuweisen, dass die Begutachtung durch einen renommierten Psychologen kein „Ruhekissen" für einen Strafrichter ist. Denn nach dem in die Hauptverhandlung eingeführten Votum des Sachverständigen, dass die bisherigen und den Angeklagten belastenden Angaben „wahrscheinlich" erlebnisbasiert sind, beginnt der sensibelste und verantwortungsvollste Teil der Beweisaufnahme: Die Wahrscheinlichkeitsprognose muss sich zur Überzeugung des Gerichts in der Beweisaufnahme dahin verdichten, dass das Tatopfer das angeblich Geschehene auch erlebt und erlitten hat. Und die Herausforderung einiger auf das Tatopfer fixierter Strafrichter besteht offensichtlich darin, medialen Druck auszublenden und nach dem Votum eines renommierten Gutachters die Hemmschwelle zu überwinden, ihm weiterhin ein „gesundes Misstrauen" entgegen zu bringen. Sie vernachlässigen damit ihre justizielle Pflicht, weiterhin zu zweifeln. Wie sonst ist zu erklären, dass Beweisanträge der Strafverteidiger mit dem Ziel, die Prognose in Frage zu stellen, erfahrungsgemäß eher restriktiv beschieden werden? Und kann unser Rechtsstaat den Freispruch eines Schuldigen vielleicht nicht besser ertragen als die Verurteilung eines Unschuldigen?

Dass „der Mensch irrt, solange er strebt" betrifft auch Richter, deren Entscheidungen nicht immer rational, sondern mitunter emotional und von Vorurteilen belastet sind. Noch immer treibt mich, der sich in Jugendschutzsachen seiner Verantwortung besonders bewusst war, um, wie eine Familienrichterin am Oberlandesgericht im Staufener Missbrauchsfall im Beschwerdeverfahren – ohne Anhörung eines Kindes und damit rechtswidrig – eine Sorgerechtsentscheidung treffen konnte, mit der sie das Kind der dependenten Mutter und ihrem pädokriminellen Partner mit der banalen Begründung, „sie habe sich nicht vorstellen können, dass Mütter dazu fähig seien", auslieferte. Wie kann es sein, dass die Wirklichkeit so ausgeblendet wird und in die Judikatur einer obergerichtlichen Familienrichterin einfließt? Dass hörige Mütter den sexuellen Missbrauch ihrer Ehemänner bzw. Lebenspartner unterstützen und sich sogar am Missbrauch ihres eigenen Kindes beteiligen, gehört zu den belastenden Berufserfahrungen einer Jugendschutzkammer und eines erstinstanzlichen Familiengerichts.

Meine Präferenz, als Amtsrichter Jugendstrafsachen zu bearbeiten, war vielleicht kein Zufall, sondern meiner Biografie, insbesondere den in der DDR als Kind und Jugendlicher gemachten und nachhaltigen Grenzerfahrungen geschuldet und analytisch eine Option, gegen sie zu rebellieren. Ich habe als junger Richter unter dem Einfluss der in der Drogenszene gesammelten Erfahrung, dem Einfluss alternativer Justizreformer und dem der blamablen Rolle der „Nachkriegsjustiz " bei der Aufarbeitung nationalsozialistischem Unrechts „hin und wieder" den bequemen, unauffälligen und routinierten Alltag verlassen und bin mit einem veränderten Zeitgeist „gegen den Strom geschwommen".

Es macht mich immer noch sprachlos, dass die Judikatur pervertierten Rechts durch „furchtbare Juristen" bis hinauf zum Reichsgericht nie geahndet und später sogar verschwiegen worden ist. Und ich halte die Strafanzeige der Münsteraner Staatsanwaltschaft gegen mich wegen angeblicher Rechtsbeugung und ihre Diffamierung wegen meines weniger repressiven Ansatzes im Umgang mit Drogenabhängigen immer noch für eine „rechtsmissbräuchliche Frechheit". Dass ich nach 23 Jahren meine amtsrichterliche Unabhängigkeit aufgegeben habe und – ohne „die Ochsentour" in einer Strafkammer und eines sog. dritten Staatsexamens in einem Strafsenat des OLG Hamm als Voraussetzung für ein Beförderungsamt – den Vorsitz eines Schwurgerichts und einer Jugendkammer übernehmen durfte, war der Wiedervereinigung geschuldet und beruflich das Beste, was mir passieren konnte. Meine nach der Urteilsverkündung vorgetragenen Urteilsbegründungen waren das Ergebnis einer geheimen Schlussberatung und für mich als dem Vorsitzenden das angemaßte Privileg, das zu sagen, was mir „am Herzen lag", aber im späteren Urteil nichts zu suchen hatte: Es war die biografisch determinierte Abscheu gegen Intoleranz, Rechtsradikalismus, Rassismus und Fremdenfeindlichkeit. Und dass ich mich „als Westrichter" gegen eine Tageszeitung, ihren einfältigen Journalisten und seine Quelle – einen Narzissten, zwei Bewährungshelfer inklusive ihres unwürdigen Rechtsanwalts – zur Wehr setzen musste, weil mir ein Staatsanwalt die Hilfe, zu der er verpflichtet war, verweigert hatte, war eine schmerzhafte Erfahrung: Es waren Menschen mit „DDR- Vergangenheit", für die nach der Wiedervereinigung in einem nunmehr rechtsstaatlichen System „das Fressen wichtiger war als die Moral",

Ignaz D. Israel mit der Auschwitz-Nr. 31.417

In meinem Ruhestand fiel mir ein Brief wieder in die Hand, den mir der frühere KZ-Insasse Ignatz D. Israel im Zusammenhang mit dem Sachsenhausen-Prozess geschrieben hat. Kurze Zeit nach dem Anschlag auf die „Judenbaracke“ in Sachsenhausen war ein weiterer Brandanschlag auf eine Gedenkstätte erfolgt, die an Verbrechen der Nazis und an die Humanversuche skrupelloser Ärzte erinnert.

Im Oktober und November 1992 verübten ein 17- und 19jähriger Brandanschläge auf die Mahn- und Gedenkstätte Ravensbrück und ein nahegelegenes GUS Wachhäuschen und aktivierten damit die eingetrübte Erinnerung an das, was deutsche Ärzte insbesondere den der „Intelligenz angehörenden“ polnischen Frauen während des Nazi-Regimes angetan haben: Durch den Nürnberger Kriegsverbrecherprozess gegen SS-Ärzte wurden die „zum System der Nazi-Gesundheitsführung“ gehörenden schrecklichen Humanversuche im damaligen Frauen-KZ an polnischen Frauen, die nicht als Geiseln liquidiert worden waren, nur teilweise gesühnt. So wurde der für die Experimentaloperationen und die anschließende Tötung der Frauen durch Phenolinjektionen ins Herz Verantwortliche Leibarzt des Reichsführers Himmler, Prof. Dr. med. Karl Gebhardt, wegen Verbrechen gegen die Menschlichkeit zum Tode verurteilt und 1947 in Landsberg gehenkt, während der Major der Waffen-SS Dr. Fischer, der an der Selektion beteiligt war und die meisten Frauen verstümmelt hat, nach seiner Verurteilung zu lediglich lebenslanger Haft und Verkürzung seiner Haft seinen „Lebensabend“ genießen durfte, obwohl auch seine in der Materialsammlung „Schenk“ dokumentierten Humanversuche die menschliche Vorstellungskraft strapazierten. Die dafür Verantwortlichen waren Ärzte, die sich mit dem „Eid des Hippokrates“ für den Schutz des Lebens entschieden hatten.

Ignatz D. Israel hatte auf eine Pressemitteilung des Kölner Stadtanzeigers reagiert und als Zeitzeuge der Schoa mir den anliegenden Brief übersandt, den ich hier unverändert wiedergebe:

[Betreff:]

-Schindlers Liste; die Wahrheit verharmlost es !!!

-KStA: Das Gericht sieht sich vor einer Mauer des Schweigens 22.Juni 1994

Sehr, sehr von uns verehrter, lieber Herr Richter Klaus Przybilla; Dank !!: herzlichen Dank !!!

Es war viel, viel schlimmer. Gab es Postämter, Sparkassen, Synagogen in Treblinka und Büros für Auswanderer nach Zion, Fassaden nur alles. Die Kontrolleure der Roten Kreuz-Stellen wollen getäuscht werden. Diese Roten Kreuz Leute, auch Unmenschen mit Wissen ohne Bildung schauen nicht hinter leere Spezialgeschäfte für Riemen für Thalmut beten aus Papier. Gab es Rollen der Thora ohne Inhalt. Eingänge für Geschäfte ohne Raum, Wände vorn wie Kulisse in Theater, staubig und ohne Fußabtritt, führen ins Nichts.

Gibt es aber Cafés mit dem „echten“ Sarotti Moor – Rassisten sie alle und echte Pralines in Schaukästen vorn an der Straße.

Das gab es. Gab es das wirklich ? Entsetzlich viele lagen tot. Juden tot nahe Sarotti Moor Geschäft. Dann fiel auf, KZ-Schergen immer gingen vorbei mit abgewandten Gesicht an diesem Geschäft. Sie, Marschier-Schergen, marschierten immer mit Augen rechts oder links vorbei im strammen, gleichen Schritt zu Marschgesang von Jüdinnen-Zwangs-Treblinka-Damengesangchor. Diese, die Pralines, schönlagen die, für überhungerte Juden, waren giftig, so sehr giftig, daß vom nur Ansehen eintrat der sichere Tod sofort für Juden.

Juden, viele, der vielen Arbeit übermüde, gingen ins Cafe. Mendel, wo ist er? Ins Cafe gegangen. Er war verzweifelt und hat Pralines ansehen gegangen, zu sterben, von Ansehen.

Auf der anderen Seite der Straße des Todes, gegenüber Sarotti Moor hing verhaßtes Bild von Gröfatz, Ekel für uns, verehrt von Marschierer ZZ. Zack, Zack, für ss, klein, groß nicht. Das Bild, Ekel für Juden, egal für Rot Kreuz. Dieses Bild von Judenhasser Hitler macht Abwendung für Juden, Hinwendung für ZZ. Dieses Bild von Hitler macht Hinwendung zu Gift , Pralines für uns Juden leicht zu bildschönen Pralines so giftig, daß Tod tritt ein sofort vom Ansehen.

Sollte man machen noch viele Filme. Schindlers Liste verharmlost das. Zeitzeugen wissen besser!

Vielleicht sollte diese Antwort gehängt werden an Büro-Schwarzbrett.

Spät habe ich jetzt zu meinem Judentum zurückgefunden; spät, aber jetzt für immer.

Viele Grüße, bin jetz alt, kann nur sagen: Bitte macht Filme, daß nicht vergessen wird!

Ignatz D Israel.

Schlussbemerkung

In Analogie zu den in der Bibel erwähnten vier apokalyptischen Reitern im 6. Kapitel der Offenbarung des Johannes erlebte ich Krieg, seine gewaltsamen Einwirkungen und Hunger. Auf die Öffnung des 4. Siegels durch das Lamm Gottes, den 4. Reiter, der den unwürdigen Tod durch eine Pandemie verheißt, hätte ich im Übrigen gern verzichtet. Die Vorstellung, dass Art. 1 des Grundgesetzes – „Die Würde des Menschen ist unantastbar" –, den ich mitunter zur Begründung von Schwurgerichtsurteilen zitiert habe, in der Intensivmedizin und vom Ethikrat in Frage gestellt wurde, um Ältere sterben zu lassen, damit Jüngere leben können, überfordert mich.

Als ich die DDR und damit auch meine Mutter verließ, kannte ich Hermann Hesses Inspiration „Und jedem Anfang wohnt ein Zauber inne. Der uns beschützt und der uns hilft zu leben" noch nicht. Er forderte während des 2. Weltkrieges in einer Zeit, in der ich geboren wurde, „Menschen aller Entwicklungsstufen auf, nicht aufzugeben, sondern zu leben". Ich habe beschlossen, in der mir verbleibenden Zeit nicht nur zu leben, sondern meinem Enkelkind und Anderen „über Gott und die Welt", wie ich sie erlebt habe, zu berichten, und darüber, wie aus einem durch Erfahrung gebeutelten Optimisten ein Pessimist geworden ist, aber auch darüber, was mich geprägt hat. Es beflügelt mich, mit der Vorbereitung auf ein würdiges Sterben zu warten und gesund alt zu werden.

Um ein Missverständnis auszuräumen: Ich war nie und bin auch heute alles andere als lebensmüde und möchte in Würde alt werden, aber nicht jung bleiben. Mich als „alten Sack" der Lächerlichkeit preiszugeben und nachzuholen, was ich in jungen Jahren verpasst habe, überlasse ich meinen neurotischen Artgenossen. Ihnen rufe ich „Ein Jegliches hat seine Zeit" zu und räume an dieser Stelle gern ein, dass ich wenig verpasst habe. Neuerdings werde ich mit 81 Jahren den „privilegierten Alten" zugeordnet. Aber ich mag diese Kategorie nicht, weil sie impliziert, dass es auch „nicht privilegierte Alte" gibt und idealiter alle Alten privilegiert sein sollten.

Ein Schlusswort

Was ich auf dem Herzen hatte, habe ich z.T. „unter Schmerzen" gesagt und während einer Pandemie, welche unsere Gesellschaft hoffentlich gerechter und menschlicher machen wird, aufgeschrieben. Wer, wie ich, lediglich hofft und bangt und sich nie sicher ist und nicht „des Menschen Wolf", sondern nur Mensch sein möchte, sollte Antoine de Saint-Exuperys „Der kleinen Prinz" entstauben und vielleicht zum dritten oder vierten Mal lesen:

> Gelangweilt sagt der kleine Prinz zum alten König: „Ich habe hier nichts mehr zu tun, ich werde wieder abreisen". „Reise nicht ab", antwortete der König, der seinen einzigen Untertan nicht verlieren wollte, „ich mache dich zu meinem Justizminister". „Aber es ist doch niemand da, über den man richten könnte", entgegnete der kleine Prinz. „Du wirst über dich selbst richten", antwortete ihm der König, „das ist das Schwerste. Es ist vielleicht schwerer, sich selbst zu verurteilen, als über andere zu richten. Wenn es dir gelingt, über dich selbst gut zu Gericht zu sitzen, dann bist du wirklich ein Weiser".

Rechtsgeschichte und Rechtsgeschehen
hrsg. von Prof. Dr. Dr. Dr. h.c. Thomas Vormbaum (FernUniversität Hagen)

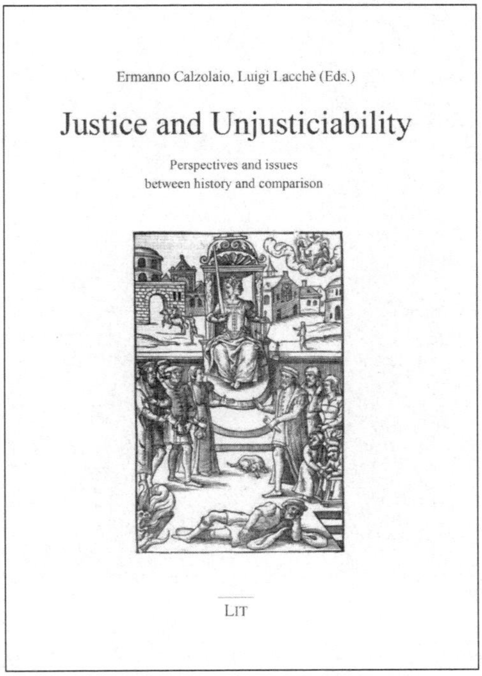

Ermanno Calzolaio; Luigi Lacchè (Eds.)
Justice and Unjusticiability
Perspectives and issues between history and comparison
vol. 22, 2019, 180 pp., 34,90 €, hc., ISBN-CH 978-3-643-91099-8

Ermanno Calzolaio; Pierre Serrand (Eds.)
La contrainte en droit. The constraint in law
Echanges franco-italiens. French-Italian exchanges
vol. 21, 2017, 290 pp., 44,90 €, hc., ISBN-CH 978-3-643-90877-3

Frank L. Schäfer; Mathias Schmoeckel; Thomas Vormbaum (Hrsg.)
Ad fontes!
Werner Schubert zum 75. Geburtstag
Bd. 20, 2015, 170 S., 34,90 €, gb., ISBN 978-3-643-12958-1

Hermann Weber (Hrsg.)
Recht und Juristen im Spiegel von Literatur und Kunst
Tagung im Nordkolleg Rendsburg vom 6. bis 8. September 2013
Bd. 19, 2014, 216 S., 34,90 €, gb., ISBN 978-3-643-12456-2

Hermann Weber (Hrsg.)
Juristen hinter Literatur und Kunst
Tagung im Nordkolleg Rendsburg vom 16. bis 18. September 2011
Bd. 18, 2. Aufl. 2013, 208 S., 34,90 €, gb., ISBN 978-3-643-11768-7

LIT Verlag Berlin – Münster – Wien – Zürich – London
Auslieferung Deutschland / Österreich / Schweiz: siehe Impressumsseite

Hermann Weber (Hrsg.)
Literatur, Recht und Religion
Tagung im Nordkolleg Rendsburg vom 18. bis 20. September 2009
Bd. 11, 2. Aufl. 2011, 176 S., 29,90 €, gb., ISBN 978-3-643-10645-2

Adolfo Ceretti; Loredana Garlati (Hrsg.)
Laizität und Rechtsstaat
Akten des 4. Fakultätskongresses der juristischen Fakultät der Universität Mailand-Bicocca, 9. – 10. Februar 2006
Bd. 10, 2009, 312 S., 39,90 €, gb., ISBN 978-3-643-10439-7

Thomas Vormbaum (Hrsg.) unter Mitarbeit von Martin Asholt
Kritik des Feindstrafrechts
Bd. 9, 2009, 480 S., 59,90 €, gb., ISBN 978-3-643-10438-0

Nora Düwell
Die Standesgerichtsbarkeit der Presse im Nationalsozialismus
Das Bezirksgericht der Presse München
Bd. 8, 2008, 264 S., 34,90 €, gb., ISBN 978-3-8258-1330-7

Valentin Petev
Von sozialistischer Diktatur und westlicher Freiheit
Eine politische Autobiographie
Bd. 7, 2007, 128 S., 34,90 €, gb., ISBN 978-3-8258-1009-2

Petra Zrenner
Die konservativen Parteien und die Entstehung des Bürgerlichen Gesetzbuches
Bd. 6, 2008, 416 S., 39,90 €, gb., ISBN 978-3-8258-0928-7

Ettore Dezza
Beiträge zur Geschichte des italienischen Strafprozesses im Kodifikationszeitalter
Bd. 5, 2007, 176 S., 39,90 €, gb., ISBN 978-3-8258-0592-0

Wolf Lammers
Anton Matthias Sprickmann
Ein Juristenleben
Bd. 4, 2005, 112 S., 34,90 €, gb., ISBN 3-8258-9148-8

Institut für Juristische Zeitgeschichte Hagen
Der Große Lauschangriff vor dem Bundesverfassungsgericht
Verfahren, Nachspiel und Presse-Echo. Herausgegeben von Thomas Vormbaum unter Mitarbeit von Martin Asholt
Bd. 3, 2005, 456 S., 39,90 €, gb., ISBN 3-8258-8381-7

Sandra Kischka
Todesbedingtes Ausscheiden eines Gesellschafters aus der Personenhandelsgesellschaft
Die Entwicklung bis zu den Naturrechtskodifikationen
Bd. 2, 2005, 336 S., 33,90 €, gb., ISBN 3-8258-8426-0

Peter Linscheidt
Das Landgericht Hagen
Rechtsprechung im Südteil der Grafschaft Mark von der Frühzeit bis zur Gegenwart
Bd. 1, 2004, 144 S., 39,90 €, gb., ISBN 3-8258-8314-0

Rechtsgeschichte und Rechtsgeschehen
Italien
hrsg. von Prof. Dr. Dr. Dr. h.c. Thomas Vormbaum (FernUniversität Hagen)

Gaetano Insolera
Verfall und Untergang des liberalen Strafrechts
Bd. 21, 2023, 184 S., 34,90 €, gb., ISBN 978-3-643-15306-7

Francesca Consorte
Vorsorgeprinzip und Strafrecht
Aktuelle Aspekte, Probleme und mögliche Entwicklungen. Aus dem Italienischen von Thomas Vormbaum
Bd. 20, 2020, 424 S., 49,90 €, gb., ISBN-CH 978-3-643-91267-1

Sergio Vinciguerra; Thomas Vormbaum (Hrsg.)
Die Zeit der Strafgerechtigkeit
Verjährung zwischen Geschichte, Rechtsvergleichung und Reformperspektiven
Bd. 19, 2020, 232 S., 24,90 €, gb., ISBN 978-3-643-14575-8

Francesco Schiaffo
Strafrecht zwischen Wissenschaft und Szientismus
Autoritäre Verirrungen und Falsifizierbarkeit in der Strafrechtswissenschaft
Bd. 18, 2018, 164 S., 39,90 €, gb., ISBN 978-3-643-80293-4

LIT Verlag Berlin – Münster – Wien – Zürich – London
Auslieferung Deutschland / Österreich / Schweiz: siehe Impressumsseite

Massimo Meccarelli; Paolo Palchetti; Carlo Sotis (Hrsg.)
Die Schattenseite der Menschenrechte
Emanzipationsforderungen und Herrschaftslogik beim Schutz der Rechte der Einzelperson
Bd. 17, 2018, 412 S., 59,90 €, hc., ISBN 978-3-643-80280-4

Domenico Siciliano
Versuch über die Gewalt im faschistischen Strafrecht
Der Fall der Notwehr zum Schutz des Eigentums
Bd. 16, 2023, 192 S., 34,90 €, br., ISBN 978-3-643-91021-9

Boris Duru
Die Strafbarkeit minderjähriger Personen in den Partikularrechten des Königreichs Italien – mit einem Ausblick auf den Codice Zanardelli von 1889
Bd. 15, 2018, 424 S., 54,90 €, gb., ISBN 978-3-643-13919-1

Lorenzo Picotti (Hrsg.)
An den Wurzeln des modernen Strafrechts
Die juristische Aufklärung Cesare Beccarias und die Strafgewalt. Akten der strafrechtlichen Abteilung der Tagung "Aktualität und Historizität des Buches 'Dei delitti e delle pene' 250 Jahre nach seiner Veröffentlichung". Verona, 24. Oktober 2014
Bd. 14, 2017, 136 S., 34,90 €, gb., ISBN-CH 978-3-643-90950-3

LIT Verlag Berlin – Münster – Wien – Zürich – London
Auslieferung Deutschland / Österreich / Schweiz: siehe Impressumsseite

Marcello Gallo
Moralités
Bemerkungen zum Strafrecht. Aus dem Italienischen von Thomas Vormbaum
Bd. 13, 2017, 144 S., 34,90 €, gb., ISBN 978-3-643-90876-6

Stefano Canestrari
Prinzipien des Bio-Strafrechts
Aus dem Italienischen von Thomas Vormbaum
Bd. 12, 2016, 114 S., 34,90 €, gb., ISBN 978-3-643-13418-9

Carl Joseph Anton Mittermaier
Über den gegenwärtigen Stand der Rechtswissenschaft in Italien (1851 – 1852)
Mit einer Einführung von Martin Gebauer. Herausgegeben von Thomas Vormbaum
Bd. 11, 2016, 124 S., 29,90 €, gb., ISBN 978-3-643-13298-7

Fabio Basile
Multikulturelle Gesellschaft und Strafrecht
Die Behandlung der kulturell motivierten Straftaten. Aus dem Italienischen von Thomas Vormbaum
Bd. 10, 2015, 520 S., 64,90 €, gb., ISBN-CH 978-3-643-90612-0

Marco Mantovani
Die Verjährung der Strafe
Bd. 9, 2014, 152 S., 34,90 €, gb., ISBN 978-3-643-12610-8

LIT Verlag Berlin – Münster – Wien – Zürich – London
Auslieferung Deutschland / Österreich / Schweiz: siehe Impressumsseite

Thomas Vormbaum (Hrsg.)
Beiträge zur italienischen Strafrechts- und Kriminalpolitik
Bd. 8, 2015, 248 S., 34,90 €, gb., ISBN 978-3-643-12945-1

Thomas Vormbaum (Hrsg.)
Vorentwurf zu einem italienischen Strafgesetzbuch über Verbrechen von 1921 („Progetto Ferri")
Text und Kommissionsbericht. Mit einer Einführung von Sergio Seminara. Aus dem Italienischen von Thomas Vormbaum
Bd. 7, 2014, 256 S., 39,90 €, gb., ISBN 978-3-643-12767-9

Thomas Vormbaum (Hrsg.)
Arturo Rocco und der Rechtstechnizismus im italienischen Strafrecht
Mit kommentierenden Beiträgen von Sergio Seminara, Giovanni Fiandaca und Massimo Donini sowie dem Text des „Manifesto" aus dem Jahre 1910
Bd. 6, 2013, 200 S., 34,90 €, gb., ISBN 978-3-643-12211-7

Lorenzo Picotti; Francesca Zanuso (Hrsg.)
Die Kriminalanthropologie Cesare Lombrosos
Vom 19. Jahrhundert zur aktuellen strafrechtsphilosophischen Debatte. Akten des internationalen Kongresses zum 100. Todestag Lombrosos an der Juristischen Fakultät der Universität Verona (16./17. Oktober 2009)
Bd. 5, 2015, 148 S., 34,90 €, gb., ISBN-CH 978-3-643-90629-8

Sergio Vinciguerra; Thomas Vormbaum (Hrsg.)
Strafgesetzbuch für das Königreich Italien („Codice Zanardelli") vom 30. Juni 1889
Bd. 4, 2014, 224 S., 39,90 €, gb., ISBN 978-3-643-12611-5

Luigi Lacchè
Der eklektizistische Kanon
Auf der Suche nach einer „Tiefenschicht" der italienischen Rechtskultur des 19. Jahrhunderts
Bd. 3, 2014, 112 S., 29,90 €, gb., ISBN 978-3-643-12770-9

Mario Sbriccoli
Die bürgerliche Strafrechtswissenschaft
Theorien und Ideologien des Strafrechts im vereinigten Italien
Bd. 2, 2014, 136 S., 29,90 €, gb., ISBN 978-3-643-12769-3

Thomas Vormbaum (Hrsg.)
Beiträge zur Geschichte der modernen italienischen Strafrechtswissenschaft
Bd. 1, 2014, 184 S., 39,90 €, gb., ISBN 978-3-643-12755-6

LIT Verlag Berlin – Münster – Wien – Zürich – London
Auslieferung Deutschland / Österreich / Schweiz: siehe Impressumsseite

Rechtsgeschichte und Rechtsgeschehen
Kleine Schriften
hrsg. von Prof. Dr. Dr. Dr. h.c. Thomas Vormbaum
in Zusammenarbeit mit
Prof. Dr. Massimo Donini (Modena), Prof. Dr. George P. Fletcher (New York), Prof. Dr. Dr. h.c. Andreas von Hirsch (Frankfurt/Main), Prof. Dr. Francisco Munoz Conde (Sevilla), Prof. Dr. Moritz Vormbaum (Münster), Prof. Dr. Shizhou Wang (Peking), Prof. Dr. Keiichi Yamanaka (Osaka)

Olaf Kroon
Krisenmodus im Katalonienkonflikt
Eine juristische Zwischenbilanz
Bd. 49, 2019, 92 S., 29,90 €, br., ISBN 978-3-643-14381-5

Ulrich Fischer
Kurt Weill und das Urheberrecht
Der andere Dreigroschenfilm-Prozess
Bd. 48, 2018, 108 S., 19,90 €, br., ISBN 978-3-643-14095-1

Boris Duru
Der grundrechtskonforme Pfändungsschutz für den Verlobungsring
Bd. 47, 2017, 104 S., 29,90 €, br., ISBN 978-3-643-13662-6

Simon M. Meisenberg
Auf dem Wege zu einem Unternehmensvölkerstrafrecht?
Eine kritische Würdigung der *New TV S.A.L.*-Entscheidung des Sondergerichtshofs für den Libanon
Bd. 46, 2016, 132 S., 29,90 €, br., ISBN 978-3-643-13501-8

LIT Verlag Berlin – Münster – Wien – Zürich – London
Auslieferung Deutschland / Österreich / Schweiz: siehe Impressumsseite

Loredana Garlati
„Schuldig eines Verbrechens, das es nicht gab“
Der Prozess gegen die Mailänder „Pestschmierer“ in der Deutung Pietro Verris und Alessandro Manzonis
Bd. 40, 2013, 96 S., 19,90 €, br., ISBN 978-3-643-12306-0

Markus Hirte
Die Todesstrafe in der Entstehung des Reichsstrafgesetzbuches
Bd. 39, 2013, 104 S., 19,90 €, br., ISBN 978-3-643-12069-4

Lorenzo Picotti
Zwischen ‚spezifischem' Vorsatz und subjektiven Unrechtselementen
Ein Beitrag zur typisierten Zielsetzung im gesetzlichen Tatbestand
Bd. 38, 2014, 88 S., 19,90 €, br., ISBN-CH 978-3-643-90326-6

Roberto Bartoli
Der internationale Terrorist
Krimineller, Feind oder absoluter Feind?
Bd. 37, 2013, 64 S., 19,90 €, br., ISBN 978-3-643-11979-7

Thomas Vormbaum
Reform der Aussagetatbestände (§§153-162 StGB)
Reformüberlegungen und Gesetzentwurf
Bd. 36, 2. Aufl. 2012, 88 S., 19,90 €, br., ISBN 978-3-643-11579-9

LIT Verlag Berlin – Münster – Wien – Zürich – London
Auslieferung Deutschland / Österreich / Schweiz: siehe Impressumsseite

Ezequiel Malarino; Pablo Eiroa
Kurze Geschichte des argentinischen Strafrechts
Bd. 35, 2012, 96 S., 19,90 €, br., ISBN 978-3-643-11578-2

Luigi Lacchè
„Richtet nicht!"
Anthropologie der Justiz und Formen der öffentlichen Meinung im 19. und 20. Jahrhundert
Bd. 34, 2012, 80 S., 19,90 €, br., ISBN 978-3-643-11577-5

Wolfgang Naucke
Der Begriff der politischen Wirtschaftsstraftat
Eine Annäherung
Bd. 33, 2012, 112 S., 19,90 €, br., ISBN 978-3-643-11570-6

Giuseppe Acerbi
„Terreur" und „Grande Terreur"
Zum Strafrecht der Französischen Revolution. Aus dem Italienischen von Thomas Vormbaum
Bd. 32, 2011, 88 S., 19,90 €, br., ISBN 978-3-643-11462-4

LIT Verlag Berlin – Münster – Wien – Zürich – London
Auslieferung Deutschland / Österreich / Schweiz: siehe Impressumsseite

Johann Michael Franz Birnbaum
Zwei Aufsätze. Ueber das Erforderniß einer Rechtsverletzung zum Begriffe des Verbrechens (1834). Bemerkungen über den Begriff des natürlichen Verbrechens (1836)
Herausgegeben von José Luis Guzmán Dalbora und Thomas Vormbaum
Bd. 31, 2011, 128 S., 19,90 €, br., ISBN 978-3-643-11461-7

Daniela Tafani
Beiträge zur Rechtsphilosophie des deutschen Idealismus
Aus dem Italienischen von Thomas Vormbaum
Bd. 30, 2011, 160 S., 19,90 €, br., ISBN 978-3-643-11460-0

Lorenzo Zilletti; Franco Oliva (Hrsg.)
Richterliche Kontrolle der Kriminalpolitik?
Zur Prüfung der Verfassungsmäßigkeit begünstigender Strafnormen durch das italienische Verfassungsgericht. Aus dem Italienischen von Thomas Vormbaum
Bd. 29, 2011, 72 S., 19,90 €, br., ISBN 978-3-643-11459-4

Vasco Reuss
Zivilcourage als Strafzweck des Völkerstrafrechts
Was bedeutet Positive Generalprävention in der globalen Zivilgesellschaft?
Bd. 28, 2012, 104 S., 19,90 €, br., ISBN 978-3-643-11325-2

LIT Verlag Berlin – Münster – Wien – Zürich – London
Auslieferung Deutschland / Österreich / Schweiz: siehe Impressumsseite

Thomas Vormbaum
Die Strafrechtsangleichungsverordnung vom 29. Mai 1943
Materialien zur Verordnung und zu den Durchführungsverordnungen
Bd. 27, 2011, 129 S., 19,90 €, br., ISBN 978-3-643-11098-5

Loredana Garlati
Die Verteidigung hat das Wort
Strafrechtliche Aspekte der lombardischen Verteidigungsschriften (Allegationes) an der Wende vom 18. zum 19. Jahrhundert
Bd. 26, 2011, 112 S., 19,90 €, br., ISBN 978-3-643-11097-8

Jan Zopfs (Hrsg.)
Quellen zur Aufhebung der Folter
Die Aufhebung der Folter in Baiern (1806) von Paul Johann Anselm Feuerbach sowie die Verordnungen Friedrichs II. aus den Jahren 1740 – 1756 zur Abschaffung der Folter in Preußen
Bd. 25, 2010, 64 S., 19,90 €, br., ISBN 978-3-643-10880-7

Ettore Dezza; Loredana Garlati
Beiträge zur Geschichte der habsburgischen Strafgesetzgebung in Italien
Mit einem Anhang: Cesare Beccarias Gutachten zum Allgemeinen Gesetzbuch über Verbrechen und Strafen aus dem Jahre 1791. Übersetzt und herausgegeben von Thomas Vormbaum
Bd. 24, 2010, 152 S., 19,90 €, br., ISBN 978-3-643-10707-7

LIT Verlag Berlin – Münster – Wien – Zürich – London
Auslieferung Deutschland / Österreich / Schweiz: siehe Impressumsseite

Valerio Marotta
Das Bürgerrecht im römischen Kaiserreich
Bd. 23, 2010, 112 S., 19,90 €, br., ISBN 978-3-643-10709-1

Francesco Palazzo
Strafgesetzlichkeit
Transformation und Vielschichtigkeit eines „Fundamentalprinzips"
Bd. 22, 2010, 72 S., 19,90 €, br., ISBN 978-3-643-10708-4

Günter Gribbohm
„Geführte" Strafjustiz
Reichsgericht und Kriegsstrafrecht im Zweiten Weltkrieg
Bd. 21, 2009, 96 S., 19,90 €, br., ISBN 978-3-643-10362-8

Elemér Balogh
Die Verdachtsstrafe in Deutschland im 19. Jahrhundert
Bd. 20, 2009, 128 S., 19,90 €, br., ISBN 978-3-643-10000-9

Sergio Seminara; Hans Joachim Hirsch
Zur strafrechtlichen Versuchslehre im 19. und 20. Jahrhundert
Bd. 19, 2009, 96 S., 19,90 €, br., ISBN 978-3-8258-1753-4

Mario A. Cattaneo
Recht und Gewalt
Ein problematisches Verhältnis
Bd. 18, 2009, 104 S., 19,90 €, br., ISBN 978-3-643-10171-6

Stefano Canestrari
Strafrechtliche Probleme der Laizität
Bd. 17, 2008, 88 S., 19,90 €, br., ISBN 978-3-8258-1172-3

Bernhard Kretschmer
Schöffin mit Kopftuch: Persona non grata?
Bd. 16, 2007, 72 S., 19,90 €, br., ISBN 978-3-8258-0994-2

José Luis González Cussac
„Feindstrafrecht"
Die Wiedergeburt des autoritären Denkens im Schoße des Rechtsstaates
Bd. 15, 2007, 56 S., 19,90 €, br., ISBN 978-3-8258-0865-5

Mario A. Cattaneo
Naturrecht und Menschenwürde
Bd. 14, 2007, 96 S., 19,90 €, br., ISBN 978-3-8258-0611-8

Domenico Pulitanò
Laizität und Strafrecht
Bd. 13, 2007, 80 S., 19,90 €, br., ISBN 978-3-8258-0610-1

Sergio Moccia
Das „nicht gehaltene Versprechen"
Bedeutung und Perspektiven des Grundsatzes der Bestimmtheit/Berechenbarkeit im italienischen Strafrecht
Bd. 12, 2007, 120 S., 19,90 €, br., ISBN 978-3-8258-0789-4

LIT Verlag Berlin – Münster – Wien – Zürich – London
Auslieferung Deutschland / Österreich / Schweiz: siehe Impressumsseite

Massimo Donini
Das Strafrecht und der „Feind"
Bd. 11, 2007, 112 S., 19,90 €, br., ISBN 978-3-8258-0609-5

Francisco Muñoz Conde
Über das „Feindstrafrecht"
Bd. 10, 2007, 72 S., 14,90 €, br., ISBN 978-3-8258-0526-5

Giovannangelo De Francesco
Schutzprogramme und Straftatbestände
Bd. 9, 2007, 96 S., 19,90 €, br., ISBN 978-3-8258-0608-8

Institut für Juristische Zeitgeschichte Hagen
Deutsche Justizinstitutionen in Geschichtswerken und Festschriften
Gerichte, Justizverwaltungen, juristische Fakultäten. Herausgegeben von Thomas Vormbaum
Bd. 8, 2007, 72 S., 19,90 €, br., ISBN 978-3-8258-0607-1

Tade M. Spranger
Die Stellung des Beamten in der Weimarer Republik
Ein Beitrag zum verfassungsrechtlichen Vorverständnis des Art. 33 Abs. 5 GG
Bd. 7, 2007, 56 S., 14,90 €, br., ISBN 978-3-8258-0075-8

Günter Gribbohm
Selbst mit einer „Repressalquote" von zehn zu eins?
Über Recht und Unrecht einer Geiseltötung im Zweiten Weltkrieg
Bd. 6, 2006, 56 S., 14,90 €, br., ISBN 3-8258-9695-1

Birthe Pasemann
Der Einfluß des Bundesrates auf die Gesetzgebung
Der Bundesrat als Gewähr für die Vollziehbarkeit von Gesetzen
Bd. 5, 2006, 104 S., 14,90 €, br., ISBN 3-8258-9397-9

Tillmann Krach (Hrsg.)
Anwaltsalltag in der DDR
Mit Beiträgen von Bernd Eisenfeld, Franz Norbert Otterbeck und Dietrich Schümann
Bd. 4, 2005, 64 S., 12,90 €, br., ISBN 3-8258-9020-1

Carola Vulpius (Hrsg.)
Gustav Radbruch/Archibald H. Campbell: Briefwechsel 1935–1949
Mit einem Neuabdruck des Campbellschen Aufsatzes über Radbruchs Rechtsphilosophie (1948). Eingeleitet und herausgegeben von Carola Vulpius
Bd. 3, 2005, 72 S., 12,90 €, br., ISBN 3-8258-9004-X

Stefan Baufeld
Der 11. September 2001 als Herausforderung für das Völkerrecht
Bd. 2, 2005, 72 S., 12,90 €, br., ISBN 3-8258-8909-2

Norman Weiß
Die Reform des Amtsrechts der Staatsanwaltschaft
Europarechtliche und völkerrechtliche Impulse
Bd. 1, 2005, 64 S., 12,90 €, br., ISBN 3-8258-8824-x

LIT Verlag Berlin – Münster – Wien – Zürich – London
Auslieferung Deutschland / Österreich / Schweiz: siehe Impressumsseite

Rechtsgeschichte und Rechtsgeschehen
Paperbacks
hrsg. von Prof. Dr. Dr. Dr. h.c. Thomas Vormbaum (FernUniversität Hagen)

Ulrich Fischer
Rechtsanwälte im Romanwerk Hans Falladas
„Linksanwälte“, Rechtsverdreher und Justizräte
Bd. 4, 2020, 126 S., 19,90 €, br., ISBN 978-3-643-14539-0

Jörg Arnold
Entwicklungen der Strafverteidigung
Bd. 3, 2019, 344 S., 34,90 €, br., ISBN 978-3-643-14479-9

Gerhard Jungfer
Strafverteidigung – Annäherungen an einen Beruf
Herausgegeben von Thomas Röth
Bd. 2, 2016, 278 S., 29,90 €, br., ISBN 978-3-643-13480-6

Jens Lehmann
Der „Gentleman-Verbrecher“ und die Strafjustiz
Karl Friedrich Bernotat vor den Gerichten der Weimarer Republik und des NS-Staates
Bd. 1, 2015, 128 S., 29,90 €, br., ISBN 978-3-643-12905-5